ANÁLISE E MODELAGEM DE SISTEMAS AMBIENTAIS:
APLICAÇÕES E ESTUDOS DE CASO

Editora Appris Ltda.
1.ª Edição - Copyright© 2024 dos autores
Direitos de Edição Reservados à Editora Appris Ltda.

Nenhuma parte desta obra poderá ser utilizada indevidamente, sem estar de acordo com a Lei nº 9.610/98. Se incorreções forem encontradas, serão de exclusiva responsabilidade de seus organizadores. Foi realizado o Depósito Legal na Fundação Biblioteca Nacional, de acordo com as Leis nos 10.994, de 14/12/2004, e 12.192, de 14/01/2010.

Catalogação na Fonte
Elaborado por: Josefina A. S. Guedes
Bibliotecária CRB 9/870

A532a 2024	Análise e modelagem de sistemas ambientais: aplicações e estudos de caso / Sònia Maria de Carvalho Ribeiro ... [et al.] (orgs.). – 1. ed. – Curitiba: Appris, 2024. 192 p. ; 27 cm. Inclui referências. ISBN 978-65-250-5960-0 1. Meio ambiente. 2. Sociedade. 3. Sustentabilidade. I. Carvalho, Sònia Maria de Ribeiro II. Título. CDD – 333.7

Livro de acordo com a normalização técnica da ABNT

Appris editora

Editora e Livraria Appris Ltda.
Av. Manoel Ribas, 2265 – Mercês
Curitiba/PR – CEP: 80810-002
Tel. (41) 3156 - 4731
www.editoraappris.com.br

Printed in Brazil
Impresso no Brasil

Sònia Maria de Carvalho Ribeiro
Ricardo Alexandrino Garcia
Vagner Braga Nunes Coelho
Rodrigo Affonso de Albuquerque Nóbrega
(org.)

ANÁLISE E MODELAGEM DE SISTEMAS AMBIENTAIS:
APLICAÇÕES E ESTUDOS DE CASO

FICHA TÉCNICA

EDITORIAL	Augusto Coelho
	Sara C. de Andrade Coelho
COMITÊ EDITORIAL	Marli Caetano
	Andréa Barbosa Gouveia - UFPR
	Edmeire C. Pereira - UFPR
	Iraneide da Silva - UFC
	Jacques de Lima Ferreira - UP
SUPERVISOR DA PRODUÇÃO	Renata Cristina Lopes Miccelli
PRODUÇÃO EDITORIAL	Sabrina Costa
REVISÃO	Pâmela Isabel Oliveira
DIAGRAMAÇÃO	Jhonny Alves dos Reis
CAPA	Carlos Pereira
REVISÃO DE PROVA	Sabrina Costa

PREFÁCIO

Sônia Maria de Carvalho Ribeiro
Marise Barreiros Horta
Newton Barbosa

O Programa de Pós-Graduação em Análise e Modelagem de Sistemas Ambientais (PPG-AMSA), da Universidade Federal de Minas Gerais (UFMG), celebra mais de 15 anos de atuação. O curso de Mestrado foi criado no ano de 2007 e o de Doutorado em 2019.

O PPG-AMSA tem como proposta desenvolver capacidades e competências socioambientais e técnicas fomentando na formação uma visão integrada entre os componentes dos meios físico, biótico, socioeconômico, político e cultural. Especial ênfase é dada às aplicações de Sensoriamento Remoto, Geoprocessamento, Análise Espacial e Modelos de Simulação Computacional em estudos de Gestão de Paisagem, Análise Urbana, Economia Ambiental, Planejamento Territorial, Ecologia de Paisagem, Interação Clima e Biosfera, Mudanças Climáticas Globais, Mudanças no Uso e Cobertura da Terra, Infraestrutura e Transporte, Geodiversidade, Solos e Recursos Hídricos.

O programa pertence à área de Ciências Ambientais da Capes (Coordenação de Aperfeiçoamento de Nível Superior) e se alinha aos avanços dessa área para o atendimento das demandas da sociedade no tocante à busca de soluções voltadas aos problemas ambientais, sociais e econômicos.

Este livro tem como objetivo refletir o comprometimento e desempenho do programa na implementação de uma pesquisa aplicada, de impacto social e foco na sustentabilidade ambiental. É o resultado da compilação de 91 dissertações de mestrado desenvolvidas no programa, durante os anos de 2017 a 2022, a partir da atualização dos quesitos de avaliação da Capes, que passaram a considerar: 1) proposta do programa; 2) formação; 3) impacto na sociedade.

A coletânea está alinhada com as metas da Capes de atendimento às temáticas diversas abrangidas pelos Objetivos de Desenvolvimento Sustentável (ODS), totalizando 17. Tais objetivos compõem uma agenda mundial para a constituição e implementação de políticas públicas orientadoras das ações humanas até o ano de 2030 e tem respaldado a avaliação do ensino de pós-graduação enquanto promotor do desenvolvimento sustentável e mediador de impactos positivos à sociedade.

Os estudos estão arranjados entre as três linhas de pesquisa do programa de pós-graduação. As linhas de pesquisa em Análise de Recursos Ambientais e Modelagem de Sistemas Ambientais tiveram, respectivamente, 35 e 33 dissertações defendidas, enquanto a linha de pesquisa de Gestão da Paisagem inclui 23 defesas.

A obra sintetiza o trabalho de seis dissertações de mestrado, sendo dois trabalhos em cada linha de pesquisa do programa. Os capítulos do livro que compõem a presente coletânea são inspirados em reflexões e propostas construídas durante o desenvolvimento do trabalho de conclusão, no PPG-AMSA.

Sintetizar as dissertações em capítulos de livro foi desafiador para autores e editores. A seleção dos trabalhos recorreu a critérios norteadores como a priorização das dissertações recentes e representativas nas linhas de pesquisa do Programa, resultando em 46 dissertações selecionadas. A triagem e síntese incluiu também a análise dos trabalhos pela sua aplicabilidade, benefícios à sociedade e ODS mais frequentes. Com relação aos ODS de maior ocorrência nos trabalhos avaliados, dentre os variados temas abordados no PPG-AMSA, destacam-se aqueles inseridos nas dimensões ambiental e econômica, a saber: ODS 15 (Vida terrestre); ODS 6 (Água potável e saneamento); ODS 9 (Indústria, inovação e infraestrutura); ODS 12 (Consumo e produção responsáveis); ODS 11 (Cidades e comunidades sustentáveis); ODS 8 (Trabalho decente e crescimento econômico).

Espera-se que a obra coletiva apresentada neste livro proporcione aos leitores e interessados, para além do acesso a informações qualificadas e teoricamente consistentes, principalmente a aquisição de conhecimento proveniente de investigações científicas de aplicabilidade à sociedade, para a resolução de problemas nos campos ambiental, socioeconômico, político e cultural.

CONSELHO EDITORIAL

Marise Barreiros Horta
Sònia Maria de Carvalho Ribeiro
Ricardo Alexandrino Garcia
Vagner Braga Nunes Coelho
Rodrigo Affonso de Albuquerque Nóbrega

COMITÊ CIENTÍFICO

Adriana Monteiro da Costa (Dra. UFLA, Brasil)
Bráulio Magalhães Fonseca (Dr. UFMG, Brasil)
Britaldo Silveira Soares Filho (Dr. USP, Brasil)
Camila Palhares Teixeira (Dr. UFMG, Brasil)
Carlos Fernando Ferreira Lobo (Dr. UFMG, Brasil)
Diego Rodrigues Macedo (Dr. UFMG, Brasil)
Fernando Figueiredo Goulart (Dr. UnB, Brasil)
Jefersson Alex dos Santos (Dr. Université de Cergy-Pontoise/Unicamp)
Marcelo Antônio Nero (Dr. USP, Brasil)
Marcos Antônio Timbó Elmiro (Dr. INPE, Brasil)
Plínio da Costa Temba (Dr. UFSC, Brasil)
Raoni Guerra Lucas Rajão (Dr. Lancaster University, Inglaterra)
Ricardo Alexandrino Garcia (Dr. UFMG, Brasil)
Rodrigo Affonso de Albuquerque Nóbrega (Dr. USP, Brasil)
Sònia Maria de Carvalho Ribeiro (Dra. UEA, Inglaterra)
Ubirajara de Oliveira (Dr. UFMG, Brasil)
Úrsula Ruchkys de Azevedo (Dra. UFMG, Brasil)
Vagner Braga Nunes Coelho (Dr. UFRJ, Brasil)

SUMÁRIO

SOBRE O PROGRAMA DE PÓS-GRADUAÇÃO EM ANÁLISE E MODELAGEM DE SISTEMAS AMBIENTAIS – PPG-AMSA 13
Sônia Maria de Carvalho Ribeiro, Ricardo Alexandrino Garcia, Marise Barreiros Horta

PRODUÇÕES DAS LINHAS DE PESQUISA DO PPG-AMSA
PARTE 1
ANÁLISE DE RECURSOS AMBIENTAIS

USO DO SENSORIAMENTO REMOTO PARA ESTIMAR A CONCENTRAÇÃO DE COMPONENTES OPTICAMENTE ATIVOS NA LAGOA DA PAMPULHA, BELO HORIZONTE, MINAS GERAIS 23
Mariana Elissa Vieira de Souza, Marcos Antônio Timbó Elmiro, Lino Augusto Sander de Carvalho

MODELAGEM ESPACIAL PARA LOCALIZAÇÃO DE INSTALAÇÕES LOGÍSTICAS: ANÁLISE DOS ARMAZÉNS GRANELEIROS EM MINAS GERAIS 51
Marlon Fernandes de Souza, Rodrigo Affonso de Albuquerque Nóbrega

PARTE 2
MODELAGEM DE SISTEMAS AMBIENTAIS

SISTEMAS AGROFLORESTAIS COMO ESTRATÉGIA PARA RESTAURAÇÃO DE ÁREAS DE PRESERVAÇÃO PERMANENTE E RESERVAS LEGAIS NA BACIA DO RIO DOCE, MINAS GERAIS, BRASIL 69
Caroline de Souza Cruz Salomão, Raoni Guerra Lucas Rajão

MODELAGEM PARA A ESTIMATIVA DE DANOS CAUSADOS AOS DOMICÍLIOS POR ROMPIMENTO DE BARRAGENS: UMA APLICAÇÃO DO MODELO HEC-FIA AO EVENTO DE FUNDÃO 103
Clarissa Malard Sales, Ricardo Alexandrino Garcia

PARTE 3
GESTÃO DA PAISAGEM

MOBILIDADE URBANA SUSTENTÁVEL: UM MODELO PARA ESTIMAR A CICLABILIDADE VIÁRIA DE BELO HORIZONTE, MINAS GERAIS 137
Guilherme Francisco do Nascimento Pinto, Carlos Fernando Ferreira Lobo, Ricardo Alexandrino Garcia

COMO COMPENSAR EFETIVAMENTE PERDAS DE BIODIVERSIDADE NA MATA ATLÂNTICA NA ESCALA DA PAISAGEM? 163
Nino Antonio Camini, Sônia Maria de Carvalho Ribeiro

SOBRE OS AUTORES 187

SOBRE O PROGRAMA DE PÓS-GRADUAÇÃO EM ANÁLISE E MODELAGEM DE SISTEMAS AMBIENTAIS – PPG-AMSA

Sònia Maria de Carvalho Ribeiro
Ricardo Alexandrino Garcia
Marise Barreiros Horta

INTRODUÇÃO

O Programa de Pós-Graduação em Análise e Modelagem de Sistemas Ambientais (PPG-AMSA) tem como objetivo principal analisar e modelar sistemas ambientais complexos no sentido de subsidiar a gestão da paisagem, o planejamento territorial e a formulação de políticas ambientais nos diferentes níveis de governança (federal, estadual e municipal). O enfoque do trabalho do PPG-AMSA é desenvolver soluções inovadoras para os problemas socioambientais, principalmente aqueles que têm expressão territorial, no Brasil e no mundo.

Em linha com os objetivos da Universidade Federal de Minas Gerais (UFMG), o PPG-AMSA promove a geração, o desenvolvimento, a transmissão e a aplicação de conhecimentos por meio do ensino, da pesquisa e da extensão, compreendidos de forma indissociada e integrados na educação e na formação científica e técnico-profissional de cidadãos imbuídos de responsabilidade social.

No cumprimento dos seus objetivos, o PPG-AMSA mantém cooperação acadêmica, científica, tecnológica e cultural com instituições nacionais e internacionais e constitui-se em veículo de desenvolvimento regional, nacional e mundial, almejando consolidar-se como um Programa de Pós-Graduação de excelência e relevância.

A atuação do PPG-AMSA tem como missão a geração e difusão de conhecimentos científicos, tecnológicos e culturais, destacando-se como um programa de referência na formação de indivíduos críticos e éticos, dotados de sólida base científica em análise de recursos naturais, modelagem de sistemas ambientais e gestão da paisagem.

O programa procura também desenvolver competências sociais e formar indivíduos comprometidos com intervenções transformadoras na sociedade que promovam o desenvolvimento econômico, a diminuição das desigualdades sociais e a redução das assimetrias regionais, em associação à conservação do meio ambiente e, consequentemente, dos serviços ecossistêmicos fornecidos à sociedade, fomentando assim o desenvolvimento sustentável.

O PPG-AMSA se organiza em uma única área de concentração: a **Modelagem de Sistemas Ambientais**. Dentro desse escopo, possui três linhas de pesquisa: 1) Análise de Recursos Ambientais (ARA); 2) Modelagem de Sistemas Ambientais (MSA); e 3) Gestão da Paisagem (GP). Esses domínios, brevemente descritos a seguir, abrangem ramos singulares do conhecimento e congregam atividades e competências específicas.

1. **ANÁLISE DE RECURSOS AMBIENTAIS:** Inclui a realização de geoprocessamento e análises espaciais para descrever e caracterizar recursos ambientais, abrangendo diagnósticos socioambientais (as análises servem como base aos trabalhos nas linhas de pesquisa em MSA e GP);

2. **MODELAGEM DE SISTEMAS AMBIENTAIS:** Uso da arte e da técnica em representar de forma simplificada a dinâmica de sistemas socioambientais para a predição de impactos e a antecipação de soluções (os modelos são usados para subsidiar formulação de políticas e avaliação de cenários usados nas outras linhas de pesquisa);
3. **GESTÃO DA PAISAGEM:** Utilização de técnicas e ferramentas de geoprocessamento, análise espacial, modelos espacialmente explícitos e engajamento de atores e comunidades com o objetivo de subsidiar instrumentos de planejamento territorial e gestão da paisagem em diferentes escalas de governança local, estadual, nacional e internacional.

Para desenvolver os trabalhos nas três linhas de pesquisa, o corpo docente é atualmente composto por 16 docentes permanentes. A maioria dos docentes atua simultaneamente em mais de uma linha de pesquisa, compondo o quadro:

Adriana Monteiro da Costa (http://lattes.cnpq.br/1744325625181595)

Bráulio Magalhães Fonseca (http://lattes.cnpq.br/8551916275030169)

Britaldo Silveira Soares Filho (http://lattes.cnpq.br/0835550051061850)

Camila Palhares Teixeira (http://lattes.cnpq.br/2563935738990997)

Carlos Fernando Ferreira Lobo (http://lattes.cnpq.br/5261484949232779)

Diego Rodrigues Macedo (http://lattes.cnpq.br/0805217613268162)

Fernando Figueiredo Goulart (http://lattes.cnpq.br/0703277571220056)

Jefersson Alex dos Santos (http://lattes.cnpq.br/2171782600728348)

Marcelo Antônio Nero (http://lattes.cnpq.br/9273397846584540)

Marcos Antônio Timbó Elmiro (http://lattes.cnpq.br/6956968845038843)

Plínio da Costa Temba (http://lattes.cnpq.br/2522406502464981)

Raoni Guerra Lucas Rajão (http://lattes.cnpq.br/8230430746330911)

Ricardo Alexandrino Garcia (http://lattes.cnpq.br/8353755524805376)

Rodrigo Affonso de A. Nóbrega (http://lattes.cnpq.br/7158751194696023)

Sònia Maria de Carvalho Ribeiro (http://lattes.cnpq.br/5224495743642465)

Ubirajara de Oliveira (http://lattes.cnpq.br/3671315229730205)

Úrsula Ruchkys de Azevedo (http://lattes.cnpq.br/0031049365155055)

Vagner Braga Nunes Coelho (http://lattes.cnpq.br/2875890657727753)

O nome do programa é indissociável da área de concentração que inspirou a identidade do curso: a Modelagem de Sistemas Ambientais. Modelagem é a técnica e a arte de representar de forma simplificada componentes-chave em sistemas ambientais complexos, de modo a melhor compreender e simular diferentes estados/condições socioecológicas desses sistemas. Modelos de simulação espacial visam auxiliar o entendimento dos processos de desenvolvimento de sistemas ambientais, e assim determinar a sua evolução diante de diferentes cenários que se traduzem por quadros socioeconômicos, políticos e ambientais.

A página web do PPG-AMSA (https://csr.ufmg.br/ppgamsa/) está disponibilizada em português, inglês e espanhol. O radar de egressos "coloca no mapa" a origem e os destinos profissionais da nossa comunidade de alunos. A determinação do local de origem (nascimento e residência antes de ingressar no programa) de nossos discentes e egressos (https://naj14.github.io/naj14/visualizador_mun_nascimento) é parte de uma política de nucleação estabelecida pelo programa com o objetivo de estabelecer raízes abrangentes em todo o território brasileiro, e se possível no exterior.

Encontram-se também georreferenciados os locais das áreas de estudo onde foram realizadas as dissertações, teses e outras ações de pesquisa, ensino e extensão do programa de pós-graduação. No banco de dados geográficos criado no radar de egressos, as informações sobre a localização das unidades geográficas das pesquisas foram associadas ao nome do discente e ao título do trabalho (https://naj14.github.io/naj14/visualizador_areas).

O resultado demonstra a capacidade do PPG-AMSA em atrair discentes de regiões do Brasil carentes na formação de pessoal em nível superior com expertise em Ciências Ambientais. Os resultados revelam também que o Programa tem atraído estudantes de outras regiões do mundo, tais como Europa, África e América do Norte. O PPG-AMSA configura-se como um trabalho ainda embrionário, mas certamente já se coloca como uma referência dentro da administração da UFMG e provavelmente entre nossos pares nacionais e internacionais.

Além dos espaços comuns de uso exclusivo de docentes e discentes, o programa conta ainda com nove laboratórios associados, cuja infraestrutura é descrita a seguir:

1. **Centro de Sensoriamento Remoto (CSR):** Infraestrutura que desenvolve pesquisas e aplicações em Modelagem Ambiental com expertise nas áreas de Geoprocessamento, Cartografia Digital e Modelagem Ambiental, particularmente das dinâmicas do uso da terra, espalhamento do fogo florestal e conservação da biodiversidade. Os trabalhos do CSR têm influenciado significativamente o desenvolvimento de políticas públicas no Brasil, tais como o Código Florestal, as Cotas de Reserva Ambiental (CRA) etc. O laboratório é coordenado pelo Prof. Britaldo Soares-Filho[1] e hoje é uma referência mundial em modelagem de sistemas ambientais com interação com diversos grupos de pesquisa ao redor do mundo, envolvendo trabalhos sobre clima, ecologia, mudanças no uso da terra e economia rural e florestal (http://csr.ufmg.br e http://csr.ufmg.br/dinamica). Esse centro dispõe de ferramentas computacionais para geoprocessamento e modelagem ambiental; incluindo o software DINAMICA EGO[2], desenvolvido pelo próprio centro, o qual é usado por pesquisadores e demais profissionais ao redor do mundo. O CSR hoje conta com uma estação multiusuário de processamento de alta performance, com 32 processadores, 64 *megabytes* de RAM e 50 *terabytes* de armazenamento. Encontra-se disponibilizado neste sítio, a toda a comunidade, um repositório de dados geoespaciais no servidor de mapas (https://maps.csr.ufmg.br/). Maiores informações podem ser obtidas no seguinte endereço: www.csr.ufmg.br.

2. **Laboratório de Estudos Territoriais (Leste):** Espaço de pesquisa que oferece suporte a diversos trabalhos nas áreas de geografia, análise espacial e estudos socioeconômicos. O Leste é coordenado pelo Prof. Ricardo Alexandrino Garcia e agrega docentes que atuam na graduação e nos programas de pós-graduação do Instituto de Geociências da Universidade Federal de Minas Gerais (IGC/UFMG), além de reunir alunos de pós-graduação e graduação, bolsistas de iniciação científica, bolsistas de extensão, estagiários e voluntários. Há vários anos, o Leste tem sido o esteio para programas acadêmicos que apoiam o

---

[1] O Prof. Britaldo é um dos pesquisadores mais influentes do mundo, segundo levantamento que utilizou dados da base Scopus e considera citações de trabalhos científicos ao longo da carreira. Disponível em: https://ufmg.br/comunicacao/noticias/ufmg-tem-28-cientistas-entre-os-mais-influentes-do-mundo.

[2] Plataforma gratuita e não comercial para modelagem ambiental. Disponível em: https://csr.ufmg.br/dinamica/).

desenvolvimento de atividades que contribuem para a formação discente e melhoria do ensino na graduação. São atividades estruturadas, nas quais pesquisa e ensino são conduzidos por equipes de alcance interdisciplinar, oferecendo aos alunos infraestrutura computacional, treinamento dirigido, banco de dados e oportunidade de discussão, reflexão e aprendizado, sob trabalho cooperado. O laboratório, com o apoio do Departamento de Geografia, vem concorrendo com projetos junto à Câmara de Graduação para captação de bolsas para os alunos dos cursos de Geografia. Foram dezenas de alunos agraciados por esse benefício, um expressivo número de voluntários — que aproveitaram a oportunidade de aprendizado nessas experiências — e muitos docentes da UFMG e externos. Dentre os temas trabalhados, importa destacar a presença sempre constante da Cartografia Histórica e de áreas do conhecimento associadas à Análise Regional, População e Espaço, Rede Urbana e Geopolítica. O laboratório dispõe de microdados de diversas pesquisas públicas (Censos Demográficos, Pesquisas Nacionais por Amostra Domiciliar, Relação Anual de Informações Sociais), além de bases cartográficas adquiridas do IBGE e bases próprias resultantes de pesquisas recentes. Atualmente, o LESTE conta com sete microcomputadores e dois laptops, impressora laser e jato de tinta, scanner, projetor e equipamentos de apoio didático. Entre os programas executáveis mais utilizados pode-se citar: SPSS, ArcGIS, MapInfo, MicroStation, Adobe Photoshop, entre outros (http://www.igc.ufmg.br/index.php?option=com_content&view=article&id=65:leste-laboratorio-deestudosterritoriais&catid=30&Itemid=151#apresenta%C3%A7%C3%A3o).

3. **Laboratório de Geomorfologia e Recursos Hídricos:** Desenvolve pesquisas relacionadas a solos e geomorfologia. São realizadas análises da parte física do solo, tais como textura, pH, condutividade elétrica, densidade de partículas e análise de qualidade de água. São desenvolvidas atividades de ensino, pesquisa e extensão de alunos da graduação e pós-graduação. Conjuntamente ao Laboratório de Solos e Meio Ambiente, o Laboratório de Geomorfologia realiza análises de solos e água de propriedades rurais diretamente atingidas pelo desastre do rompimento da barragem de Fundão, no município de Mariana, ao longo da calha do Rio Doce. É coordenado pelo Prof. Antônio Magalhães.

4. **Laboratório de Solos e Meio Ambiente:** Infraestrutura que realiza análises relacionadas à estrutura do solo e água no solo, incluindo análises de densidade, estabilidade de agregados, curva de retenção de água, macroporosidade, microporosidade e limite de liquidez e micromorfologia de solos. O Laboratório, coordenado pela Prof.ª Adriana Monteiro da Costa, abriga o Núcleo de Referência ISZA, onde são desenvolvidas atividades de aprimoramento das ferramentas ISA (Índice de Salubridade Ambiental) e ZAP (Zoneamento Ambiental e Produtivo), metodologias oficiais do estado de Minas Gerais para avaliação da Sustentabilidade Socioeconômica e Ambiental das propriedades rurais e de microbacias hidrográficas. No laboratório, alunos de graduação e pós-graduação exercem atividades de ensino, pesquisa e extensão. O grupo desenvolve projetos em parceria com a Epamig (Empresa de Pesquisa Agropecuária de Minas Gerais), Embrapa Solos e Emater-MG[3].

5. **Laboratório de Topografia e Geodésia:** Infraestrutura vital de apoio para atividades didáticas que conta com equipamentos de topografia e geodésia, que fornece assistência para as atividades de pesquisa e extensão. O laboratório conta também com instrumentos de

---

[3] Empresa de Assistência Técnica e Extensão Rural do Estado de Minas Gerais. Disponível em: http://www.igc.ufmg.br/index.php?option=com_content&view=article&id=361:laboratorio-de-solos-e-ma&catid=30:laboratorios&Itemid=151.

levantamento, tais como estações totais, níveis, receptores GNSS, drone/VANT e materiais de suporte, como radiotransmissores. O Laboratório de Topografia engloba computadores e *softwares* para processamento dos dados de levantamento, incluindo processamentos aerofotogramétricos e modelagem tridimensional de imagens de drone. O laboratório de Solos e Meio Ambiente é coordenado pelo Prof. Plínio da Costa Temba.

6. **Laboratório de Práticas Cartográficas e Geoprocessamento:** Infraestrutura que conta com duas salas: uma de uso prioritário para pesquisa, e outra com uso prioritário para o ensino. A sala de ensino conta com 36 computadores em rede e softwares para alunos, além de recursos multimídia para aulas. A sala para pesquisa conta com 15 computadores em rede e softwares para alunos, professores e pesquisadores em geral. A maioria das práticas das disciplinas do PPG-AMSA são aplicadas neste laboratório, cuja manutenção tem sido financiada por recursos de projetos de pesquisa e extensão dos docentes do PPG-AMSA. O laboratório de Práticas Cartográficas e Geoprocessamento atende também aos cursos de graduação do Instituto de Geociências (IGC) da UFMG. Os *softwares* disponíveis e constantemente utilizados são: ArcGIS, QGIS, ENVI, DINAMICA EGO, SPRING, R, GPS TrackMaker, MicroStation, IDRISI. É tradição que os alunos do programa desenvolvam parte ou a dissertação/tese completa nesse laboratório, criando um ambiente dinâmico de interação e ajuda entre discentes e pesquisadores. É coordenado pelo Prof. Plínio da Costa Temba.

7. *Transportation Research and Environmental Modelling* **(TREM):** Laboratório criado em 2017 e coordenado pelo Prof. Rodrigo Affonso de Albuquerque Nóbrega. O TREM é resultado do esforço de docentes e discentes do PPG-AMSA que atuam na interface entre o planejamento de transportes (infraestrutura, operação, política) e do meio ambiente (cobertura e uso do solo, áreas protegidas e vulneráveis), em parceria com o Programa de Pós-Graduação em Geotecnia e Transportes (Escola de Engenharia/UFMG). Sua infraestrutura computacional conta com duas estações de trabalho de alta capacidade de processamento instaladas no local e cinco laptops para acesso remoto para alunos bolsistas. Além disso, conta com impressora e mesas/bancadas para atender simultaneamente a cinco alunos. Desde a sua criação, o TREM tem servido a projetos de pesquisa (FAPEMIG 2017, CNPq 2018/2021/2023, GIZ 2017, TCU 2018 e ANAC 2020, TJMG 2021) e extensão (VLI 2017, Environment/UFLA 2019, VLI 2021) com constante captação de fundos e manutenção de equipamentos e bolsas, com destaque para a metodologia de modelagem de viabilidade econômica, técnica e ambiental de corredores de transporte.

8. **Laboratório de Gestão de Serviços Ambientais (LAGESA):** Laboratório integrado ao Departamento de Engenharia de Produção da Escola de Engenharia da UFMG. Criado em 2012 e coordenado pelo Prof. Raoni Rajão, o LAGESA conta com uma equipe de dez pesquisadores de diferentes percursos acadêmicos que desenvolvem estudos na área de gestão ambiental. Em consonância com sua missão de promover uma maior participação da ciência no âmbito das decisões em políticas ambientais no Brasil, o laboratório hoje desenvolve estudos reconhecidos na esfera pública e cultiva alianças com entidades como o Fórum Brasileiro de Mudanças Climáticas e o Observatório do Código Florestal. O LAGESA tem sido um forte ponto de apoio para o desenvolvimento de pesquisas e visibilidade internacional do PPG-AMSA, fruto da interação, interdisciplinaridade e transdisciplinaridade do programa. O professor Raoni Rajão é membro da Academia Brasileira de Ciências (https://ufmg.br/comunicacao/noticias/sete-pesquisadores-da-ufmg-passam-a-integrar-a-academia-brasileira-de-ciencias).

9. **O laboratório em Análise e Modelagem Aplicada à Saúde:** Infraestrutura criada em 2020, durante a pandemia de COVID-19, através de recursos provenientes de projeto aprovado no Edital CAPES/EPIDEMIAS COVID-19, sob coordenação da Prof.ª Úrsula Ruchkys de Azevedo. O Projeto "Análise Espacial de Surto de Covid-19 no Estado de Minas Gerais, Considerando Aspectos de Saúde, Ambientais e Sociais" conta com sete professores do PPG-AMSA, além de pesquisadores do Programa de Pós-Graduação em Parasitologia do ICB/UFMG e da Fundação Oswaldo Cruz (Fiocruz). O projeto financiou a criação de um laboratório e aquisição de material, que inclui um servidor (estação de processamento e cinco computadores) e equipamentos permanentes.

Em relação aos recursos de informática, todos os alunos do PPG-AMSA têm acesso aos recursos disponíveis nos laboratórios descritos acima, além de poderem usufruir dos recursos computacionais do Laboratório de Geoinformática do Instituto de Geociências da UFMG. O Programa tem também alocado computadores portáteis aos alunos vinculados a projetos de pesquisa de seus laboratórios para trabalhos remotos, prática que ganhou força com o teletrabalho devido à pandemia COVID-19.

PROJETOS ESTRUTURANTES E TEMAS DAS DISSERTAÇÕES

Para cada uma das linhas de pesquisa do programa (Análise de Recursos Ambientais, Modelagem de Sistemas Ambientais e Gestão da Paisagem), estão associados três projetos estruturantes. Um dos projetos estruturantes foca nos recursos naturais, outro nos usuários e governança desses recursos e ainda um outro associa esses dois tópicos (recursos e usuários), focando nas interações transdisciplinares (OSTROM, 2007). Esse arranjo institucional dos projetos do PPG-AMSA se fundamenta no modelo conceitual de Elinor Ostrom, prêmio nobel de economia em 2009.

Durante o período de 2017-2022, do total de 35 dissertações concernente à linha de pesquisa Análise de Recursos Ambientais, 19 compuseram o projeto estruturante voltado à Análise de Sistemas de Recursos e de Unidades Ambientais, no que se refere aos recursos hídricos e solo em paisagens rurais e urbanas, em diferentes regiões brasileiras. Ainda nessa linha de pesquisa, dez dissertações se enquadraram no projeto estruturante em Análise de Sistemas de Usuários e de Governança Ambiental e focaram na análise de sistemas produtivos em empresas, Reservas Extrativistas (RESEXs) e Unidades de Conservação (UCs) de proteção integral, enquanto outras seis dissertações centraram-se na análise das interações entre recursos ambientais e seus usuários (como os atores locais afetam a distribuição espacial dos recursos naturais), denominadas Análise de Interações Ambientais Transdisciplinares (Figura 1).

Na linha de pesquisa Gestão da Paisagem, do total de 23 dissertações do período 2017 a 2022, sete trabalhos focaram na gestão de sistemas de recursos naturais. Também sete dissertações se referiram aos procedimentos, regras de uso e suas instituições, enquanto nove dos trabalhos centraram-se na interação de recursos e seus usuários.

Na linha de pesquisa em Modelagem de Sistemas Ambientais, do total de 33 dissertações, 14 se inseriram no projeto estruturante em Análise de Sistemas de Recursos Naturais e Unidades Ambientais. Nessa linha os trabalhos focaram em realizar representações simplificadas, considerando-se que a modelagem pode ser descrita como uma representação simplificada de componentes-chave dos sistemas socioecológicos. No entanto, a maioria dos trabalhos em modelagem (16 dissertações) centraram-se nas interações entre sistemas naturais e seus usuários. Três trabalhos na linha de pesquisa Modelagem de Sistemas Ambientais focaram sobretudo na transdisciplinaridade no contexto dos usuários, atores, governança.

Figura 1 – Distribuição das dissertações com base nos projetos estruturantes, no período de 2017 a 2022

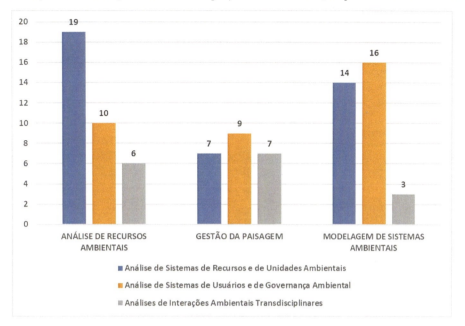

Fonte: os autores

No sentido de avaliar o impacto das dissertações do PPG-AMSA em metas globais, tais como os Objetivos do Desenvolvimento Sustentável (ODS) propostos pela Organização das Nações Unidas (ONU), foi realizada uma análise das 91 dissertações defendidas no período de 2017-2022 e verificadas as possíveis associações com os 17 ODS. Esses ODS podem ser sumarizados como: 1- Erradicação da pobreza; 2- Fome zero e agricultura sustentável; 3- Saúde e bem-estar; 4- Educação de qualidade; 5- Igualdade de gênero; 6- Água potável e saneamento; 7- Energia limpa e acessível; 8- Trabalho decente e crescimento econômico; 9- Indústria, inovação e infraestrutura; 10- Redução das desigualdades; 11- Cidades e comunidades sustentáveis; 12- Consumo e produção sustentáveis; 13- Ação contra a mudança global do clima; 14- Vida na água; 15- Vida terrestre; 16- Paz, justiça e instituições eficazes; 17- Parcerias e meios de implementação (SAMPAIO et al., 2021).

Foi criada uma listagem dos títulos dos trabalhos, dos nomes dos alunos e de seus orientadores, bem como resumo e palavras-chave. Para cada uma das dissertações, foi possível atribuir entre um ou dois, e máximo de quatro ODS. Os resultados desta análise mostram que as dissertações do PPG-AMSA abrangem quase todos os Objetivos de Desenvolvimento Sustentável propostos pelas Nações Unidas, com exceção do ODS 5 (Igualdade de gênero) (Figura 2). Isso exemplifica bem o comprometimento do PPG-AMSA em abranger propostas de soluções para os grandes problemas ambientais na era do Antropoceno.

Dentre os variados temas abordados no PPG-AMSA, destacaram-se em termos de maior ocorrência aqueles inseridos nas dimensões ambiental e econômica. Desse modo, os ODS em que os trabalhos do programa assumem maior destaque são: ODS 15 (Vida Terrestre - 49 ocorrências), ODS 6 (Água potável e saneamento - 31), ODS 9 (Indústria, inovação e infraestrutura - 28), ODS 12 (Consumo e produção sustentáveis - 19), ODS 11 (Cidades e comunidades sustentáveis - 16), ODS 8 (Trabalho decente e crescimento econômico - 15) (Figura 2).

Figura 2 – Representatividade dos 17 ODS nas dissertações do período 2017-2022

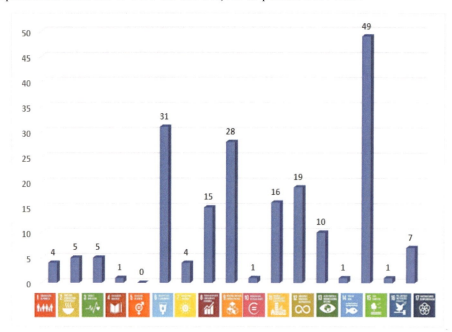

Fonte: os autores

REFERÊNCIAS

OSTROM, E. A. Diagnostic approach for going beyond panaceas. **PNAS**, v. 104, n. 39, p. 15181-15187, 2007.

SAMPAIO, C. *et al*. Contribuição da pós-graduação brasileira em Ciências Ambientais na implementação da Agenda 2030. **Revista do NUPEM**, v. 12, p. 277-299, 2020.

PRODUÇÕES DAS LINHAS DE PESQUISA DO PPG-AMSA

PARTE 1

ANÁLISE DE RECURSOS AMBIENTAIS

USO DO SENSORIAMENTO REMOTO PARA ESTIMAR A CONCENTRAÇÃO DE COMPONENTES OPTICAMENTE ATIVOS NA LAGOA DA PAMPULHA, BELO HORIZONTE, MINAS GERAIS

Mariana Elissa Vieira de Souza
Marcos Antônio Timbó Elmiro
Lino Augusto Sander de Carvalho

INTRODUÇÃO

O monitoramento da qualidade da água é realizado por meio de métodos limnológicos tradicionais de laboratório, que geralmente são executados com grande intervalo entre as coletas e cobertura espacial limitada. Tal procedimento não permite, por vezes, a detecção de mudanças em regiões particulares do corpo hídrico que podem ser foco de maior poluição (ESTEVES, 1998). Contudo, os métodos tradicionais podem ser acrescidos de uma abordagem que utiliza o sensoriamento remoto para estimar a concentração de componentes opticamente ativos no corpo d'água, contribuindo assim, para ampliar a representatividade espacial e temporal da área de estudo (AGHA et al., 2012).

O uso do sensoriamento remoto para estudar a distribuição do fitoplâncton baseia-se no fato de que o pigmento fotossintetizante encontrado nas algas é um componente opticamente ativo, que absorve a radiação eletromagnética em comprimentos de onda específicos (KIRK, 2011). Outros componentes opticamente ativos presentes no corpo d'água, tais como material orgânico dissolvido e partículas inorgânicas em suspensão, também podem ser estimados por esse método (MOBLEY, 1994).

A abordagem para a estimativa da concentração de componentes opticamente ativos por meio de sensoriamento remoto em corpos d'água consiste na construção de modelos, que podem ser fórmulas empíricas, semiempíricas ou analíticas. Os algoritmos empíricos, em especial, são parametrizados utilizando razões de banda de reflectância (relações de reflectância entre diferentes bandas espectrais) que são relacionadas à concentração do componente desejado. Apesar de restritos ao ambiente de estudo, os algoritmos empíricos são robustos se adequadamente parametrizados, o que permite sua aplicação em escala temporal, garantindo maior representatividade do fenômeno ambiental observado (MATTHEWS, 2011).

A Lagoa da Pampulha é uma represa hipereutrófica artificial situada no município de Belo Horizonte (Minas Gerais), apresentando perímetro de 18 km. Possui importância por pertencer ao conjunto arquitetônico da Pampulha, além de fazer parte do Patrimônio Cultural da Humanidade, título concedido pela Unesco em 2016 (UNESCO, 2016). Trata-se de uma represa inserida em uma bacia hidrográfica urbanizada em que a falta de infraestrutura de saneamento, juntamente com a ocupação desordenada, levou à perda de cerca de 50% de seu volume original (RESCK et al., 2007).

A sub-bacia do ribeirão Pampulha, da qual a Lagoa da Pampulha faz parte, é ocupada por indústrias e áreas urbanas, embora existam regiões com ocupação esparsa e pequenas propriedades rurais. A rede de drenagem tem como principais tributários diretos os córregos Ressaca, em Belo Horizonte, e os córregos Água Funda, Bom Jesus e Sarandi em Contagem, responsáveis por 92,8% da vazão afluente da Lagoa da Pampulha. Esses córregos são os principais responsáveis pelo lançamento de sólidos e matéria orgânica, sendo considerados como os tributários de maior potencial poluidor.

Apesar da presença de uma estação de tratamento de águas fluviais, boa parte da carga orgânica proveniente do despejo de esgoto permanece e é responsável pelos altos níveis de poluição que são medidos correntemente na Lagoa. Além dos lançamentos de esgotos nas suas águas, o acúmulo de lixo nas margens prejudica a qualidade do corpo lacustre, assim como o aporte de carga orgânica relacionado aos lançamentos clandestinos. São retiradas diariamente da Lagoa da Pampulha 10 toneladas de lixo fora do período chuvoso e 20 toneladas de lixo no período chuvoso (CONSÓRCIO PAMPULHA VIVA, 2017).

O monitoramento constante da qualidade das águas da Lagoa da Pampulha faz-se necessário, tendo em vista que o excesso da carga poluente oriunda dos lixos e esgotos domésticos e industriais, sujeita a Lagoa aos processos de eutrofização e consequente hiperdesenvolvimento do fitoplâncton, o que atrapalha os usos múltiplos destinados a ela, trazendo risco à população e prejudicando o movimento turístico da região.

A extensão dos impactos causados pela poluição dos corpos d'água pode ser avaliada a partir de vários parâmetros limnológicos, dentre eles a Clorofila-a e a turbidez. As clorofilas são pigmentos fotossintetizantes presentes em todas as espécies de algas e podem ser quantificadas utilizando o sensoriamento remoto e estimando-se a biomassa do fitoplâncton no corpo d'água (KIRK, 2011).

A turbidez é uma medida da capacidade da água em dispersar a radiação solar podendo ser expressa em NTU (*Nephelometric Turbidity Units*). É influenciada pela presença de partículas sólidas em suspensão, que impedem que o feixe de luz penetre na água (SILVA, 2008). Em geral, a turbidez é oriunda da carga de sólidos erodida na bacia de drenagem que é carregada para o curso d'água pelas chuvas. A turbidez na água pode também ser provocada pelo lançamento de esgotos domésticos e industriais, bem como pelas algas em suspensão no corpo d'água (BOLLMANN *et al.*, 2005).

O presente estudo faz uso do sensoriamento remoto para estimar a concentração de componentes opticamente ativos na Lagoa da Pampulha. A primeira etapa consiste na caracterização limnológica da Lagoa a partir dos dados fornecidos pelo monitoramento do Instituto Mineiro de Gestão das Águas (Igam).

Posteriormente, o estudo se dedica à construção de dois modelos empíricos, um deles voltado à quantificação da Clorofila-a (Chl-a) e outro focado na quantificação de turbidez por meio de medições simultâneas de dados espectroradiométricos e fluorimétricos coletados *in situ*. Por fim, um conjunto de imagens multitemporais do sensor OLI, transportado no satélite Landsat-8 é utilizado para a identificação dos locais de maior ocorrência de turbidez e, dessa forma, inferir os locais mais afetados pela poluição na Lagoa da Pampulha.

ABORDAGEM METODOLÓGICA

A metodologia adotada abrangeu, inicialmente, a caracterização da região de estudo por meio da avaliação da série histórica e estatística descritiva dos dados limnológicos do monitoramento da Lagoa da Pampulha realizado pelo Instituto Mineiro de Gestão das Águas (Igam). A segunda etapa da metodologia envolveu a aquisição dos dados de campo, envio e análise de parâmetros em laboratório, análise da qualidade dos dados de água superficial medidos em laboratório e em campo, construção e teste do modelo empírico de estimativa de Clorofila-a e turbidez.

A terceira etapa consistiu na aquisição de um conjunto de imagens do sensor OLI transportado a bordo do satélite Landsat-8, aplicação de um limiar de turbidez nas imagens e identificação dos locais de maior ocorrência da turbidez na Lagoa da Pampulha para inferir os trechos mais afetados pela poluição. As etapas metodológicas estão apresentadas no fluxograma da Figura 3 e uma descrição mais detalhada de cada etapa é mostrada a seguir.

Figura 3 – Fluxograma das etapas metodológicas

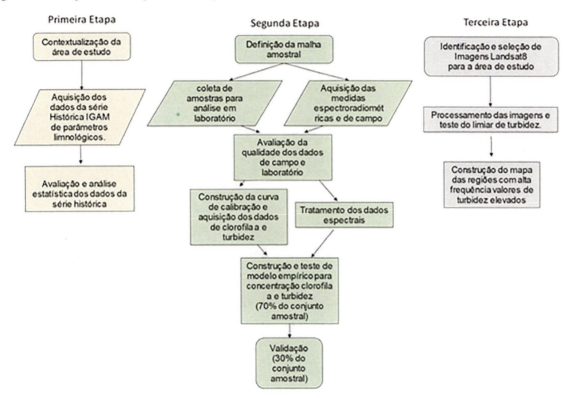

Fonte: os autores

A caracterização da qualidade da água na Lagoa da Pampulha foi feita a partir dos resultados do monitoramento realizado pelo Igam em três pontos localizados próximo à Ilha dos Amores (PV230 – Poço de Visita 230), no braço da igreja São Francisco (PV235) e próximo ao vertedouro (PV240) (IGAM, 2017). As campanhas de monitoramento foram realizadas mensalmente de outubro de 2013 a outubro de 2016 e trimestralmente a partir de dezembro de 2016. Na Figura 4 é apresentado o mapa da rede de monitoramento do Igam na bacia do ribeirão Pampulha.

Figura 4 – Rede de monitoramento do Igam na bacia do ribeirão Pampulha

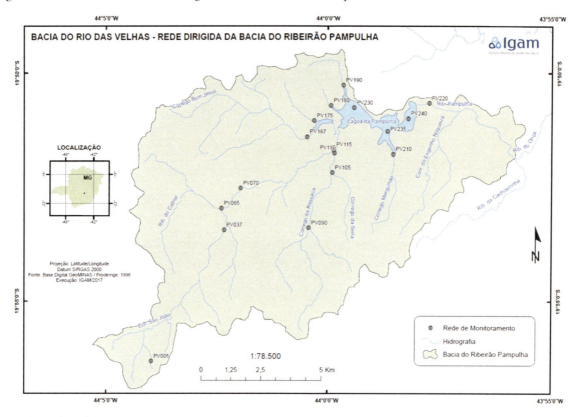

Fonte: Igam (2017)

Foram selecionados os parâmetros densidade de cianobactérias, Clorofila-a e turbidez, bem como a análise da dominância das cianobactérias na comunidade fitoplantônica em toda a série histórica do monitoramento. As metodologias utilizadas pelo Igam no ensaio das análises foram a contagem em microscópio invertido para a densidade de cianobactérias (SMWW 10200 F), o método colorimétrico para Clorofila-a (SMWW 10200 H) e o método turbidimétrico para turbidez (SMWW 2130 B) conforme procedimento-padrão do Standard Methods (SMWW, 2019).

Os dados da série histórica foram confrontados com os limites estabelecidos pela Deliberação Normativa (DN) Copam/CERH-MG de 01/2008, a qual dispõe sobre a classificação dos corpos de água e diretrizes ambientais para o seu enquadramento, bem como estabelece as condições e padrões de lançamento de efluentes. De acordo com essa deliberação, o valor máximo permitido para águas de Classe 2, na qual foi enquadrada a Lagoa da Pampulha e os seus tributários, é de 50.000 cél/mL para densidade de cianobactérias, 30µg/L de Clorofila-a e 100 NTU de turbidez.

Para a segunda etapa metodológica, uma malha amostral de 29 pontos foi previamente definida buscando a distribuição por todo o espelho d'água (Figura 5). Os pontos foram distribuídos em locais propensos à floração de cianobactérias e com alta concentração de matéria orgânica e sedimentos, na entrada dos córregos com efluentes do município de Contagem, em áreas com menor movimentação de água, bem como nas áreas com maior capacidade de autodepuração da Lagoa, próximas à barragem. Dentre os 29 pontos escolhidos, três situam-se na mesma localidade dos pontos de monitoramento realizados pelo Igam.

Figura 5 – Lagoa da Pampulha e localização dos pontos de amostragem

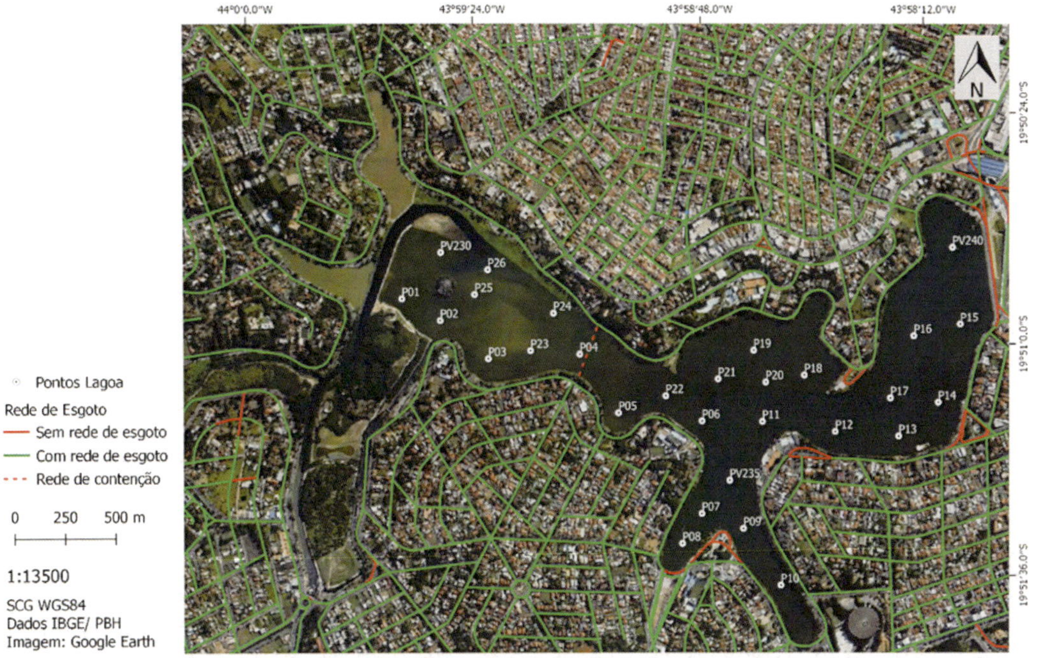

Fonte: os autores, a partir de imagem do Google Earth

Para a coleta dos dados radiométricos, foi utilizado o equipamento espectroradiômetro ASD FieldSpec HandHeld (ADS, 2019) e uma placa de referência Spectralon previamente calibrada em laboratório. Os equipamentos foram disponibilizados pelo laboratório Labisa do Inpe (http://www.dpi.inpe.br/labisa/). A coleta, realizada no dia 20 de abril de 2018, teve os dados radiométricos adquiridos entre 9h30 e 15h30, a fim de garantir ângulos de inclinação solares adequados para esse tipo de procedimento (MOBLEY, 1994).

Em cada estação amostral, foram realizadas respectivamente dez medidas espectrais para que posteriormente fossem eliminados os espectros não representativos e calculada a média para os restantes. A Reflectância de Sensoriamento Remoto corrigida ($R_{rs-corr}$) foi calculada a partir da equação a seguir:

$$R_{rs-corr}(\lambda) = \frac{L_t(\lambda) - \rho L_{ceu}(\lambda)}{\pi \cdot L_{placa}(\lambda)}$$

Onde L_t (W m^{-2} sr^{-1}) é a radiância total, isto é, a soma da radiação espectral proveniente do corpo d'água (L_w, em W m^{-2} sr^{-1}) e da radiância refletida da superfície da água na direção do sensor (L_r, em W m^{-2} sr^{-1}). L_{ceu} é a radiância do céu (L_{ceu}, em W m^{-2} sr^{-1}) e ρ é um fator ponderador modelado por Mobley (1999) para a correção da reflexão especular. Neste estudo ρ assumiu o valor de 0,028 de acordo com as condições de vento no momento das medidas (MOBLEY, 1999). A irradiância solar total incidente na superfície da água foi calculada por πL_{placa} (W m^{-2}).

Como forma de quantificar os parâmetros limnológicos, análises laboratoriais foram realizadas de duas formas distintas. No laboratório de geomorfologia do Instituto de Geociências da UFMG, foram medidas a fluorescência em todas as amostras adquiridas em campo, com o objetivo de mensurar a resposta de Clorofila-a e a matéria orgânica colorida dissolvida (*Colored Dissolved Organic Matter* - CDOM), juntamente com a turbidez.

Para a determinação da concentração de Clorofila-a, dez pontos foram selecionados para análise por meio da extração do pigmento no laboratório do Instituto Senai. Visando extrapolar os valores de fluorescência medidos e adquirir valores de concentração de Clorofila-a para os 19 pontos restantes foi traçada uma curva entre a fluorescência e os valores de concentração de Clorofila-a.

A correlação entre a Clorofila-a e a razão das bandas, nas regiões espectrais mais susceptíveis à variação em função do fitoplâncton, é utilizada para estimar a concentração desse pigmento em águas com biomassa em concentrações variando entre 0,1 a 350mg.m^{-3} (GITELSON *et al.*, 1993). Dentre os diversos modelos utilizados para a estimativa da Clorofila-a, foram escolhidos os modelos de duas (Equação 1) e três bandas (Equação 2) propostos por Gitelson *et al.* (2003), inicialmente utilizados para calcular Clorofila-a em vegetação terrestre, tendo sido adaptados para estimar clorofila em sistemas aquáticos.

Em ambos os modelos, a primeira posição de banda λ_1 deve ser mais sensível à absorção da Chl-a (670 nm). Para minimizar os efeitos de absorção de outros constituintes opticamente significantes, uma segunda banda espectral λ_2 é usada para ser minimamente sensível à absorção da Chl-a (710 nm) e apresentar absorção por partículas não algais e material orgânico dissolvido colorido (CDOM – *Colored Dissolved Organic Mattter*):

Equação 1

$$Chl\ a = \frac{R(\lambda_2)}{R(\lambda_1)}(mg\ m^{-3})$$

O modelo de duas bandas ainda é afetado por retroespalhamento, que pode produzir estimativas diferentes de Chl-a para locais com igual concentração. Para isso, uma terceira banda, λ3, pode ser usada para minimizar a influência, onde (λ3) é a posição de banda minimamente afetada pela absorção que responde pelo espalhamento (750 nm):

Equação 2

$$Chl\ a = R(\lambda_3)\left[\frac{1}{R(\lambda_1)} - \frac{1}{R(\lambda_2)}\right](mg\ m^{-3})$$

Para este trabalho, também foi escolhido um terceiro modelo (Equação 3) retirado do estudo de Mistha e Mishra (2012), em que é proposto um novo índice chamado de Índice de Clorofila por Diferença Normalizada (NDCI), para demonstrar a sensibilidade à concentração de Clorofila-a em águas produtivas turvas.

Equação 3

$$C_{Chla} = \frac{[R_{rs}(708) - R_{rs}(665)]}{[R_{rs}(708) + R_{rs}(665)]} \ (mg \ m^{-3})$$

A estimativa da turbidez por sensoriamento remoto orbital foi realizada por meio de uma relação linear entre as bandas simuladas a partir dos dados radiométricos tomados em campo e os valores de turbidez. Diferentemente do encontrado por Nechad *et al.* (2010) e Maciel *et al.* (2019), essa relação foi possível devido aos baixos valores de turbidez. Assim, não sendo encontrada saturação da reflectância nas bandas espectrais simuladas, a relação linear foi adequada para a relação estudada.

Para simular uma banda de reflectância, que seria gravada pelo sensor de um satélite em cada canal centrado no comprimento de onda, o sinal das medições radiométricas tomadas *in situ* são multiplicadas pelo fator de resposta espectral desse satélite (Equação 4) (BERNARDO *et al.*, 2017).

Equação 4

$$R_{rs}{}_{LandSat} = \frac{\sum_{i=liminf}^{Limsup} R_{rs}(\lambda_i).\sigma(\lambda_i)}{\sum_{i=liminf}^{limsup} \sigma(\lambda_i)}$$

Em que R_{rs} é a reflectância tomada acima da superfície da água (calculada pela Equação 4), σ é a função de resposta do Landsat-8 tomada entre os limites inferior (*liminf*) e superior (*limsup*) dos comprimentos de onda (λ) da função de resposta.

Para a terceira etapa, um conjunto de imagens OLI/Landsat-8 foi adquirido por meio do serviço de distribuição sob demanda de imagens OLI com correção atmosférica processada pelo código de transferência radiativa Landsat Surface Reflectance Code – LaSRC, disponível a partir do repositório EROS Science Processing Architecture (ESPA).

As imagens foram convertidas para o sistema UTM, Sul, WGS84, e recortadas nos limites da área de interesse. Para as imagens Landsat-8, também foi feita a conversão do tipo de arquivo de níveis digitais inteiros (INT16) para ponto flutuante (FLOAT) e a multiplicação dos valores de níveis digitais das imagens pelo fator de escala (0,0001), o que é necessário para a obtenção dos valores de reflectância de superfície reais, no intervalo 0 a 1 (USGS, 2015); foi utilizado software ENVI 4.7 para processamento das imagens e aplicação do modelo.

RESULTADOS E DISCUSSÃO

Análise da série histórica do Instituto Mineiro de Gestão das Águas (Igam)

Os resultados de densidade de cianobactérias e Clorofila-a na Lagoa da Pampulha são elevados durante todo o período da série histórica examinada e permanecem acima do limite estabelecido pela legislação, conforme observado nas Figuras 6 a 8. Para o parâmetro da turbidez, observam-se episódios de violação concentrados nos períodos de chuva (novembro a janeiro), na estação localizada na entrada da Lagoa PV230 e um episódio de violação na estação PV235, no mês de janeiro de 2013.

A análise da série temporal dos resultados de densidade de cianobactérias e Clorofila-a indica concentrações mais elevadas nos períodos secos (abril a setembro) e em algumas ocasiões nos períodos úmidos (outubro a março), demonstrando que a dinâmica do fitoplâncton é influenciada pelos eventos chuvosos. O comportamento das cianobactérias observado na Lagoa da Pampulha durante o período seco corrobora os estudos de Wetzel (2001), o qual diz que as condições mais propícias ao surgimento das florações ocorrem nos períodos de ausência de chuvas e ventos, com concentração de nutrientes. Essas condições são normalmente encontradas no período seco, já que na ausência da chuva há menor movimentação do corpo d'água e concentração da carga orgânica.

Entende-se que o final do período seco e início do chuvoso são os momentos mais críticos do ponto de vista da qualidade da água na Lagoa. O fim do período seco, pela concentração da carga de poluentes e o início do período chuvoso, pela lavagem do solo da bacia hidrográfica que carreia poluentes para Lagoa da Pampulha (CONSÓRCIO PAMPULHA VIVA, 2019).

Figura 6 – Série histórica dos dados de densidade de cianobactérias nas estações de amostragem localizadas na Lagoa da Pampulha

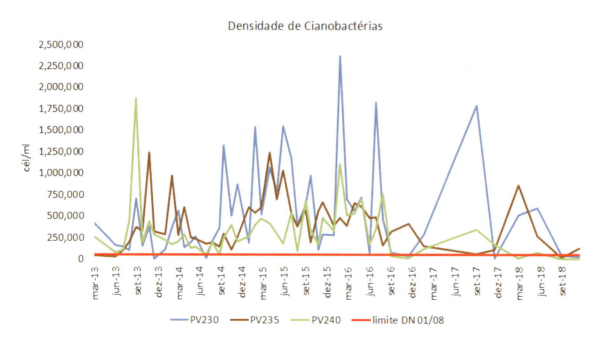

Fonte: os autores

Figura 7 – Série histórica dos dados de Clorofila-a nas estações de amostragem localizadas na Lagoa da Pampulha

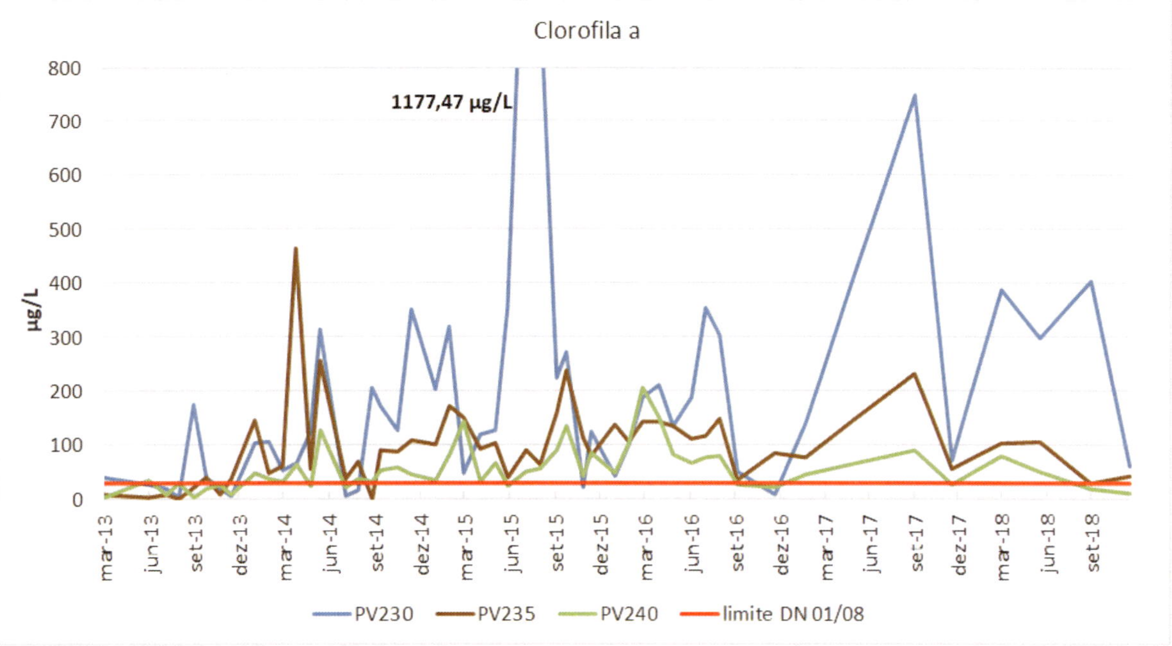

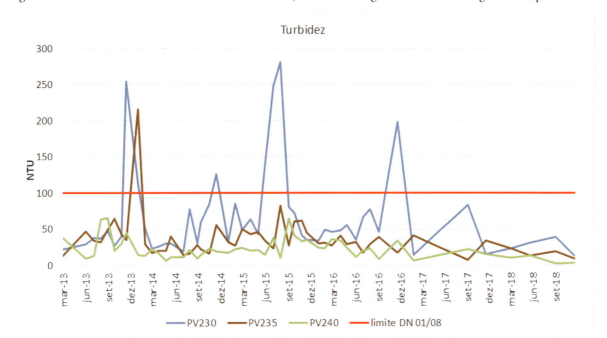

Fonte: os autores

Figura 8 – Série histórica dos dados de turbidez nas estações de amostragem localizadas na Lagoa da Pampulha

Fonte: os autores

A ocorrência de floração de cianobactérias nos períodos úmidos também foi observada por Silva *et al.* (2016), em um estudo realizado na Lagoa da Pampulha, que trata da relação entre a dinâmica de um reservatório tropical e eventos chuvosos, por meio de dados de monitoramento mensal e horário. Concluiu-se, no estudo, que as precipitações intensas no período chuvoso interrompem as florações e perturbam a estabilidade do sistema, levando à perda da biomassa pelo arrastamento de corrente e diminuição do metabolismo. Adicionalmente, pode ser inferido que esses eventos incorporam nutrientes ao reservatório, o que pode acarretar um novo aumento da biomassa nos períodos de ausência de chuvas, a partir da combinação entre uma coluna d'água mais estável, forte radiação solar incidente e a disponibilidade do fosfato em superfície (SILVA *et al.*, 2016).

Ademais, os estudos de Silva *et al.* (2016) também corroboram o comportamento das cianobactérias da Lagoa da Pampulha no período seco, pois concluem que à medida que a estação fria e seca se aproxima, a dinâmica do reservatório tende a ser mais suscetível à quebra da estratificação térmica e mistura da massa d'água, e nesse período são observadas as maiores concentrações de nutrientes, fitoplâncton e uma possível mudança de metabolismo.

Com relação à composição da comunidade fitoplantônica, embora os picos de Clorofila-a e de densidade de cianobactérias apresentem comportamentos similares, nem sempre ocorrem concomitantemente, uma vez que existem outros grupos do fitoplâncton, que também dominam o ambiente em determinado período, como verificado na Tabela 1. A escala de cores na tabela representa variações do maior valor percentual, em vermelho, ao menor, em verde. A dominância das cianobactérias na comunidade fitoplantônica é alta, apesar de variável conforme o mês avaliado.

Tabela 1 – Percentual de cianobactérias na comunidade fitoplantônica para cada mês e estação de monitoramento ao longo da série histórica do Igam, outubro de 2013 a dezembro de 2018

		JAN	FEV	MAR	ABR	MAI	JUN	JUL	AGO	SET	OUT	NOV	DEZ
2013	PV230										43.1%	99.2%	0.0%
	PV235										71.7%	99.4%	73.7%
	PV240										55.1%	33.8%	93.6%
2014	PV230	53.1%	23.5%	19.6%		19.5%	17.1%	55.8%	35.2%	80.3%	91.0%	60.8%	67.6%
	PV235	94.1%	85.5%	82.6%		76.0%	72.5%	80.7%	89.4%	64.0%	81.8%	90.7%	75.8%
	PV240	94.7%	88.9%	92.4%		91.8%	94.7%	95.3%	96.1%	72.5%	81.0%	98.1%	97.0%
2015	PV230	41.9%	76.9%	81.2%	80.6%	69.8%	31.8%	66.1%	87.7%	90.4%	88.9%	73.7%	47.0%
	PV235	87.2%	85.8%	75.8%	90.2%	71.0%	84.0%	78.6%	78.7%	99.3%	94.8%	83.6%	75.3%
	PV240	99.2%	99.4%	91.8%	92.9%	59.8%	89.3%	86.4%	74.7%	98.2%	97.0%	94.7%	73.1%
2016	PV230	92.0%	92.1%	71.5%	83.1%	68.5%	9.9%	65.7%	63.3%		89.5%		93.3%
	PV235	96.3%	96.4%	87.8%	87.5%	62.3%	27.6%	59.7%	73.1%		55.3%		57.6%
	PV240	96.6%	98.4%	87.7%	89.4%	57.7%	24.2%	43.2%	83.8%		7.5%		20.0%
2017	PV230		51.3%							25.0%			3.8%
	PV235		36.1%							100.0%			46.2%
	PV240		41.9%							100.0%			45.7%
2018	PV230			32.8%		8.6%				1.4%			15.46%
	PV235			3.2%		24.6%				5.8%			5.08%
	PV240			0.9%		24.9%				0.0%			2.50%

Fonte: Igam

A série histórica apresenta média de 68% de ocorrência de cianobactérias, tendo atingido dominância superior a 90% em 35 das 129 medições consideradas. Ao separar a série histórica pelos períodos seco (abril a setembro) e chuvoso (outubro a março), verifica-se que os meses de maior dominância no período seco ocorrem em abril, agosto e setembro. Os meses de agosto e setembro marcam o auge do período seco em que há o aumento das concentrações de nutrientes.

Para o período chuvoso, observa-se dominância das cianobactérias nos meses de novembro e janeiro. Apesar da turbulência provocada pela ocorrência de chuvas torrenciais, eventos característicos dessa época do ano, as temperaturas elevadas associadas ao aumento da poluição difusa com carreamento de carga orgânica para dentro da Lagoa pelos tributários favorecem o surgimento das cianobactérias nos períodos pós chuva (BELICO et al., 2017).

A estatística descritiva dos dados da série histórica do monitoramento do Igam (Figura 9 a Figura 11) demonstra uma redução gradativa na concentração dos três parâmetros em direção à barragem, uma vez que na estação mais próxima da entrada dos córregos Ressaca e Sarandi (PV230), a concentração de Clorofila-a, da densidade de cianobactérias e da turbidez é mais elevada, reduzindo à medida que se aproxima da saída do reservatório (PV235 e PV240). A elevada carga de esgotos que chega à Lagoa é assimilada pelos organismos nela presentes e parte é depositada ao longo do corpo de água, o que diminui a poluição e concentração dos organismos fitoplantônicos na região próxima à saída do reservatório (IGAM, 2017).

Os valores de Clorofila-a e densidade de cianobactérias na Lagoa da Pampulha são elevados e violam os limites estabelecidos para corpos d'água de Classe 2, em contrapartida verifica-se que os valores de turbidez não ultrapassaram, em sua maioria, o limite estabelecido para corpos d'água de Classe 2, conforme Deliberação Normativa COPAM/CERH nº 08/2022.

Figura 9 – Estatística dos resultados de Clorofila-a na Lagoa da Pampulha, dos anos de 2013 a 2018

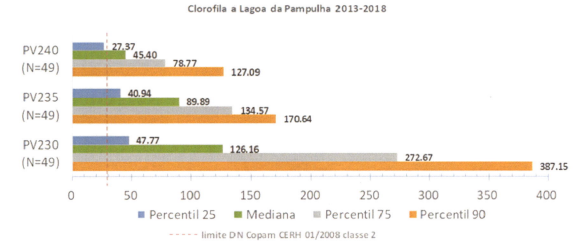

Fonte: os autores

Figura 10 – Estatística dos resultados de densidade de cianobactérias na Lagoa da Pampulha, dos anos de 2013 a 2018

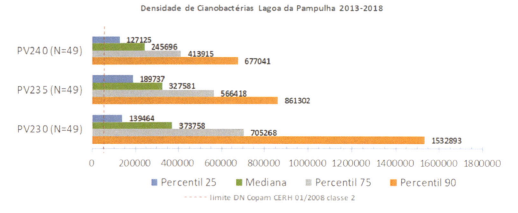

Fonte: os autores

Figura 11 – Estatística dos resultados de turbidez na Lagoa da Pampulha, dos anos de 2013 a 2018

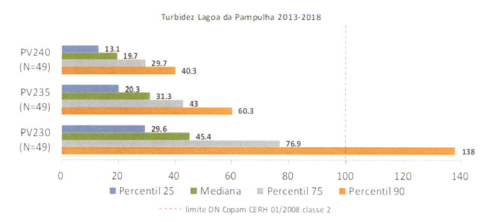

Fonte: os autores

Resultados das análises

A estatística descritiva dos resultados dos parâmetros de qualidade de água na Lagoa da Pampulha obtidos na campanha realizada em 20 de abril de 2018 é apresentada na Tabela 2. A partir do coeficiente de variação calculado, verifica-se que os valores de CDOM (*Colored Dissolved Organic Matter*) e Clorofila-a indicam menor e maior variação, respectivamente. Esse comportamento dos dados indica que a Lagoa é menos homogênea quando se trata da Clorofila-a e mais homogênea quando se trata de CDOM. Os valores de turbidez não são considerados elevados. Salienta-se que as condições do tempo no dia da campanha (ausência de chuva e ventos fortes) favorecem a baixa turbidez.

Contudo a variação dos dados de profundidade observados pelo disco de Secchi evidencia a heterogeneidade da Lagoa indicando que esta possui, em alguns pontos, elevada carga de materiais em suspensão e/ou matéria orgânica. Os valores de pH e da temperatura da água são considerados normais e homogêneos.

Tabela 2 – Estatística descritiva completa dos resultados de qualidade da água nas estações de amostragem localizadas na Lagoa da Pampulha

Parâmetros	Mín	Máx	Média	Mediana	Desvio Padrão	Coeficiente de Variação
Clorofila-a (µg/L)	40.1	664.0	142.7	62.6	150.3	105%
turbidez (NTU)	3.3	13.3	6.7	5.1	3.4	50%
CDOM	33.0	63.6	43.5	40.8	7.4	17%
Secchi (cm)	25.0	76.0	51.6	55.0	15.3	30%
Temp (°C)	23.5	28.9	26.4	26.7	1.5	6%
pH	7.5	8.7	7.9	7.8	0.3	4%

Fonte: os autores

Na Figura 12 é apresentada a variação dos resultados de cada parâmetro bem como a organização dos pontos de monitoramento ao longo da Lagoa. A seta indica a direção do fluxo de água e dos pontos no sentido da barragem. À exceção dos valores de temperatura, que não apresentaram variação significativa, em todos os demais parâmetros é possível visualizar a diferença de comportamento dos valores do início da Lagoa até o ponto P04, e a partir do ponto P05 sentido barragem. Entre os pontos P04 e P05, existe uma barreira física que corresponde à cortina retentora de sedimentos. Os pontos localizados na primeira porção da Lagoa apresentam resultados de pior qualidade da água. A condição de qualidade da água melhora à medida que se aproxima da barragem.

Figura 12 – Valores de Clorofila-a, Secchi, turbidez, temperatura, CDOM e pH na Lagoa da Pampulha por estação amostral

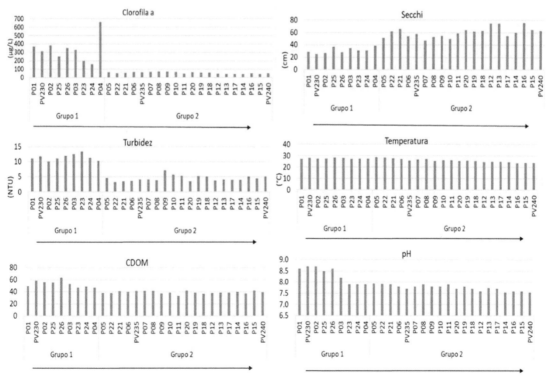

Fonte: os autores

Variabilidade dos dados em função da cortina retentora de resíduos

A partir da análise dos dados de qualidade da água em cada um dos pontos de amostragem (Tabela 3), decidiu-se por separar os pontos de monitoramento a partir de um padrão de comportamento que pode ser dividido em dois grupos: os pontos localizados desde a entrada dos córregos Ressaca e Sarandi até a cortina retentora de resíduos e os pontos localizados após a cortina até a Barragem.

Tabela 3 – Dados de qualidade da água nos pontos de amostragem da Lagoa da Pampulha

Grupo	Pontos	chlo-a	turbidez	CDOM	Secchi cm	Temp °C	pH
Grupo 1: pontos localizados antes da cortina	P23	198.57	13.32	47.40	31	27	7.9
	P03	330.51	12.58	53.19	35	28	8.2
	P26	350.12	11.87	63.64	28	28.6	8.6
	PV230	312.24	11.80	58.44	25	28	8.7
	P24	161.62	11.28	48.73	31	27.5	7.9
	P25	252.89	11.07	55.50	37	27.5	8.5
	P01	368.52	11.06	49.43	29	27.3	8.6
	P04	664.01	10.29	47.16	39	27.5	7.9
	P02	380.76	10.05	56.32	27	27.6	8.7
grupo 2: pontos localizados após cortina	P09	71.33	7.23	37.44	55	25.4	7.8
	P10	66.77	5.73	38.53	50	26.3	7.8
	P11	46.61	5.43	32.96	59	26.3	7.9
	P19	61.73	5.26	38.62	62	26	7.8
	PV240	49.25	5.13	39.14	63	24	7.54
	P18	58.00	5.11	36.75	63	25.5	7.7
	P16	53.09	5.09	37.64	76	23.5	7.6
	P05	62.63	4.64	37.94	51	28.9	7.94
	P15	40.12	4.55	42.38	65	24	7.6
	P13	41.70	4.20	38.65	75	25	7.74
	PV235	62.09	4.16	41.54	58	25.9	7.7
	P07	68.10	4.15	41.77	47	26.7	7.8
	P14	41.82	4.01	39.89	60	24.5	7.55
	P17	40.96	3.99	38.81	55	24.8	7.7
	P08	70.82	3.94	41.55	53	27	7.9
	P12	44.78	3.79	38.12	75	24.7	7.6
	P06	70.19	3.73	40.03	54	27	7.8
	P21	54.11	3.55	40.77	66	27.7	7.9
	P20	62.38	3.53	42.18	64	25.6	7.7
	P22	51.92	3.32	37.93	62	28.4	7.92

Fonte: os autores

O primeiro grupo contém os dados com os valores mais elevados de turbidez, Clorofila-a, CDOM e com a menor profundidade do disco de Secchi. Os dados do primeiro grupo abrangem os valores de Clorofila-a entre 161,62 e 664 µg/L e turbidez entre 10 e 13,3 NTU e apresentam o maior desvio padrão (136,5 µg/L) e coeficiente de variação de 41% para Clorofila-a. Os demais parâmetros do grupo 1 apresentam amplitude mais baixa, com medianas próximas à média, desvio-padrão e coeficiente de variação abaixo de 25%, o que indica a homogeneidade dos dados.

Verifica-se que os valores dos parâmetros do segundo grupo são mais baixos, com exceção da profundidade medida no disco de Secchi que é mais alta. Como exemplo citam-se os valores entre 40 e 71,3 µg/L de Clorofila-a e turbidez entre 3,3 e 7,2 NTU. Os valores de Clorofila-a e turbidez apresentam a maior variação do segundo grupo, contudo o coeficiente de variação dos parâmetros está abaixo de 25%, o que indica homogeneidade dos valores.

A variação dos resultados de turbidez e temperatura é maior no grupo 2 em comparação ao grupo 1. Entende-se que o grupo 2 tem maior área de abrangência na Lagoa da Pampulha, estando os seus pontos dispostos não só na porção central, como também nos braços da Lagoa e em locais de profundidade variando entre 1,5 m a partir da cortina retentora de sedimentos, até aproximadamente 17 m na região da barragem (CONSÓRCIO PAMPULHA VIVA, 2016). Essa disposição dos pontos explica a maior variação dos resultados de turbidez e temperatura no grupo 2. A estatística descritiva dos resultados da análise dos dados de qualidade da água em cada um dos pontos de amostragem é apresentada na Tabela 4.

Tabela 4 – Estatística descritiva completa dos resultados de qualidade da água nas estações de amostragem localizadas na Lagoa da Pampulha

	Parâmetros	Mín	Máx	Média	Mediana	Desvio Padrão	Coeficiente de Variação
Grupo 1 : 8 pontos	chlo-a (µg/L)	161.6	664.0	335.5	330.5	136.5	41%
	turbidez (NTU)	10.1	13.3	11.5	11.3	1.0	9%
	CDOM	47.2	63.6	53.3	53.2	5.3	10%
	Secchi (cm)	25.0	39.0	31.3	31.0	4.5	14%
	Temp (°C)	27.0	28.6	27.7	27.5	0.4	2%
	pH	7.9	8.7	8.3	8.5	0.3	4%
grupo 2 : 2 pontos	chlo-a (µg/L)	40.1	71.3	55.9	56.1	10.6	19%
	turbidez (NTU)	3.3	7.2	4.5	4.2	0.9	20%
	CDOM	33.0	42.4	39.1	38.7	2.2	6%
	Secchi (cm)	47.0	76.0	60.7	61.0	8.0	13%
	Temp (°C)	23.5	28.9	25.9	25.8	1.4	6%
	pH	7.5	7.9	7.7	7.8	0.1	2%

Fonte: os autores

A possibilidade de divisão dos dados em dois grupos indica que a Lagoa possui áreas com dinâmicas distintas caracterizadas não só pelas áreas de menor movimentação do corpo d'água, no caso dos braços da Lagoa, como também nas áreas antes, e após a cortina de retenção de sedimentos. Nesse sentido, entende-se que o estudo da Lagoa deve ser subdividido de acordo com a especificidade de cada área.

Avaliação dos espectros

Nas Figuras 13 a 15, cada linha representa o comportamento espectral da água da Lagoa da Pampulha, em cada um dos pontos coletados antes e após a correção dos efeitos de glint (reflexão especular da luz na água em direção ao sensor). Após a correção, houve redução dos valores da reflectância de sensoriamento remoto sem alterar as características da curva espectral.

Há um grupo maior de amostras que apresenta valores de reflectância mais baixos (0,05 a 0,1) e outro grupo, de quatro amostras, com valores de reflectância mais elevados (0,12 a 0,3). Essas amostras correspondem aos pontos mais próximos aos despejos de carga orgânica, lixo e nutrientes oriundos dos esgotos domésticos (P01, P02 e P26) e ao ponto mais próximo à cortina retentora de sedimentos e lixo (P04). Conclui-se que essas regiões podem ser aquelas mais sensíveis às alterações provocadas pelo excesso de poluentes da Lagoa, uma vez que os valores de reflectância se distanciam dos demais.

Verifica-se nos espectros uma curva de absorção entre 670 nm a 675 nm e dois picos de reflectância localizados entre 550 nm a 560 nm e outro em 710 nm. Trata-se de comportamento característico da presença de Clorofila-a nas águas, conforme apresentado em Lobo *et al.* (2009) e Gitelson (1992).

Também é possível identificar um pico de reflectância em aproximadamente 720 nm, principalmente nos espectros com valores de reflectância mais altos, o que pode estar relacionado à presença de sedimentos em suspensão devido ao aumento da concentração de sólidos em suspensão que provoca o deslocamento do máximo de reflectância em direção a comprimentos de onda mais longos (MENESES; ALMEIDA, 2012). Contudo o pico de reflectância em 650 nm e curva em 860 nm não está evidente nos espectros. Esse comportamento espectral está dentro do esperado, dado que os valores de turbidez obtidos nas análises são considerados baixos.

Figura 13 – Comportamento espectral da água da Lagoa da Pampulha nos pontos coletados antes da correção dos efeitos de *glint*

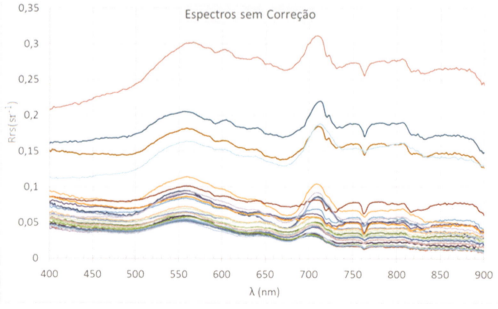

Fonte: os autores

Figura 14 – Comportamento espectral da água da Lagoa da Pampulha, com a correção dos efeitos de *glint*, nos pontos coletados antes da cortina retentora de resíduos

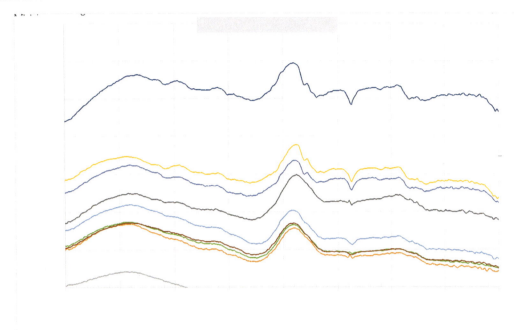

Fonte: os autores

Figura 15 – Comportamento espectral da água da Lagoa da Pampulha, com a correção dos efeitos de *glint*, nos pontos coletados após a cortina retentora de resíduos

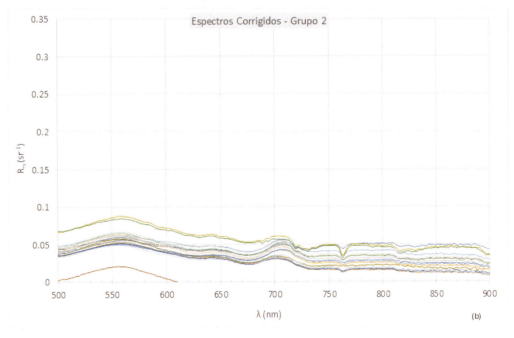

Fonte: os autores

Modelo Clorofila-a

Os espectros foram aplicados aos modelos após a correção dos efeitos de *glint*. Foram testadas várias combinações de comprimentos de onda (λ_1 e λ_2) com base no que foi apresentado em Gitelson *et al.* (2003) e Mistha e Mishra (2012), conforme Equações 3, 4 e 5, mantendo inalterado apenas o terceiro comprimento de onda λ3, em 750 nm. Também foi considerado o λ_2 em 705 nm, conforme apresentado em Watanabe *et al.* (2018).

Assim, os valores espectrais correspondentes aos conjuntos de comprimentos de onda λ1 e λ2 (670,710; 665,710; 670,708; 665,708; 670,705 e 665,705) foram aplicados nas equações dos modelos de duas Bandas, NDCI (*Normalized Difference Chlorophyll Index* – Índice de Clorofila por Diferença Normalizada) e três Bandas, para se verificar qual retornaria a melhor correlação entre os espectros resultantes e os valores de Clorofila-a. Os resultados das correlações são apresentados na Tabela 5. Os valores destacados indicam o melhor coeficiente de determinação.

Tabela 5 – Resultado da correlação linear dos modelos de 2 Bandas, NDCI e 3 Bandas e os valores de Clorofila-a

Valores Clorofila-a (µg/L)	670,710	665,710	670,708	665,708	670,705	665,705	
161 - 664	$R^2 = 0{,}1783$	$R^2 = 0{,}1768$	$R^2 = 0{,}1626$	$R^2 = 0{,}1559$	$R^2 = 0{,}1488$	$R^2 = 0{,}1391$	
40 - 664	$R^2 = 0{,}0218$	$R^2 = 0{,}0455$	$R^2 = 0{,}0113$	$R^2 = 0{,}0278$	$R^2 = 0{,}0023$	$R^2 = 0{,}0111$	2 Bandas
40 - 71	$R^2 = 0{,}6151$	$R^2 = 0{,}6668$	$R^2 = 0{,}564$	$R^2 = 0{,}6356$	$R^2 = 0{,}5584$	$R^2 = 0{,}6439$	
161 - 664	$R^2 = 0{,}5749$	$R^2 = 0{,}5651$	$R^2 = 0{,}5754$	$R^2 = 0{,}5671$	$R^2 = 0{,}5642$	$R^2 = 0{,}5565$	
40 - 664	$R^2 = 0{,}0886$	$R^2 = 0{,}1317$	$R^2 = 0{,}0709$	$R^2 = 0{,}1128$	$R^2 = 0{,}0442$	$R^2 = 0{,}0817$	NDCI
40 - 71	$R^2 = 0{,}6267$	$R^2 = 0{,}6799$	$R^2 = 0{,}5748$	$R^2 = 0{,}648$	$R^2 = 0{,}5608$	$R^2 = 0{,}6492$	
161 - 664	$R^2 = 0{,}5292$	$R^2 = 0{,}5081$	$R^2 = 0{,}5305$	$R^2 = 0{,}5117$	$R^2 = 0{,}5246$	$R^2 = 0{,}5087$	
40 - 664	$R^2 = 0{,}1561$	$R^2 = 0{,}2031$	$R^2 = 0{,}1424$	$R^2 = 0{,}1897$	$R^2 = 0{,}1156$	$R^2 = 0{,}1616$	3 Bandas
40 - 71	$R^2 = 0{,}5204$	$R^2 = 0{,}544$	$R^2 = 0{,}5168$	$R^2 = 0{,}5477$	$R^2 = 0{,}5316$	$R^2 = 0{,}5696$	

Combinações bandas (λ_1 e λ_2)*

* Para o modelo de 3 bandas também foi utilizado o λ_3 em 750 nm

Fonte: os autores

A pior correlação foi obtida quando se utilizaram todos os valores de Clorofila-a (entre 40 µg/L e 664 µg/L) em único grupo, sendo o maior valor de $R^2=0{,}2031$, para o modelo de três bandas e utilizando a combinação de λ1 =665 nm, λ_2=710 nm e λ_3 =750 nm. Conforme anteriormente mencionado, os pontos de monitoramento da Lagoa da Pampulha estão divididos em dois grupos com dinâmicas distintas, o que justifica a baixa correlação.

Ao separar os valores de Clorofila-a em dois conjuntos de dados: grupo 1, pontos localizados antes da cortina retentora de sedimentos (valores de Clorofila-a entre 161µg/L a 664µg/L) e grupo 2, pontos localizados após a cortina retentora de sedimentos (valores de Clorofila-a entre 40 µg/L a 71 µg/L) observa-se uma melhora na correlação.

Para o primeiro grupo, a melhor correlação ($R^2 = 0,5671$) foi observada com o NDCI (*Normalized Difference Chlorophyll Index* – Índice de Clorofila por Diferença Normalizada) utilizando a combinação de λ_1 =665 nm, λ_2=708 nm. Para o segundo grupo, a melhor correlação foi observada também com o NDCI ($R^2 = 0,6799$), utilizando a combinação de λ_1 =665 nm, λ_2=710 nm. Os pontos com os valores de Clorofila-a de menor concentração (valores até 71 µg/L) apresentaram a melhor correlação com os espectros. O RMSE (*Root Mean Squared Error* - Raiz do Erro Quadrático Médio) foi calculado para os modelos cuja correlação retornou o melhor valor de R^2 para cada um dos dois conjuntos de valores de Clorofila-a (Figura 16).

Figura 16 – Modelo de regressão utilizando o NDCI e os conjuntos de dados dos grupos 1 e 2

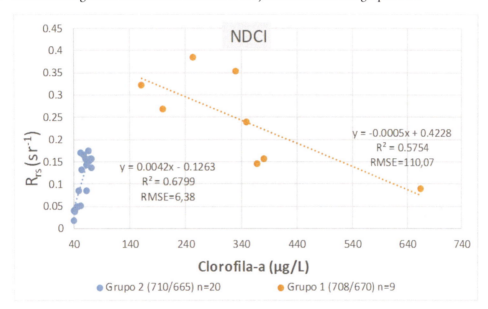

Fonte: os autores

Apesar de o índice NDCI ter apresentado a melhor correlação com os valores de Clorofila-a, as correlações são consideradas baixas. Também há desvio entre o observado e os valores previstos, o que pode ser verificado com os valores de RMSE (110,07 µg/L para o grupo 1 e 6,38 µg/L para o grupo 2).

Pela pouca correspondência do modelo, não foi realizada a etapa da validação, e o algoritmo não foi aplicado nas imagens. O excesso de lixo, de carga orgânica e de material particulado oriundos dos córregos e poluição difusa pode ter interferido no modelo, sobretudo na primeira parte da Lagoa. Para melhorar a representatividade dos modelos, entende-se que seria necessário um volume maior de dados, além de coletas realizadas em outros períodos climáticos.

Modelo turbidez

Para o modelo de turbidez, os valores espectrais correspondentes aos centros de bandas no verde (B3), vermelho (B4) e infravermelho próximo (B5), simulados do sensor OLI do Landsat-8, foram relacionados aos valores obtidos em laboratório, a fim de verificar quais apresentariam a melhor correlação entre os espectros resultantes e os valores de turbidez.

Os resultados das correlações são apresentados na Figura 17, optando-se por não fazer a separação dos valores de turbidez em dois grupos, da forma como foi feito para os valores de Clorofila-a, já que a correlação com os dados selecionados para construção do modelo foi mais alta. Os valores de turbidez medidos com o segundo turbidímetro apresentaram melhor correlação com as bandas simuladas.

A melhor correlação foi encontrada com a banda simulada no verde (B3) apresentando coeficiente de determinação $R^2 = 0,743$ para o grupo de turbidez medido com o turbidímetro 2 e RMSE = 0,037 NTU. A correlação apresentou-se similar ($R^2 = 0,736$; RMSE = 0,0477 NTU) com a banda simulada no Infravermelho Próximo (B5). A correlação menos significativa foi verificada na banda do vermelho (B4), que apresentou coeficiente $R^2 = 0,715$ para o grupo de turbidez medido com o turbidímetro 2 e RMSE = 0,041 NTU.

Figura 17 – Modelos de regressão utilizando as bandas simuladas no verde, vermelho e infravermelho próximo e os valores de turbidez

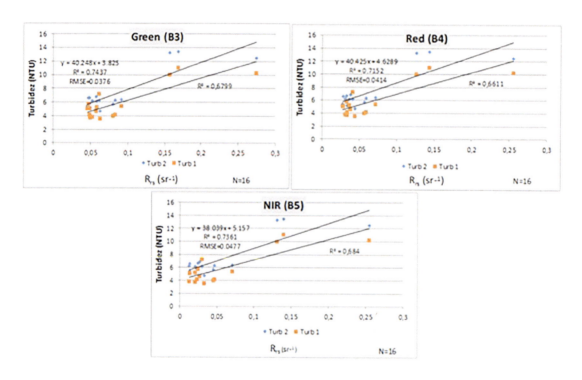

Fonte: os autores

Contudo, na etapa da validação verificou-se que, para as três faixas espectrais, o modelo respondeu bem apenas aos valores de turbidez com concentração de até 7 NTU, subestimando os valores previstos (Figura 18). Os erros calculados para cada uma das três bandas (B3 = 3,714; B4 = 4,014 e B5 = 4,142) demonstram que o modelo apresenta um desvio entre o observado e os valores previstos. Supõe-se novamente que o excesso de lixo, carga orgânica e material particulado possa ter interferido no modelo. Os valores de turbidez abaixo de 7 NTU não são representativos da Lagoa, e o modelo, portanto, não foi satisfatório para ser aplicado nas imagens.

Figura 18 – Validação dos modelos de regressão

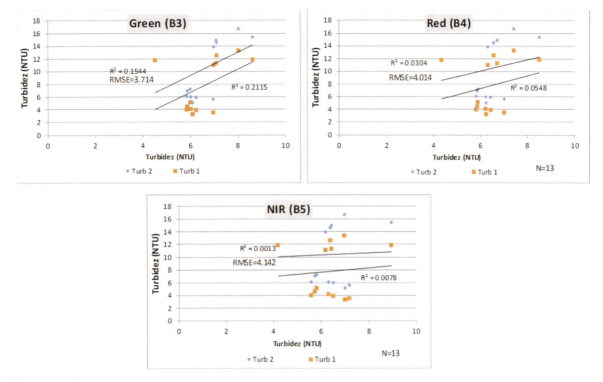

Fonte: os autores

Análise da série temporal de imagens Landsat-8

A frequência de pontos acima do limiar foi calculada a fim de identificar se durante a série histórica das imagens ocorreu alguma alteração dos valores de turbidez que poderia indicar uma fonte de poluição pontual e que não fossem as originadas dos córregos Ressaca e Sarandi.

Foi estabelecido um limiar de resposta de 0,15 a partir do qual a reflectância da água é indicativa de baixa qualidade, ou seja, todos os locais apresentando valores de reflectância superiores a 0,15 na região do infravermelho próximo são considerados suspeitos de receberem algum tipo de lançamento de esgotos.

A imagem da área de estudo do monitoramento realizado é composta de um total de 10.374 pixels. Na Tabela 6, encontra-se o resumo das informações de pixels críticos em que é possível verificar que para 78,83% da Lagoa não há valores acima do limiar. Os valores com percentual mais significativo acima do limiar (11,51%) ocorreram em duas das 37 imagens. Considera-se que a frequência acima de 5 não é significativa, já que corresponde a 4,15% do percentual da ocorrência. Os valores com frequência 37 ou próxima desse valor correspondem aos efeitos de borda da imagem e aos valores atribuídos à Ilha dos Amores, localizada na Lagoa da Pampulha.

Tabela 6 – Frequência dos pixels acima do limiar em quantidade e em percentual

Frequência	Total Pixel	Percentual
0	8178	78,83%
1	493	4,75%
2	701	6,76%
3	395	3,81%
4	177	1,71%
5	78	0,75%
6	36	0,35%
7	19	0,18%
8	13	0,13%
9	15	0,14%
10	11	0,11%
11	14	0,14%
12	9	0,09%
13	8	0,08%
14	10	0,10%
15	10	0,10%
16	7	0,07%
17	6	0,06%
18	6	0,06%
19	12	0,12%
20	9	0,09%
21	5	0,05%
22	5	0,05%
23	4	0,04%
24	8	0,08%
25	5	0,05%
26	3	0,03%
27	4	0,04%
28	10	0,10%
29	3	0,03%
30	5	0,05%
31	7	0,07%
32	3	0,03%
33	6	0,06%
34	5	0,05%
35	15	0,14%
36	35	0,34%

Frequência	Total Pixel	Percentual
37	44	0,42%
TOTAL	10374	100%

Fonte: os autores

A frequência de ocorrência dos valores acima do limiar é baixa com um pico mais significativo na frequência 2 (Figura 19).

Figura 19 – Frequência de ocorrência dos valores acima do limiar

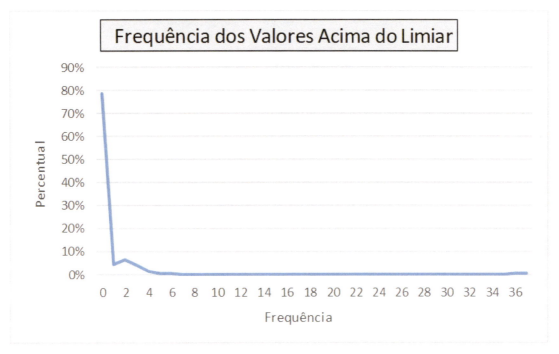

Fonte: os autores

Na Figura 20, é apresentado o mapa da distribuição espacial das regiões críticas, onde as maiores frequências de valores acima do limiar estabelecido (0,15) são mostradas em gradação decrescente para os tons mais escuros, e os pontos menos críticos, de menores frequências, são mostrados em tons claros.

As áreas mais escuras ao redor da Lagoa da Pampulha podem ser atribuídas aos efeitos de borda da imagem. Verifica-se que a ocorrência dos valores acima do limiar se concentra na entrada dos córregos Ressaca e Sarandi até a rede de contenção.

Além dessa área, verifica-se a ocorrência de frequências mais altas em uma área de acesso de barcos, próximo ao Museu de Arte da Pampulha e em locais onde naturalmente formam-se remansos, tais como próximo à Barragem e à entrada do córrego Mergulhão. Devido à baixa frequência de valores acima do limiar, entende-se que as fontes poluidoras estão mais concentradas e devem-se às cargas lançadas pelos afluentes da Lagoa.

Figura 20 – Mapa da distribuição espacial das regiões críticas

Fonte: os autores

CONSIDERAÇÕES FINAIS

A Lagoa da Pampulha, por estar inserida em um contexto urbano, é um ambiente complexo, pois recebe uma carga elevada de poluentes oriundos dos seus tributários e da poluição difusa. A dinâmica desse ambiente também é influenciada pelos eventos de chuva e períodos de seca.

A heterogeneidade da Lagoa foi constatada a partir da análise dos dados da série histórica do Igam e pelas análises realizadas para a execução deste estudo. A Clorofila-a e a turbidez são os parâmetros que mais apresentaram variação, sendo, portanto, bons indicadores da dinâmica e poluição da Lagoa. O estudo do parâmetro fósforo total para a caracterização limnológica da área estudada também pode ser acrescentado de forma a complementar os resultados obtidos com a análise da Clorofila-a.

A instalação de equipamentos físicos para evitar que a poluição chegue à barragem (cortina retentora de turbidez) divide a Lagoa em dois ambientes distintos, um com maior carga de detritos e outro com menor poluição. Esses dois ambientes devem ser levados em consideração, quanto à qualidade da água.

Entende-se que, para reforçar as conclusões do estudo, seria necessário trabalho de campo mais intenso para viabilizar a coleta de amostras em diferentes épocas do ano, considerando os períodos seco e chuvoso, de forma a abranger um universo maior de dados consistentes para a construção dos modelos. Também, devem ser pensados em algoritmos diferentes para cada ambiente criado pela divisão da Lagoa, através da cortina retentora.

As frequências de valores mais altos de turbidez que indicam qualidade ruim da água se concentram na entrada dos córregos Ressaca e Sarandi até a rede de contenção, e em locais onde naturalmente formam-se remansos, tais como próximo à barragem e na entrada do córrego Mergulhão. A baixa frequência de valores acima do limiar indica que as fontes poluidoras estão mais concentradas e são devidas às cargas lançadas pelos afluentes da Lagoa.

Um modelo mais robusto para a turbidez, assim como a identificação do limiar adequado para ser aplicado à série temporal pode demonstrar as regiões influenciadas ou não por cargas não advindas dos córregos.

REFERÊNCIAS

10200 Plankton. **Standard Methods for the Examination of Water and Wastewater**. Disponível em: https://www.standardmethods.org/doi/full/10.2105/smww.2882.207. Acesso em: 4 jun. 2019.

AGHA, R.; CIRÉS, S.; WÖRMER, L.; DOMÍNGUEZ, J.A.; QUESADA, A. Multi-sclae strategies for the monitoring of freshwater cyanobacteria: reducing the sources of uncertainty. **Water Research**, 46, p. 3043-3053. 2012.

ASD HandHeld 2: Hand-held VNIR Spectroradiometer. **Malvern Panalytical**. Acesso em: 5 maio 2019. Disponível em: https://www.malvernpanalytical.com/en/products/product-range/asd-range/fieldspec-range/handheld-2-hand-held-vnir-spectroradiometer.

BELICO, J. C.; SILVA, T.F.G.; GIANI, A.; FIGUEIREDO, C.; AMBRÓZIO, L.; NASCIMENTO, N.O. Impacto de eventos chuvosos na dinâmica físico-química em reservatórios urbanos, estudo de caso: Lagoa da Pampulha. **Anais**. In: SIMPÓSIO BRASILEIRO DE RECURSOS HÍDRICOS, 22., 2017, Florianópolis. 8 p.

BERNARDO, N. et al. Atmospheric correction issues for retrieving total suspended matter concentrations in inland waters using OLI/Landsat-8 image. **Advances in Space Research**, v. 59, n. 9, p. 2335-2348. 2017.

BOLLMANN, H. A.; CARNEIRO, C.; PERGORINI, E. S. Qualidade da Água e Dinâmica de Nutrientes. In: ANDREOLI, C.; CARNEIRO, C. **Gestão Integrada de Mananciais de Abastecimento Eutrofizados**. Curitiba: Gráfica Capital, 2005. p. 213-270.

CETESB, Companhia Ambiental do Estado de São Paulo. **Manual de cianobactérias planctônicas**: legislação, orientações para o monitoramento e aspectos ambientais. São Paulo: CETESB, 2013.

CONSÓRCIO PAMPULHA VIVA. **Ata da 111ª Reunião Ordinária**. 2017. Acesso em: 9 jun. 2019. Disponível em: http://portal6.pbh.gov.br/dom/iniciaedicao.do?method=detalheartigo&pk=1188323.

CONSÓRCIO PAMPULHA VIVA. **Ata da 121ª Reunião Ordinária**. 2019. Acesso em: 9 jun. 2019, Disponível em: http://portal6.pbh.gov.br/dom/iniciaedicao.do?method=detalheartigo&pk=1211244.

CPRM, Companhia de Pesquisa de Recursos Minerais. **Estudo Hidrogeológico da Bacia da Lagoa da Pampulha**. Belo Horizonte: CPRM, 2001.

ESA, E. S. **Sentinel online**. Acesso em: 5 abr. 2019. Disponível em: https://sentinels.copernicus.eu/web/sentinel.

ESTEVES, F. A. **Fundamentos de limnologia**. 2. ed. Rio de Janeiro: Finep, 1998.

GITELSON, A. The peak near 700 nm on radiance spectra of algae and water: relationships of its magnitude and position with chlorophyll concentration. **International Journal of Remote Sensing**, v. 13, n. 17, p. 3367-3373, 1992.

GITELSON, A. *et al*. Quantitative remote sensing methods for real-time monitoring of inland waters quality. **International Journal of Remote Sensing**, v. 14, n. 7, p. 1269-1295, 1993.

GITELSON, A., GRITZ, Y.; MERZLYAK, M. Relationships between leaf chlorophyll content and spectral reflectance and algorithms for non-destructive chlorophyll assessment in higher plant leaves. **Journal of Plant Physiology**, v. 160, n. 3, p. 271-282, 2003.

IGAM, Instituto Mineiro de Gestão das Águas. **Avaliação da Qualidade das Águas da Bacia da Lagoa da Pampulha**: Avaliação dos Resultados do Período de 2006 a 2014. Belo Horizonte: Igam, 2015.

IGAM, Instituto Mineiro de Gestão das Águas. **Relatório Trimestral da sub-bacia da lagoa da Pampulha – 3º trimestre 2017**. Belo Horizonte: Igam, 2017. Disponível em: http://portalinfohidro.igam.mg.gov.br/publicacoes-tecnicas/qualidade-das-aguas/qualidade-das-aguas-superficiais/relatorios-de-avaliacao-de-qualidade-das-aguas-superficiais/relatorios-trimestrais/2017/12378-pampulha.

JENSEN, J. **Sensoriamento remoto do ambiente**: uma perspectiva em recursos terrestres. Tradução de EPIPHANIO, J.C.N. *et al*. São José dos Campos: Parêntese, 2009.

KIRK, J. **Light & Photosynthesis in Aquatic Ecosystems**. 2. ed. London: Cambridge University Press, 1994.

KIRK, J. T. **Light and photosynthesis in aquatic ecosystems**. 3. ed. London: Cambridge University Press, 2011.

LOBO, F. L. *et al*. Mapping potential cyanobacterial bloom using Hyperion/EO-1 data in Patos Lagoon estuary. **Acta Limnologica Brasiliensia**, v. 21, n. 3, p. 299-308, 2009.

MACIEL, D. N. Retrieving Total and Inorganic Suspended Sediments in Amazon Floodplain Lakes: A Multisensor Approach. **Remote Sensing**, v. 11, n. 15, p. 1744, 2019.

MATTHEWS, M. W. A current review of empirical procedures of remote sensing in inland and near-coastal transitional waters. **International Journal of Remote Sensing**, v. 32, n. 21, p. 6855-6899, 2011. Disponível em: http://dx.doi.org/10.1080/01431161.2010.512947.

MENESES, P. R.; ALMEIDA, T. **Introdução ao Processamento de Imagens de sensoriamento remoto**. Brasília: Universidade de Brasília, 2012.

MISTHA, S.; MISHRA, D. Normalized difference chlorophyll index: A novel model for remote estimation of chlorophyll-a concentration in turbid productive waters. **Remote Sensing of Environment**, v. 32, n. 21, p. 6855-6899, 2012.

MOBLEY, C. **Light and Water**: Radiative Transfer in Natural Water. [S. l.]: Academic Press, 1994.

MOREIRA, M. A. **Fundamentos do sensoriamento remoto e metodologias de aplicação**. 2. ed. Viçosa: UFV, 2003.

NECHAD, B., RUDDICK, K. G.; PARK, Y. Calibration and validation of a generic multisensor algorithm for mapping of total suspended matter in turbid waters. **Remote Sensing of Environment**, v. 114, n. 4, p. 854-866, 2010.

NOGUEIRA, M. G.; HENRY, R.; JORCIN, A. **Ecologia de reservatórios**: impactos potenciais, ações de manejo e sistemas em cascata. 2. ed. São Carlos: Rima, 2006.

NOVO, E. M. Sistemas Aquáticos Continentais. *In*: RUDORFF, F. T. **O Sensor Modis e suas aplicações ambientais no Brasil**. São José dos Campos: Editora Parêntese, 2007.

NOVO, E. M. **Sensoriamento remoto**: princípios e aplicações. 3. ed. São Paulo: Edgard Blücher, 2008.

PAHLEVAN, N. *et al*. Landsat-8 remote sensing reflectance (Rrs) products: evaluation, intercomparisons, and enhancements. **Remote Sensing Environment**, v. 190, p. 289-301, 2017.

PAMPULHA Modern Ensemble. **Unesco**, 2016. Disponível em: https://whc.unesco.org/en/list/1493/. Acesso em: 1 jun. 2019.

PINTO, C. E. *et al*. Uso de imagens MODIS no monitoramento do fluxo de sedimentos no reservatório de Três Marias. **Revista Brasileira de Engenharia Agrícola e Ambiental**, v. 18, n. 5, p. 507-516, 2014.

REICHWALDT, E. S.; GHADOUANI, A. Effects of rainfall patterns on toxic cyanobacterial blooms in a changing climate: Between simplistic scenarios and complex dynamics. **Water Research**, v. 46, p. 1372-1393, 2012.

RESCK, R. P. **Avaliação Morfológica e Estudo da Variação Horizontal de Parâmetros Limnológicos do Reservatório da Pampulha**. Dissertação (Mestrado em Ecologia, Conservação e Manejo da Vida Silvestre) – Programa de Pós-Graduação em Ecologia, Conservação e Manejo da Vida Silvestre, Universidade Federal de Minas Gerais, Belo Horizonte, 2007.

RESCK, R.; BEZERRA, N.; MOTA COELHO, R. Nova Batimetria a avaliação de parâmetros morfométricos da Lagoa da Pampulha. **Geografias Artigos Científicos**, v. 3, n. 2, p. 24-37, 2007.

ROBERT, E. G. Monitoring water turbidity and surface suspended sediment concentration of the Bagre Reservoir (Burkina Faso) using MODIS and field reflectance data. **International Journal of Applied Earth Observation and Geoinformation**, v. 52, p. 243-251, 2016.

SCHOWENGERDT, R. A. **Remote Sensing**: models and methods for image processing. London: Academic Press, 2006.

SILVA, A. E. Influência da precipitação na qualidade da água do Rio Purus. **Acta Amazica**, v. 38, n. 4, p. 733-742, 2008. Acesso em: 20 jun. 2019. Disponível em: http://www.scielo.br/scielo.php?script=sci_abstract&pid=S0044-59672008000400017&lng=en&nrm=iso&tlng=pt.

SILVA, T. *et al*. Modelagem da Lagoa da Pampulha: uma ferramenta para avaliar o impacto da bacia hidrográfica na dinâmica do fitoplâncton. **Revista Engenharia Sanitária e Ambiental**, v. 21, n. 1, p. 95-108, 2016.

TARRANT, P. A. Assessing the potential of Medium – Resolution Imaging Spectrometer (MERIS) and ModerateResolution Imaging Spectroradiometer (MODIS) data for monitoring total suspended matter in small and intermediate sized lakes and reservoirs. **Water Resources Research**, v. 46, n. 9, 2010.

TUNDISI, J. G. Cold fronts and reservoir limnology: an integrated approach towards the ecological dynamics of freshwater ecosystems. **J. Biol**, v. 70, n. 3, p. 815-824, 2010.

TUNDISI, J. G.; TUNDISI, T. M. **Limnologia**. São Paulo: Oficina de Textos, 2008.

USGS, U. S. **Product guide**: provisional Landsat-8 surface reflectance product. Disponível em: http://landsat.usgs.gov//documents/provisional_l8sr_product_guide.pdf. Acesso em: 5 abr. 2019.

VIVA PAMPULHA. **Viva Pampulha - Barreira Inglesa**. 2016. Disponível em: http://vivapampulha.com.br/barreira-inglesa/. Acesso em: 9 jun. 2019.

WATANABE, F. *et al*. Remote sensing of the chlorophyll-a based on OLI/Landsat-8 and MSI/Sentinel-2A (Barra Bonita reservoir, Brazil). **Academia Brasileira de Ciências**, v. 90, n. 2, p. 1987-2000, 2018.

WETZEL, R. G. **Limnology**. v. 3. Academic press, 2001. https://doi.org/10.1016/C2009-0-02112-6

WOŹNIAK, M. *et al*. Empirical Model for Phycocyanin Concentration Estimation as an Indicator of Cyanobacterial Bloom in the Optically Complex Coastal Waters of the Baltic Sea. **Remote Sensing,** v. 8, n. 2, p. 212, 2016. Disponível em: https://www.mdpi.com/2072-4292/8/3/212.

MODELAGEM ESPACIAL PARA LOCALIZAÇÃO DE INSTALAÇÕES LOGÍSTICAS: ANÁLISE DOS ARMAZÉNS GRANELEIROS EM MINAS GERAIS

Marlon Fernandes de Souza
Rodrigo Affonso de Albuquerque Nóbrega

INTRODUÇÃO

A segurança alimentar da população e a sustentabilidade da cadeia de distribuição de alimentos são dois grandes desafios da atualidade, e que devem se tornar ainda mais importantes. As expectativas de crescimento da população mundial, mudanças climáticas, escassez de recursos naturais, entre outras mudanças sociais e ambientais, podem impactar significativamente as cadeias agroalimentares.

Vários estudos destacam a importância da cadeia logística no transporte e distribuição de alimentos (FOLEY *et al.*, 2011; MC CARTHY *et al.*, 2018; PROSEKOV; IVANOVA, 2018). Atualmente, a maioria das cadeias se estende globalmente (MC CARTHY *et al.*, 2018), tornando a configuração de redes logísticas um dos problemas macrologísticos mais relevantes enfrentados pelas empresas (CUNHA, 2006).

A seleção adequada do local de armazenagem é crucial para melhorar o desempenho de toda a cadeia de abastecimento (SINGH *et al.*, 2018). A modelagem espacial fornece ferramentas para a escolha da localização de instalações logísticas, como as unidades armazenadoras de grãos.

A comunidade de pesquisa em transportes tem buscado uma logística mais sustentável, que vai além da minimização de custos, abrangendo também externalidades negativas, como congestionamento, poluição e outros danos causados ao meio ambiente pelo transporte (AMBROSINO; SCIOMACHEN, 2014). Para reduzir o desperdício de alimentos e aumentar a eficiência de recursos em toda a cadeia da "fazenda ao garfo", é preciso adotar uma visão estratégica por meio da combinação de perspectivas locais e globais (ACCORSI *et al.*, 2014; MC CARTHY *et al.*, 2018).

O planejamento de transportes, intrinsecamente relacionado ao uso e ocupação do solo e ao planejamento territorial, deve enfatizar a importância da integração entre as componentes ambientais, econômicas, sociais, político-administrativas e legais. A resultante é o aumento expressivo no volume de variáveis, de valores e de opiniões envolvidos no processo de tomada de decisão. O geoprocessamento passa, portanto, a ser peça fundamental no planejamento e gestão da cadeia logística, com emprego da inteligência geográfica (SOUZA, 2019).

Do ponto de vista de comércio exterior, é difícil que um exportador seja competitivo se a logística for volátil ou disfuncional (SHEPHERD, 2013). Cadeias eficientes de fornecimento de alimentos têm o potencial de reduzir o desperdício de alimentos, bem como o preço para o consumidor (MC CARTHY *et al.*, 2018). Uma melhoria de 10% na qualidade de infraestrutura relacionada a transportes e comércio pode aumentar as exportações agrícolas dos países em desenvolvimento em até 30% (SHEPHERD, 2013).

A unidade armazenadora possibilita, além das suas funções intrínsecas, a gestão da cadeia logística, com a disponibilização do produto no tempo e quantidade adequados, estabilizando a cadência de transporte (WRIGHT, 2012). Mais que isso, os serviços de logística e armazenagem também afetam a capacidade de resposta, de um país, a choques nos preços de mercado (WRIGHT, 2012, MC CARTHY *et al.*, 2018).

A maioria dos estudos relacionados ao armazenamento foca nas operações unitárias, características construtivas e estruturais, controle de custos operacionais, conservação dos grãos armazenados e no controle de pragas (MARTINS et al., 2005; DINIZ; NASCIMENTO, 2006; VALENTE, 2007; FARONI et al., 2009; NASCIMENTO et al., 2009; CHIGOVERAH; MVUMI, 2016; SAKKA; ATHANASSIOU, 2018; JIAN et al., 2019). A localização afeta diretamente a quantidade de produto que pode ser recebido e os custos de operação da unidade armazenadora, resultando em maior ou menor taxa de ocupação (VALENTE et al., 2011; SINGH et al., 2018).

O presente estudo aborda a questão da localização de armazéns graneleiros em Minas Gerais em uma perspectiva espacial e propõe o emprego de análise multicritério, modelos espaciais e problemas de otimização em rede para melhorar a oferta de armazenamento. O déficit de instalações e a má distribuição da rede armazenadora já foram problemas apontados em várias regiões do Brasil (ALCÂNTARA, 2006; AMARAL, 2005; CONAB, 2017; MAPA, 2017; MORAES, 2014; NOGUEIRA JUNIOR; TSUNECHIRO, 2005; PATINO et al., 2013). Baptista et al. (2013) indicaram Minas Gerais como um dos estados onde a capacidade estática parece não ser suficiente para atender a produção agrícola.

A oferta de armazenagem é aqui avaliada com vistas para a identificação de oportunidades de construção de armazém com o maior retorno do investimento de forma responsável e sustentável.

O contexto espacial da armazenagem e os conceitos de localização de instalações na agricultura

Há muito tempo, o homem tem armazenado alimentos e mantido animais para prevenir emergências (ACKERMAN, 1990; TOMPKINS; SMITH, 1998). À medida que os exploradores europeus criaram rotas comerciais em todo o mundo, a importância dos armazéns deixou de ser somente para atender emergências, e passou a ser também comercial, servindo para o armazenamento de produtos que eram trazidos de lugares distantes (DEDHIA, 2016). Os portos eram os principais locais dos armazéns, uma vez que a maioria das mercadorias era transportada por navios.

No Brasil, a rede armazenadora concentrou-se no litoral até o início dos anos 1970, quando o sistema de armazenagem a granel foi adotado e a rede começou a avançar para o interior, com a infraestrutura evoluindo de sistemas terminais e intermediários para coletores e produtores.

A armazenagem de grãos equaliza oferta e demanda, possibilitando que uma demanda contínua de produtos seja suprida por uma oferta sazonal e sujeita a oscilações, definida pelas safras e entressafras (BIAGI et al., 2002; FREDERICO, 2011; SINGH et al., 2018). A função do armazém vai desde a conservação da qualidade e controle de perdas até o auxílio às políticas de segurança alimentar, passando pelo suporte à comercialização, estoques reguladores, logística de produção e de transporte.

No Brasil, a expansão da fronteira agrícola no Cerrado, com distâncias cada vez maiores entre as áreas de produção e os portos de exportação, tem demandado uma logística que atenda adequadamente o transporte dos grãos. O sistema de armazenamento tornou-se mais importante devido ao aumento das distâncias percorridas e à confiabilidade variável dos sistemas de transporte existentes (FREDERICO, 2011). Segundo Puzzi (1977) e Weber (2001), as unidades armazenadoras (Figura 21) podem ser classificadas quanto a sua localização espacial em:

- Fazenda/Produtor – Localizadas dentro da propriedade rural, servem geralmente a um único proprietário, sendo em geral de pequeno ou médio porte;

- Coletoras – Unidades que se encontram a uma distância média das propriedades rurais e servem a vários produtores;
- Subterminais – Estas unidades localizam-se em pontos estratégicos do sistema logístico, normalmente nos pontos de transbordo, racionalizando os fluxos de mercadoria para minimizar os custos com movimentação;
- Terminais – Localizam-se em centros consumidores e portos, apresentando como principal característica a alta rotatividade de produtos.

Figura 21 – Classificação das unidades armazenadoras quanto à sua localização

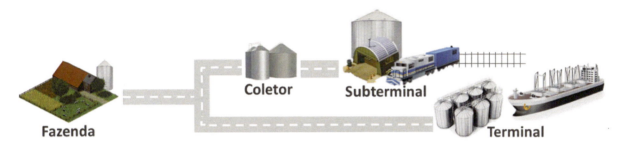

Fonte: os autores

Apesar de ser uma instalação pontual, que ocupa uma pequena área territorial, o armazém, assim como diversas instalações logísticas, normalmente apresenta vasta área de cobertura, recebendo grãos das lavouras no seu entorno, ou de origens bem distantes, nos casos de armazéns subterminais e terminais. A abrangência de um armazém é influenciada pela acessibilidade, custo de transporte e finalidade do armazenamento.

O problema da localização de instalações tem sido tratado de modo bastante amplo na literatura, envolvendo desde problemas mais simples de localização de uma única instalação, até problemas bastante complexos, com várias instalações a serem localizadas, em diversos níveis de uma cadeia produtiva ou de serviços, com fluxos de naturezas distintas (NOVAES, 1989; OWEN; DASKIN, 1998). As decisões de localização, no contexto do planejamento logístico, correspondem à determinação do número, localização e tamanho das instalações a serem usadas (CUNHA, 2006).

A logística de sistemas agrícolas está frequentemente sujeita a restrições de capacidade (NOGUEIRA JUNIOR; TSUNECHIRO, 2005; AMARAL et al., 2012). Ao contrário de uma perspectiva estável, contínua e programada, a cadeia deve gerenciar incertezas e sazonalidades, como os períodos de safra e entressafra e as perdas por deterioração, demandando rotas alternativas e estruturas de armazenamento para mudanças e imprevistos (BARBOZA; VIEIRA, 2014; MARTINS et al., 2005).

A produção agrícola é dispersa espacialmente e apresenta grande número de unidades de produção (DE MOL; VAN BEEK, 1991; HARRISON; WILLS, 1983; MARTINS et al., 2005). Além de servir como centro de convergência para escoamento da produção local, o armazém exerce ainda um papel-chave nesse contexto, funcionando como um tampão, comportando excedentes e estendendo o escoamento da safra. Tudo isso faz da unidade armazenadora estrategicamente localizada uma importante vantagem competitiva.

A escolha do local ideal é uma decisão pouco frequente, mas que demanda especial atenção, pois a instalação é onerosa, envolve um escopo de planejamento de longo prazo, e, uma vez localizado e construído, o investimento efetuado não é recuperável sem perdas econômicas significativas (BALLOU, 1968, 2006; OWEN; DASKIN, 1998).

Os problemas de localização na agricultura normalmente apresentam regiões de interesse extensas com variabilidade dos atributos no tempo e no espaço (GUIMARÃES *et al.*, 2017; LUCAS; CHHAJED, 2004). Por isso técnicas sofisticadas e estrutura computacional de ponta são frequentemente empregadas (LUCAS; CHHAJED, 2004). Embora a maioria dos modelos de localização de instalações enfatize fatores econômicos tangíveis e quantificáveis, modelos na agricultura caracterizam-se por objetivos múltiplos e muitas vezes conflitantes (LUCAS; CHHAJED, 2004).

Modelagens da localização de armazéns considerando múltiplos critérios e modelagem matemática

As pesquisas em transporte, cada vez mais, focam na formulação de problemas multiobjetivos (SHEU; LIN, 2012). A evolução das tecnologias, aumento da consciência ambiental e o avanço da competitividade logística resultaram em aumento da quantidade de critérios considerados. A maioria das pesquisas desenvolvidas até a década de 2000 geralmente considerava uma função de otimização com um único objetivo.

Segundo Ballou (2001) e Sopha *et al.* (2016), diversos fatores, tais como acessibilidade, proximidade dos centros de produção ou consumo e presença de competidores, precisam ser considerados no processo de escolha do local para construção de uma instalação logística. Isso sugere que a utilização da Análise Multicritério Espacial (AMCE) na seleção da localização adequada seja indicada (LIGMANN-ZIELINSKA; JANKOWSKI, 2014; RAHMAN *et al.*, 2013).

A Análise Multicritério Espacial (AMCE) tem sido empregada em diversas áreas do conhecimento e para diversas finalidades (LIGMANN-ZIELINSKA; JANKOWSKI, 2014; MOURA *et al.*, 2016; RAHMAN *et al.*, 2013; SOPHA *et al.*, 2016). Na Figura 22 encontra-se representada a combinação de camadas de dados espaciais para determinar a região mais adequada para a instalação.

Figura 22 – Representação das camadas que combinadas apontam a região mais adequada para se investir em armazenagem

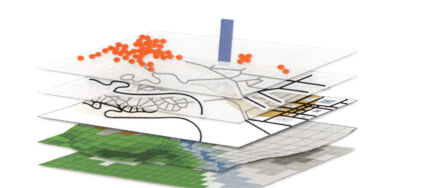

Fonte: os autores

A Avaliação de Adequação de Áreas (AAA) para construção de um armazém graneleiro por meio de AMCE com produção de mapas de adequação e ranqueamento de regiões mais apropriadas para construção de armazéns é uma alternativa interessante para o macroplanejamento.

A AMCE não indica o ponto exato onde a instalação deve ser localizada, mas aponta regiões de maior adequação. A seleção das variáveis pode ser feita a partir de consultas à bibliografia e especialistas da área (BOLTURK et al., 2016), incluindo a aplicação do método AHP (*Analytic Hierarchy Process*) para determinação dos pesos (SAATY, 2008). Outras metodologias multicritério de hierarquização e definição de pesos também podem ser utilizadas.

Os fatores que interferem na localização de um armazém podem ser determinados por meio de consulta à bibliografia (BALLOU, 2001; BARBOZA; VIEIRA, 2014; BOLTURK *et al.*, 2016; DEMIREL *et al.*, 2010; DEY *et al.*, 2017; LI *et al.*, 2011; ÖZCAN *et al.*, 2011; ROH *et al.*, 2015; SOPHA *et al.*, 2016). Na Figura 23, é apresentada uma nuvem de palavras, construída a partir dos principais critérios que afetam a localização de unidades armazenadoras, construída utilizando-se o *script wordcloud* no *software* livre R

Figura 23 – Nuvem de palavras com os principais critérios que afetam a localização de armazéns

Fonte: os autores

A álgebra de mapas pode ser feita conforme a Equação 1. Segundo Moura *et al.* (2016), a integração ou a comparação das variáveis requer que elas sejam apresentadas de modo normalizado. O que significa que apresentem os mesmos valores mínimo e máximo, e estejam dentro da mesma escala, ainda que dentro dos limites haja diferentes variações de valores. Portanto, para a construção do modelo todos os critérios devem ser reclassificados, de modo que cada um represente uma superfície normalizada com valores variando de zero (menos atrativo) a um (mais atrativo) conforme a Equação 2.

Equação 1

$$A_{i,j} = \sum_{k=1}^{n} P_k \times V_{k_{i,j}}$$

Em que: $A_{i,j}$ = Valor da Superfície de Adequação para Construção de Armazéns (Saca) no ponto A com coordenadas (i, j); P_k = Peso do critério k conforme determinado no AHP; $V_{k_{i,j}}$ = Valor do k-ésimo critério no ponto com coordenadas (i, j); n = Número de critérios definido.

Equação 2

$$\frac{(V_{k_{i,j}} - V_{k_{min}})}{(V_{k_{max}} - V_{k_{min}})} = \frac{NV_{k_{i,j}}}{(1-0)}$$

Em que: $V_{k_{i,j}}$ = Valor do critério k no pixel com coordenadas (i, j); $V_{k_{min}}$ = Valor mínimo do critério k; $V_{k_{max}}$ = Valor máximo do critério k; $NV_{k_{i,j}}$ = Valor normalizado do critério k no pixel com coordenadas (i, j).

Entre os critérios selecionados, há sentidos opostos, alguns atraem, enquanto outros repelem o investimento em armazenagem. Quando a variável é entendida como benefício, o valor mais alto é o mais atrativo. Por outro lado, quando a variável é entendida como custo ou impedância, o valor mais baixo é o mais atrativo, o que significa que a escala de valores deve ser invertida (MOURA; JANKOWSKI; COCCO, 2016), de acordo com a Equação 3.

Equação 3

$$NVI_{k_{i,j}} = 1 - NV_{k_{i,j}}$$

Em que: $NVI_{k_{i,j}}$ = Valor Invertido do critério k no pixel com coordenadas (i, j).

A base da modelagem matemática do problema de configuração de redes logísticas compreende a teoria de localização de instalações (BALLOU, 2001). Na literatura científica, enquadra-se na categoria de problemas de localização de instalações ou problemas de localização de armazéns. Ou seja, definir a melhor localização de uma ou mais instalações, em termos espaciais ou geográficos (CUNHA, 2006).

Os modelos locacionais podem diferir quanto à abordagem da localização espacial. A localização discreta, isto é, num grafo, implica a representação matemática da malha de transportes existente e a consideração de um número finito de pontos alternativos situados nos nós da rede (DERRIBLE; KENNEDY, 2011). Na localização discreta, a definição de instalações nos vértices de um grafo (rede logística) é feita de forma a facilitar a movimentação de produtos por meio dos arcos da rede. A demanda também é representada nos vértices da rede, que podem coincidir ou não com os vértices candidatos à instalação (CUNHA, 2006).

Formulações eficientes para atendimento de demandas de modelos em rede adotam o enunciado do problema das p-medianas. As primeiras formulações desse problema foram apresentadas em Hakimi (1964), seguidas pelo desenvolvimento de vários métodos heurísticos e de busca em árvore para sua solução (CHRISTOFIDES; BEASLEY, 1982; JÄRVINEN *et al.*, 1972; NEEBE, 1978; TEITZ; BART, 1968). O objetivo é encontrar as localizações de p-instalações nos vértices de uma rede e definir a alocação dos nós de demanda a essas instalações de tal forma a minimizar a distância total ponderada entre instalações e pontos de demanda.

Vários trabalhos sobre soluções heurísticas para o problema das p-medianas foram desenvolvidos principalmente na década de 2000 (ALFIERI *et al.*, 2002; ALP *et al.*, 2003; BALDACCI *et al.*, 2002; BERMAN *et al.*, 2002; BERMAN; DREZNER, 2006; PRINS *et al.*, 2007; REVELLE *et al.*, 2008). Nesse mesmo período, outros trabalhos também focaram na aplicação prática de modelos para o planejamento de cadeias de suprimento em problemas reais (BENDER *et al.*, 2002).

ABORDAGEM METODOLÓGICA

A metodologia sobre modelagem de localização de armazéns pode ser encontrada em Souza (2019). Com intuito de mostrar a importância da modelagem espacial para a localização de instalações logísticas, foi realizada uma análise exploratória da capacidade estática de armazenamento. Além disso, a localização dos armazéns e a produção de grãos foram mapeadas e a correlação espacial entre essas variáveis foi testada.

As informações de produção de grãos procedentes da Pesquisa Agrícola Municipal (PAM) de 2016, realizada pelo IBGE, foram incorporadas à malha municipal de Minas Gerais, de acordo com a estrutura político-administrativa vigente em 01/07/2015, na escala de 1:250.000. O sistema de coordenadas adotado foi cônico equidistante para a América do Sul (MITCHEL, 2005; SNYDER, 1987).

Os dados de armazenagem foram obtidos no Sistema de Cadastro Nacional de Unidades Armazenadoras (Sicarm) da Companhia Nacional de Abastecimento (CONAB, 2016) no nível da unidade armazenadora (1.259 no total) e foram agregados (capacidade estática e número de armazéns) ao nível de município para aplicação do teste de correlação espacial.

A produção referiu-se ao volume em toneladas de amendoim (em casca); arroz (em casca); aveia (em grão); centeio (em grão); cevada (em grão); feijão (em grão); girassol (em grão); mamona (baga); milho (em grão); soja (em grão); sorgo (em grão); trigo (em grão); triticale (em grão) e café para o ano safra 15/16.

O pseudo-teste Moran's I bivariado foi aplicado para testar a correlação espacial entre produção e armazenagem, utilizando o software livre GeoDA (Anselin *et al.*, 2006), devido à provável dependência espacial (ZHANG *et al.*, 2018). Foram calculados os índices de Moran bivariado global e local. O segundo foi realizado com base no peso de contiguidade da rainha com vizinhança de primeira ordem e visualizado na forma de mapas de cluster.

O nível de pseudossignificância do Índice de Moran bivariado local foi testado usando a abordagem de randomização condicional (999 permutações) baseada no método de Monte Carlo (ANSELIN *et al.*, 2006). O mapa de agrupamento foi dividido em quatro classes: agrupamento alto-alto e baixo-baixo (correlações espaciais positivas) e alto-baixo e baixo-alto (correlações espaciais negativas) (ANSELIN *et al.*, 2006).

A oferta de armazenagem de grãos em Minas Gerais foi determinada pela Equação 4. Essa equação faz um balanço entre capacidade estática e produção de grãos para determinar se a delimitação espacial (estado, microrregião, município, etc.) em questão apresenta equilíbrio, déficit ou excedente de armazenagem.

Equação 4

$$O = (CE \times G \times ET) - (PRD \times 1,2)$$

Em que: O = Oferta de armazenagem; CE = Capacidade Estática; G = Giro de estoque anual; ET = Fator de redução da demanda devido à utilização de estruturas temporárias; PRD = Produção de grãos.

RESULTADOS E DISCUSSÃO

Oferta de armazenagem de grãos em Minas Gerais e relação espacial com produção

A capacidade estática de armazenamento dos municípios mineiros vai de inexistente, em várias localidades, até 1.501.812 toneladas em Uberlândia. Líder com folga nesse quesito, Uberlândia tem 3,1 vezes mais capacidade estática que Araguari, o segundo município com maior capacidade de armazenamento. Uberlândia é também o município com maior quantidade de unidades armazenadoras (73 no total), seguido por Buritis (54) e Unaí (44). Já a produção de cereais, leguminosas, oleaginosas e café varia de zero em 14 municípios (12 destes localizados na Região Metropolitana de Belo Horizonte) até 830.380 toneladas em Unaí (SOUZA, 2019).

Na Figura 24 é mostrada a distribuição da produção de grãos e a localização das unidades armazenadoras. A produção foi dividida em seis classes pelo método de quebras naturais pelo algoritmo de Jenks. Na legenda, entre parênteses são apresentados o número de municípios em cada classe.

Figura 24 – Distribuição espacial da produção de grãos e a localização das unidades armazenadoras de Minas Gerais cadastradas no Sicarm/Conab

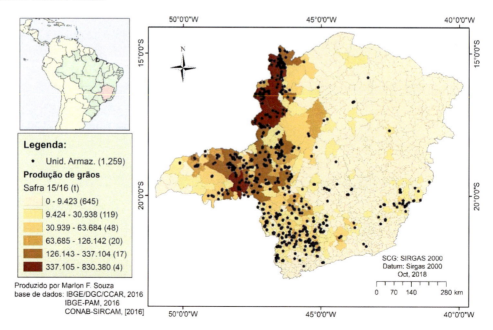

Fonte: os autores

Um pseudo-teste foi aplicado para testar a correlação espacial entre produção e armazenagem, utilizando o software livre GeoDA (ANSELIN *et al.*, 2006), devido a provável dependência espacial nos dados (ZHANG *et al.*, 2018). Foram calculados o índice de Moran bivariado global e o Índice de Moran bivariado local. O segundo foi realizado com base no peso de contiguidade da rainha com vizinhança de primeira ordem e visualizado na forma de mapas de *cluster*.

O nível de pseudo-significância do Índice de Moran bivariado local foi testado usando a abordagem de randomização condicional (999 permutações) baseada no método de Monte Carlo (ANSELIN *et al.*, 2006). O mapa de agrupamento foi dividido em quatro classes: agrupamento alto-alto e baixo-baixo (correlações espaciais positivas) e alto-baixo e baixo-alto (correlações espaciais negativas) (ANSELIN *et al.*, 2006).

Os resultados do índice (local e global) são apresentados na Figura 25. À esquerda, o mapa de significância do teste (acima) e o mapa de agrupamento (abaixo) do teste local; e à direita, o *scarterplot* do pseudo-teste global. O Índice de Moran global bivariado da capacidade estática defasada em função da produção é de 0,2979.

Figura 25 – Índice de Moran local bivariado e *scarterplot* entre variáveis para o índice global

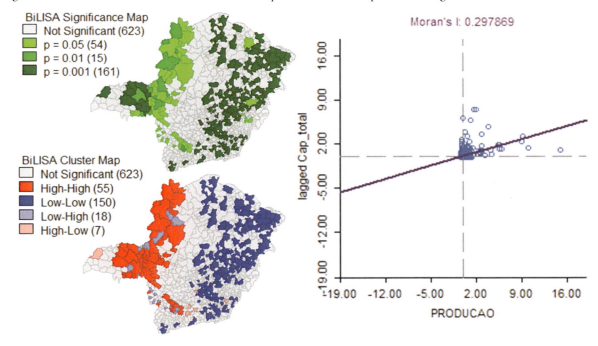

Fonte: os autores

A situação mais crítica, em termos de oferta de armazenagem, é encontrada na mesorregião Noroeste de Minas, onde estão Unaí, Paracatu e Guarda-Mor, respectivamente o primeiro, o terceiro e o quarto município com maior déficit de armazenagem de Minas Gerais. Nessa mesorregião a concentração de déficit de armazenagem pode impactar na competitividade do agronegócio. O déficit em nível municipal foi encontrado subtraindo a produção de grãos da capacidade dinâmica.

As localidades com excedente de capacidade estática são, em geral, importantes polos de distribuição e comercialização de commodities agrícolas, ou têm uma produção agrícola muito pequena. Já as cidades com capacidade estática abaixo do esperado, com exceção da mesorregião Noroeste, situam-se no entorno desses polos logísticos. Nesse caso a produção vai direto da lavoura para a exportação, ou para as unidades de processamento. Nesses municípios, a distância percorrida pelos grãos é geralmente maior do que o recomendado, porém em boa parte das vezes o grão não terá que ser transportado novamente, pois já se encontrará em uma fábrica ou transbordo rodoferroviário.

CONSIDERAÇÕES FINAIS

Estudos com base na análise e modelagem do contexto geográfico, preenchem uma lacuna em prol da modernização do planejamento de transporte, e, portanto, devem ser utilizados para guiar políticas públicas e projetos de investimento. Produtores rurais, empresas e investidores que atuam na cadeia do agronegócio também podem adotar essa visão para subsidiar suas decisões de investimento.

Modelos de escala estadual são importantes para dar uma visão mais ampla do objeto de estudo. Isso é especialmente importante quando se trata de uma instalação logística como um armazém coletor, que faz a interligação da escala micro (os produtores da região onde está instalado) com a escala macro (sistema logístico de exportação) em uma cadeia de suprimentos agrícolas.

Na modelagem matemática em rede, destacamos a importância da acessibilidade logística e da menor competição entre instalações na escolha da localização. Em problemas de localização de mais de uma instalação, regiões com maior adequação podem ser preteridas devido à característica gravitacional na alocação da demanda e a busca por atendimento do maior número de nós.

Minas Gerais possui um papel importante no cenário do agronegócio brasileiro, com destaque para as mesorregiões Noroeste, Triângulo Mineiro – Alto Paranaíba e Sul – Sudoeste. Tanto a produção agrícola quanto a atratividade para investimento em armazenagem estão concentradas principalmente nessas três mesorregiões. A mesorregião Noroeste apresenta os maiores níveis de adequação e a maior área contígua. Todavia existem oportunidades de investimento em estruturas de armazenamento em várias regiões do estado. A mesorregião Sul – Sudoeste apresenta o maior número de municípios com robusta adequação para construção de armazéns de grãos.

Em geral, a situação da oferta de armazenagem no estado é administrável, mas merece atenção para não se tornar um problema. Nesse sentido, os estudos de localização de unidades armazenadoras devem considerar a componente espacial nos modelos. Além disso, os programas governamentais de incentivo à construção de armazéns deveriam considerar esse tipo de diagnóstico para direcionar incentivos e financiamento para as áreas mais deficitárias em armazenamento.

Importante informar que a base de dados de armazéns do Cadastro Nacional de Unidades Armazenadoras (CNUA), adotada neste estudo, não possui todas as unidades existentes, faltando principalmente aquelas localizadas dentro das propriedades rurais. Isso ocorre porque a inserção do armazém na base de dados ocorre somente quando o proprietário da unidade solicita a visita da Conab e cadastro no sistema. Muitas vezes o produtor não percebe benefício ou penalidade caso não realize o cadastro, ou quando solicita, dependendo da localidade e da época, a visita pode demorar a ocorrer, atrasando a inserção da unidade na base do CNUA. Mesmo assim, esta é uma das bases públicas de dados de armazenagem de grãos mais completa que existe.

REFERÊNCIAS

ACCORSI, R., MANZINI, R.; MARANESI, F. A decision-support system for the design and management of warehousing systems. **Computers in Industry**, v. 65, n. 1, p. 175-186, 2014. Disponível em: https://doi.org/10.1016/J.COMPIND.2013.08.007.

ACKERMAN, K. Warehousing: Origins, History and Development. *In:* ACKERMAN, K. **Practical Handbook of Warehousing**. New York: Springer, 1990. p. 3-11.

ALCÂNTARA, D. O desafio da armazenagem. **Agroanalysis**: Revista de Agronegócios da FGV, v. 26, n. 4, p. 25-26, 2006. Disponível em: http://bibliotecadigital.fgv.br/ojs/index.php/agroanalysis/article/viewFile/35483/34264.

ALFIERI, A.; BRANDIMARTE, P.; D'ORAZIO, S. LP-based heuristics for the capacitated lot-sizing problem: The interaction of model formulation and solution algorithm. **International Journal of Production Research**, v. 40, n. 2, p. 441-458, 2002. Disponível em: https://doi.org/10.1080/00207540110081461.

ALP, O.; ERKUT, E.; DREZNER, Z. An Efficient Genetic Algorithm for the p-Median Problem. **Annals of Operations Research**, 122, p. 21-42, 2003. Disponível em: https://link-springercom.ez27.periodicos.capes.gov.br/content/pdf/10.1023%2FA%3A1026130003508.pdf.

AMARAL, D. D. do. Armazenagem agrícola no Brasil. **Conab**, 2005. Disponível em: http://www.conab.gov.br/conabweb/download/nupin/armazenagem_agricola.pdf.

AMARAL, M. do; ALMEIDA, M. S.; MORABITO, R. Um modelo de fluxos e localização de terminais intermodais para escoamento da soja brasileira destinada à exportação. **Gestão & Produção**, v. 19, n. 4, p. 717-732, 2012. Disponível em: https://doi.org/10.1590/S0104-530X2012000400005.

AMBROSINO, D.; SCIOMACHEN, A. Location of Mid-range Dry Ports in Multimodal Logistic Networks. **Procedia - Social and Behavioral Sciences**, v. 108, p. 118-128, 2014. Disponível em: https://doi.org/10.1016/j.sbspro.2013.12.825.

ANSELIN, L., SYABRI, I.; KHO, Y. GeoDa: An Introduction to Spatial Data Analysis. **Geographical Analysis**, v. 38, n. 1, p. 5-22, 2006. Disponível em: https://doi.org/10.1111/j.0016-7363.2005.00671.x.

BALDACCI, R.; HADJICONSTANTINOU, E., MANIEZZO, V.; MINGOZZI, A. A new method for solving capacitated location problems based on a set partitioning approach. **Computers & Operations Research**, v. 29, p. 365-386, 2002. Disponível em: https://ac-els-cdn.ez27.periodicos.capes.gov.br/S0305054800000721/1-s2.0-S0305054800000721-main.pdf?_tid=a365b11e-a86f-472d-adb0-df047280cff9&acdnat=1551722953_0e2ce774c116fc283a4391808d8533f1.

BALLOU, R. H. Dynamic Warehouse Location Analysis. **Journal of Marketing Research**, v. 5, n. 3, p. 271-276, 1968. Disponível em: https://doi.org/10.2307/3150343.

BALLOU, R. H. Unresolved Issues in Supply Chain Network Design. **Information Systems Frontiers**, v. 3, n. 4, p. 417-426, 2001. Disponível em: https://link-springer-com.ez27.periodicos.capes.gov.br/content/pdf/10.1023%2FA%3A1012872704057.pdf.

BALLOU, R. H. **Logística empresarial**: gerenciamento da cadeia de suprimentos. 5. ed. Porto Alegre: Bookman, 2006. Disponível em: https://doi.org/978-8536305912.

BAPTISTA, G. *et al.* Panorama da armazenagem de produtos agrícolas no Brasil. **Revista do BNDES**, v. 40, p. 161-194, 2013.

BARBOZA, P. D.; VIEIRA, J. G. V. Análise de decisão multicritério aplicada na seleção de investimento em armazenagem de soja em grão. **Produto & Produção**, v. 15, n. 2, p. 24-45, 2014. Disponível em: https://doi.org/10.1007/s13398-014-0173-7.2.

BENDER, T. et al. Location Software and Interface with GIS and Supply Chain Management. *In:* DREZNER, Z.; HAMACHER, H. W. (ed.). **Facility Location**: Applications and Theory. 1. ed. Berlin; New York: Springer-Verlag, 2002. p. 233-274

BERMAN, O.; DREZNER, Z. Location of congested capacitated facilities with distance-sensitive demand. **IIE Transactions**, v. 38, n. 3, p. 213-221, 2006. Disponível em: https://doi.org/10.1080/07408170500288190.

BERMAN, O.; DREZNER, Z.; WESOLOWSKY, G. O. Satisfying partial demand in facilities location. **IIE Transactions**, v. 34, n. 11, p. 971-978, 2002. Disponível em: https://doi.org/10.1080/07408170208928926.

BIAGI, J. D.; BERTOL, R.; CARNEIRO, M. C. Armazéns em Unidades Centrais de Armazenamento. *In:* LORINI, I.; MIIKE, L. H.; SCUSSEL, V. M. (ed.). **Armazenagem de Grãos**. Campinas: IBG, 2002, p. 157-161.

BOLTURK, E. et al. Multiattribute Warehouse Location Selection in Humanitarian Logistics Using Hesitant Fuzzy AHP. **International Journal of the Analytic Hierarchy Process**, v. 8, n. 2, 2016. Disponível em: https://doi.org/10.13033/ijahp.v8i2.387.

BRASIL. Ministério da Agricultura, Pecuária e Abastecimento. **Plano Agrícola e Pecuário**: 2017/2018. Disponível em: http://www.agricultura.gov.br.

CHIGOVERAH, A. A.; MVUMI, B. M. Efficacy of metal silos and hermetic bags against stored-maize insect pests under simulated smallholder farmer conditions. **Journal of Stored Products Research**, v. 69, p. 179-189, 2016. Disponível em: https://doi.org/10.1016/j.jspr.2016.08.004

CHRISTOFIDES, N.; BEASLEY, J. E. A tree search algorithm for the p-median problem. **European Journal of Operational Research**, v. 10, n. 2, p. 196-204, 1982. Disponível em: https://doi.org/10.1016/0377-2217(82)90160-6.

CONAB, Companhia Nacional de Abastecimento. **Evolução da Capacidade Estática dos Armazéns**. 2017. Disponível em: https://www.conab.gov.br.

CUNHA, C. B. **Contribuição à modelagem de problemas em logística e transportes**. Concurso de Livre Docência (Logística e Sistemas de Transporte) – USP, 2006. Disponível em: https://edisciplinas.usp.br/pluginfile.php/144798/mod_resource/content/1/CBCunha_tese_livre-docencia_localizacao.pdf.

DEDHIA, P. Logistics Warehousing History and Changing Trends. **LinkedIn**, 2016. https://www.linkedin.com/pulse/warehousing-history-present-trends-prashant-dedhia/.

DEMIREL, T.; DEMIREL, N. Ç.; KAHRAMAN, C. Multi-criteria warehouse location selection using Choquet integral. **Expert Systems with Applications**, v. 37, n. 5, p. 3943-3952, 2010. https://doi.org/10.1016/j.eswa.2009.11.022.

DE MOL, R. M.; VAN BEEK, P. An OR contribution to the solution of the environmental problems in the Netherlands caused by manure. **European Journal of Operational Research**, v. 52, p. 16-27, 1991. Disponível em: https://ac-els-cdn.ez27.periodicos.capes.gov.br/037722179190332P/1-s2.0-037722179190332P-main.pdf?_tid=f16d29d6-c151-427e-9f67-496627656d86&acdnat=1549061406_1ac8ecd696206da5d73a-146f568f512d.

DERRIBLE, S.; KENNEDY, C. Applications of Graph Theory and Network Science to Transit Network Design. **Transport Reviews**, v. 31, n. 4, p. 495-519, 2011. Disponível em: https://doi.org/10.1080/01441647.2010.543709.

DEY, B. et al. Group heterogeneity in multi member decision making model with an application to warehouse location selection in a supply chain. **Computers & Industrial Engineering**, v. 105, p. 101-122, 2017. Disponível em: https://doi.org/10.1016/j.cie.2016.12.025.

DINIZ, M. J.; NASCIMENTO, J. W. B. Análise de pressões em silo vertical de alvenaria de tijolos. **Revista Brasileira de Engenharia Agrícola e Ambiental**, v. 10, n. 1, p. 212-219, 2006. https://doi.org/10.1590/S1415-43662006000100031

FARONI, L. R. A. et al. Armazenamento de soja em silos tipo bolsa. **Engenharia Agrícola**, v. 29, n. 1, p. 91-100, 2009. Disponível em: https://doi.org/10.1590/S0100-69162009000100010.

FOLEY, J. A. et al. Solutions for a cultivated planet. **Nature**, v. 478, n. 7369, p. 337-342, 2011. Disponível em: https://doi.org/10.1038/nature10452.

FREDERICO, S. The Modern Agricultural Frontier and Logistics: the Importance of the Soybean and Grain Storage System in Brazil. **Terrae**, v. 8, n. 1-2, p. 26-34, 2011.

GUIMARÃES, V. D. A. et al. Localização-alocação de centros de integração logística submetidos a demandas par-a-par. **Transportes**, v. 25, n. 1, p. 1-10, 2017. Disponível em: https://doi.org/10.14295/transportes.v25i1.1027.

HAKIMI, S. L. Optimum Locations of Switching Centers and the Absolute Centers and Medians of a Graph. **Operations Research**, v. 12, n. 3, p. 450-459, 1964. Disponível em: https://doi.org/10.1287/opre.12.3.450.

HARRISON, H.; WILLS, D. R. Product Assembly and Distribution Optimization in an Agribusiness Cooperative. **Interfaces**, v. 13, n. 2, p. 1-9, 1983. Disponível em: https://doi.org/10.1287/inte.13.2.1.

JÄRVINEN, P., RAJALA, J.; SINERVO, H. Technical Note-A Branch-and-Bound Algorithm for Seeking the P-Median. **Operations Research**, v. 20, n. 1, p. 173, 1972. Disponível em: https://doi.org/10.1287/opre.20.1.173.

JIAN, F.; NARENDRAN, R. B.; JAYAS, D. S. Segregation in stored grain bulks: Kinematics, dynamics, mechanisms, and minimization – A review. **Journal of Stored Products Research**, v. 81, p. 11-21, 2019. Disponível em: https://doi.org/10.1016/j.jspr.2018.12.004.

LI, Y.; LIU, X.; CHEN, Y. Selection of logistics center location using Axiomatic Fuzzy Set and TOPSIS methodology in logistics management. **Expert Systems with Applications**, v. 38, n. 6, p. 7901-7908, 2011. Disponível em: https://doi.org/10.1016/j.eswa.2010.12.161.

LIGMANN-ZIELINSKA, A.; JANKOWSKI, P. Spatially-explicit integrated uncertainty and sensitivity analysis of criteria weights in multicriteria land suitability evaluation. **Environmental Modelling and Software**, v. 57, p. 235-247, 2014. Disponível em: https://doi.org/10.1016/j.envsoft.2014.03.007.

LUCAS, M. T.; CHHAJED, D. Applications of location analysis in agriculture: a survey. **Journal of the Operational Research Society**, v. 55, n. 6, p. 561-578, 2004. Disponível em: https://doi.org/10.1057/palgrave.jors.2601731.

MAIA, G. B. DA S. et al. Panorama da armazenagem de produtos agrícolas no Brasil. **Revista do BNDES**, 40, p. 161-194, 2013. Disponível em: https://web.bndes.gov.br/bib/jspui/handle/1408/13445.

MARTINS, R. S. *et al*. Decisões estratégicas na logística do agronegócio: compensação de custos transporte-armazenagem para a soja no estado do Paraná. **Revista de Administração Contemporânea**, v. 9, n. 1, p. 53-78, 2005. Disponível em: https://doi.org/10.1590/S1415-65552005000100004.

MC CARTHY, U. *et al*. Global food security – Issues, challenges and technological solutions. **Trends in Food Science & Technology**, 77, p. 11-20, 2018. Disponível em: https://doi.org/10.1016/j.tifs.2018.05.002.

MORAES, L. A. M. DE. Brazil's agricultural policy developments. **Revista de Política Agrícola**, v. 3, p. 55-64, 2014.

MOURA, A. C. M., JANKOWSKI, P., COCCO, C. Contribuições aos Estudos de Análises de Incertezas como Complementação às Análises Multicritérios. **Revista Brasileira de Cartografia**, v. 4, n. 68, p. 1-20, 2016. Disponível em: http://www.cartografia.org.br/cbc/trabalhos/6/251/CT06-25_1403923543.pdf.

NASCIMENTO, J. W. B. do *et al*. Blocos de concreto para construção modular de silos cilíndricos. **Revista Brasileira de Engenharia Agrícola e Ambiental**, 13(suppl), p. 991-998, 2009. Disponível em: https://doi.org/10.1590/S1415-43662009000700023.

NEEBE, A. W. A Branch and Bound Algorithm for the p-Median Transportation Problem. **The Journal of the Operational Research Society**, v. 29, n. 10, p. 989, 1978. Disponível em: https://doi.org/10.2307/3009473.

NOGUEIRA JUNIOR, S.; TSUNECHIRO, A. Produção agrícola e infra-estrutura de armazenagem no Brasil. **Informações Econômicas**, v. 35, n. 2, p. 7-18, 2005. http://www.iea.sp.gov.br/out/publicacoes/pdf/tec1-0205.pdf

NOVAES, A. G. N. **Sistemas logísticos**: transporte, armazenagem e distribuição física de produtos. São Paulo: Edgard Blucher, 1989. Disponível em: https://repositorio.usp.br/directbitstream/89dd50da-0de-3-45d0-8008-ebde3e81d67c/Novaes-1989-sistemas logisticos.pdf.

OWEN, S. H.; DASKIN, M. S. Strategic facility location: A review. **European Journal of Operational Research**, v. 111, n. 3, p. 423-447, 1998. Disponível em: https://doi.org/10.1016/S0377-2217(98)00186-6.

ÖZCAN, T.; ÇELEBI, N.; ESNAF, Ş. Comparative analysis of multi-criteria decision making methodologies and implementation of a warehouse location selection problem. **Expert Systems with Applications**, v. 38, n. 8, p. 9773–9779, 2011. Disponível em: https://doi.org/10.1016/j.eswa.2011.02.022.

PATINO, M. T. O. *et al*. Analysis and forecast of the storage needs of soybeans in Brazil. **Engenharia Agrícola**, v. 33, n. 4, p. 834–843, 2013. Disponível em: https://doi.org/10.1590/S0100_69162013000400022.

PRINS, C., PRODHON, C., RUIZ, A., SORIANO, P.; WOLFLER CALVO, R. Solving the Capacitated Location-Routing Problem by a Cooperative Lagrangean Relaxation-Granular Tabu Search Heuristic. **Transportation Science**, v. 41, n. 4, p. 470-483, 2007. Disponível em: https://doi.org/10.1287/trsc.1060.0187.

PROSEKOV, A. Y.; IVANOVA, S. A. Food security: The challenge of the present. **Geoforum**, v. 91, p. 73-77, 2018. Disponível em: https://doi.org/10.1016/j.geoforum.2018.02.030.

PUZZI, D. **Manual de armazenamento de grãos**. São Paulo: Agronômica Ceres, 1977.

RAHMAN, M. A. *et al*. An integrated study of spatial multicriteria analysis and mathematical modelling for managed aquifer recharge site suitability mapping and site ranking at Northern Gaza coastal aquifer. **Journal of Environmental Management**, v. 124, p. 25-39, 2013. Disponível em: https://doi.org/10.1016/j.jenvman.2013.03.023.

REVELLE, C. S., EISELT, H. A.; DASKIN, M. S. A bibliography for some fundamental problem categories in discrete location science. **European Journal of Operational Research**, v. 184, n. 3, p. 817-848, 2008. Disponível em: https://doi.org/10.1016/j.ejor.2006.12.044.

ROH, S., PETTIT, S., HARRIS, I.; BERESFORD, A. The pre-positioning of warehouses at regional and local levels for a humanitarian relief organisation. **International Journal of Production Economics**, 170, p. 616-628, 2015. Disponível em: https://doi.org/10.1016/j.ijpe.2015.01.015.

SAATY, T. L. Decision making with the analytic hierarchy process. **International Journal of Services Sciences**, v. 1, n. 1, p. 83-98, 2008. Disponível em: https://doi.org/10.1504/IJSSCI.2008.017590.

SAKKA, M. K.; ATHANASSIOU, C. G. Competition of three stored-product bostrychids on different temperatures and commodities. **Journal of Stored Products Research**, v. 79, p. 34-39. 2018. Disponível em: https://doi.org/10.1016/j.jspr.2018.07.002.

SHEPHERD, B. Aid for Trade and value Chains in Transport and Logistics. **OECD**, 2013. Disponível em: https://www.oecd.org/dac/aft/AidforTrade_SectorStudy_Transport.pdf.

SHEU, J. B.; LIN, A. Y. S. Hierarchical facility network planning model for global logistics network configurations. **Applied Mathematical Modelling**, v. 36, n. 7, p. 3053-3066, 2012. Disponível em: https://doi.org/10.1016/j.apm.2011.09.095.

SINGH, R. K., CHAUDHARY, N.; SAXENA, N. Selection of warehouse location for a global supply chain: A case study. **IIMB Management Review**. 2018. Disponível em: https://doi.org/10.1016/j.iimb.2018.08.009.

SOPHA, B. M. *et al*. Urban distribution center location: Combination of spatial analysis and multi-objective mixed-integer linear programming. **International Journal of Engineering Business Management**, v. 8, p. 1-10, 2016. Disponível em: https://doi.org/10.1177/1847979016678371.

SOUZA, M, F. **Otimização locacional de novas unidades armazenadoras de grãos em Minas Gerais**. 2019. 87 p. Dissertação (Mestrado em Análise e Modelagem de Sistemas Ambientais) – Programa de Pós--Graduação em Análise e Modelagem de Sistemas Ambientais, Universidade Federal de Minas Gerais, Belo Horizonte, 2019. Disponível em: https://repositorio.ufmg.br/handle/1843/30703.

TEITZ, M. B.; BART, P. Heuristic Methods for Estimating the Generalized Vertex Median of a Weighted Graph. **Operations Research**, v. 16, n. 5, p. 955-961, 1968. Disponível em: https://doi.org/10.1287/opre.16.5.955.

TOMPKINS, J. A.; SMITH, J. D. **The Warehouse Management Handbook**. 1. ed. Raleigh: Tompkins Press, 1998.

VALENTE, D. S. M. **Desenvolvimento de um sistema de apoio à decisão com acesso pela internet para determinação de custos em unidades armazenadoras**. Dissertação (Magister Scientiae) – Universidade Federal de Viçosa, Viçosa, 2007.

VALENTE, D. S. M. *et al*. A decision support system for cost determination in grain storage facility operations. **Engenharia Agrícola**, v. 31, n. 4, p. 735-744, 2011.

WEBER, E. A. **Armazenagem Agrícola**. 2. ed. Agropecuária, 2001.

WRIGHT, B. D. International Grain Reserves And Other Instruments to Address Volatility in Grain Markets. **The World Bank Research Observer**, v. 27, n. 2, p. 222-260, 2012. Disponível em: https://doi.org/10.1093/wbro/lkr016.

ZHANG, Y. *et al*. On the spatial relationship between ecosystem services and urbanization: A case study in Wuhan, China. **Science of the Total Environment**, p. 637-638 e 780-790, 2018. Disponível em: https://doi.org/10.1016/j.scitotenv.2018.04.396.

PARTE 2

MODELAGEM DE SISTEMAS AMBIENTAIS

SISTEMAS AGROFLORESTAIS COMO ESTRATÉGIA PARA RESTAURAÇÃO DE ÁREAS DE PRESERVAÇÃO PERMANENTE E RESERVAS LEGAIS NA BACIA DO RIO DOCE, MINAS GERAIS, BRASIL

Caroline de Souza Cruz Salomão
Raoni Guerra Lucas Rajão

INTRODUÇÃO

Os sistemas agroflorestais (SAFs) são agroecossistemas que possuem sua origem milenar na Ásia e na América Latina, compondo uma prática adotada por diferentes ciências que se desenvolveram especialmente nas décadas de 1980 e 1990, como a permacultura e a agroecologia (ALTIERI, 1989).

É uma técnica que possui ampla abrangência e tem sido adotada com sucesso em ambientes com características biofísicas e socioeconômicas variadas, abrangendo desde regiões de clima úmido, semiárido ou temperado, incluindo sistemas de baixo uso de insumos e níveis tecnológicos variados, tanto como áreas de produção de tamanhos diversos, áreas degradadas ou de alto potencial produtivo (NAIR, 1989).

No Brasil os SAFs foram principalmente desenvolvidos pelos povos originários, com adoção cada vez maior na atualidade como uma técnica produtiva, abrangente e rentável. Povos indígenas e populações autóctones em todo o mundo, cujos princípios estão intrinsecamente arraigados às culturas milenares, fazem uso dos SAFs sustentáveis, muitas vezes como uma forma de adaptação ao meio e à ação humana (ALTIERI, 1989).

Na Amazônia Brasileira, os agricultores nipo-brasileiros implantaram SAFs como uma alternativa para controlar a disseminação do fungo *Fusarium*, que surgiu em 1957 nas plantações de pimenta-do-reino (*Piper nigrum* L.) e passou a devastar os plantios a partir da década de 1970 (HOMMA, 2006). Os sistemas agroflorestais tinham como objetivo aproveitar as áreas anteriormente ao plantio da pimenta, durante o ciclo produtivo e após o seu declínio (KATO; TAKAMATSU, 2005).

Na década de 1980, os SAFs também passaram a ser adotados por pequenos agricultores, destacando como exemplo os sistemas voltados para subsistência das suas famílias, como os quintais e pomares agroflorestais, que são característicos das regiões de Mata Atlântica, enquadrando-se nos denominados sistemas agrossilvipastoris (SCHEMBERGUE *et al.*, 2017).

Esses quintais caseiros constituem uma das práticas agroflorestais mais antigas, compreendendo SAFs destinados à subsistência da família agricultora, com venda ocasional de excedentes de produção. O pomar agroflorestal consiste em um sistema de cultivo perene, com prioridade para produção de frutas e madeira (GONSALVEZ *et al.*, 2017). Há também a inclusão de espécies arbóreas com funções ecológicas, como sombreamento, reciclagem de nutrientes, dentre outros.

Trata-se, muitas vezes, de sistemas complexos com muitos estratos e variedades de árvores, cultivos, animais, que tem como limitação o tamanho da propriedade. As principais características desse sistema são: demanda de poucos insumos e capacidade constante de produção; mão de obra escalonada ao longo de todo o ano e concentrada na família; baixa exigência econômica e grande resistência à flutuação e insegurança do mercado; similaridade aos ecossistemas naturais e alta produtividade por unidade de superfície de terreno (OTS; CATIE, 1986).

Um outro tipo de agroecossistema, o sistema agroflorestal sucessional, apresenta alta biodiversidade, multiestratificação, grande quantidade de biomassa, elevada densidade e longevidade (MARTINS, 2013). Com o advento do Novo Código Florestal em 2012, os sistemas anteriormente referidos, tanto os agrossilvipastoris como, especialmente, os sistemas agroflorestais sucessionais, passaram a ser uma opção para restauração ecológica de Áreas de Preservação Permanente (APPs) e as de Reserva Legal (RL) (MICCOLIS et al., 2016).

O Código Florestal (Lei nº 12.651/2012) trouxe tanto a consolidação desses dois instrumentos como estratégia para conservação e uso sustentável da vegetação nativa dentro das propriedades privadas rurais, como também estabeleceu quais seriam os métodos e estratégias aceitáveis para sua recomposição. O plantio intercalado com fins econômicos é uma opção, entretanto, trata-se de uma definição ainda muito vaga, sendo que os estados estão legislando sobre o detalhamento dos SAFs, em conjunto com outras normativas também estabelecidas pelo Código Florestal de 2012, como é o caso dos Programas de Recuperação Ambiental – PRA.

O plantio intercalado compreende sistemas que possuem baixa demanda de insumos, capacidade constante de produção, mão de obra escalonada ao longo de todo o ano e concentrada na família, baixa exigência econômica e grande resistência à flutuação e insegurança do mercado. Apresenta similaridade aos ecossistemas naturais e alta produtividade por unidade de superfície de terreno (OTS/CATIE, 1986), sendo assim adequado para pequenos, médios e grandes proprietários rurais.

Diante dos questionamentos relativos à inserção do componente econômico e de geração de renda aos sistemas, Arco-Verde e Amaro (2017) propõem que para se traçarem modelos de pacotes agroflorestais viáveis do ponto de vista econômico é necessário, antes de sua implantação, investigar e recolher dados quanto aos custos de cada fase, a demanda de mão de obra e a rentabilidade do sistema.

Esses procedimentos permitem a mensuração e comparação com outras estratégias de produção e conservação, por meio de indicadores financeiros. Desse modo, incorpora-se ao processo uma tomada de decisão mais acertada ou a possibilidade de identificar oportunidades de melhorias e ajustes em sua formulação, desenho e manejo.

O SAF a ser proposto também deve ser compatível ao histórico-cultural, social e econômico do proprietário rural. Com isso, torna-se possível definir a rentabilidade financeira do projeto, já que, ao comparar os resultados da análise financeira com outros investimentos, o produtor tem opções para escolher qual a atividade mais rentável (CASTILLO, 2000).

Dentro desse contexto, no presente estudo foi realizada uma análise financeira com o objetivo de atestar quais SAFs poderiam ser implantados para restauração de APPs e RLs na bacia do Rio Doce, Minas Gerais (MG). Trata-se de uma região que experienciou, em 2015, uma das maiores tragédias ambientais da história do Brasil, relacionada à mineração. Foi avaliado quais SAFs possuem maior viabilidade financeira sob diferentes contextos regulatórios, visto o panorama legal atual do estado de Minas Gerais.

Além do próprio Código Florestal Federal, o estado de Minas Gerais já possui a sua própria legislação para o Programa de Recuperação Ambiental-PRA, porém, a exemplo de outros estados como Rio de Janeiro, São Paulo e Espírito Santo, não existe uma normativa que oriente em campo a execução do Programa, incluindo uma em específico para adoção dos SAFs como forma de restauração.

Iniciativas de SAFs no Brasil, em Minas Gerais e na bacia do Rio Doce

Do norte ao sul do Brasil, diversos são os exemplos de utilização dos sistemas agroflorestais e para diferentes propósitos, desde geração de renda até a restauração de ecossistemas degradados. A utilização desses sistemas acaba por envolver toda a comunidade em movimentos socioambientais que estimulam a possibilidade de construção de uma nova agricultura que atrele produção, conservação e respeito aos saberes tradicionais.

No estado de São Paulo (SP), especificamente no Vale do Ribeira, encontra-se uma experiência consolidada de SAFs conduzida pela Associação dos Agricultores Agroflorestais de Barra do Turvo e Adrianópolis, denominada de Cooperafloresta. Essa associação nasceu a partir da organização de famílias agricultoras quilombolas nesta região, visando superar as grandes dificuldades ali existentes.

O trabalho pioneiro com agrofloresta foi iniciado em 1996, com o apoio de Ernst Götsch, um dos precursores em difundir os SAFs no Brasil (COOPERAFLORESTA, 2018). Também no estado de São Paulo, em meados de 1996, o Mutirão Agroflorestal surgiu como um movimento de articulação e fortalecimento de pessoas, grupos e iniciativas de agricultura florestal, por meio da promoção do intercâmbio de experiências, desenvolvimento de metodologias em educação ambiental e agroflorestal e assistência técnica rural agroecológica baseada em metodologias participativas (MUTIRÃO AGROFLORESTAL, 2018).

Os projetos Reflorestamento Econômico Adensado – Reca (Rondônia), Cooperativa Mista de Tomé-Açu – Camta (Pará – PA) e Poço de Carbono Juruena (Mato Grosso) são uma referência em consórcios agroflorestais, organização comunitária e comercialização da produção nas regiões Centro-Oeste e Norte. Em Recife (Pernambuco), o Centro de Desenvolvimento Agroecológico Sabiá, uma organização não governamental, fundada em 1993, trabalha para promoção da agricultura familiar dentro dos princípios da agroecologia, desenvolvendo e multiplicando a agricultura Agroflorestal.

Segundo a Articulação Nacional de Agroecologia – ANA (2012), diversos assentamentos de Reforma Agrária, em diferentes localidades no Brasil também estão adotando sistemas agroflorestais, destacando-se: Assentamento Sepe Tiaraju (Serra Azul – SP), Assentamento Nhundiaquara (Morretes – PR), Assentamentos no litoral do Paraná (município de Paranaguá e Serra Negra), Assentamento Contestado (Lapa – PR), Assentamento Mário Lago (Ribeirão Preto – SP), Assentamento Professor Macedo (Apiaí – SP), Assentamento Liberdade (Periquito – MG).

O Acampamento José Lutzenberger em Antonina (PR), localizado na Área de Proteção Ambiental (APA) de Guaraqueçaba, ganhou o prêmio Juliana Santilli, que reconhece práticas que aliam produção de alimentos e preservação ambiental. Em Goiás e no Distrito Federal, existem algumas iniciativas de destaque ou instituições que atuam na difusão dos SAFs. No Distrito Federal, ressalta-se o Sítio Sementes, uma das sedes do Mutirão Agroflorestal, liderado por Juã Pereira, um dos primeiros alunos de Ernst Götsch.

O estado de Minas Gerais tem desenvolvido diversas experiências com SAFs. Na região do Alto Vale do Jequitinhonha, diversos trabalhos vêm sendo realizados pela Universidade Federal de Lavras e pelo Centro de Agricultura Alternativa Vicente Nica, pioneiro na implantação de SAFs desde 1995. No sul do estado, salienta-se o município de São Lourenço, com o Núcleo Diversitah, que é uma das sedes do Mutirão Agroflorestal.

Na região metropolitana de Belo Horizonte, uma das referências no território é o município de Florestal, onde localiza-se um dos Campus da Universidade Federal de Viçosa (UFV), antigo Centro de Desenvolvimento Agrário e Florestal, com o Sítio Mangueiras (Figura 26).

Figura 26 – Sistema Agroflorestal de três anos no Sítio Mangueiras, Florestal, Minas Gerais

Fonte: os autores

Além das organizações sociais, destaca-se o papel das empresas de assistência técnica e extensão rural de todo país (Empresa de Assistência Técnica e Extensão Rural do Estado de Minas Gerais – Emater – MG) e do Serviço Nacional de Aprendizagem Rural – Senar, além da Empresa Brasileira de Pesquisa Agropecuária – Embrapa e de outras empresas estaduais de pesquisa e extensão. No contexto mineiro, cita-se a Empresa de Pesquisa em Agropecuária de Minas Gerais – Epamig.

Essas organizações foram responsáveis por sistematizar e atestar experiências, resultando em uma vasta publicação voltada, principalmente, para sistemas consorciados tradicionais, como cafezais sombreados ou Integração Lavoura Pecuária Floresta (ILPF), sempre com o foco de melhorias produtivas e eficiências de recursos. Entretanto é crescente o número de assistências, cursos e publicações sobre os sistemas agroflorestais e sua capacidade de restauração ecológica, sendo tratado como um sistema capaz de convergir rentabilidade produtiva, conservação e regularização de imóveis rurais.

Os dados preliminares do Censo Agropecuário do ano de 2017 (IBGE, 2017), ao considerar todos os sistemas de produção baseados em consórcios ou combinações de espécies florestais variadas, produtivas ou não, com agricultura diversificada ou criação de animais (incluindo diversos sistemas de integração como o ILPF) apontou 491.400 estabelecimentos agropecuários com uso de SAFs, ocupando área territorial de 13.930.307 hectares.

Tais resultados demonstram um aumento significativo em relação ao Censo Agropecuário do ano de 2006, quando foi realizado o primeiro levantamento desse tipo de sistema que apontava 305.826 estabelecimentos agropecuários ocupando 8.197.564 hectares em 2006, ou seja, um aumento de aproximadamente 60% em 11 anos.

Embora com distribuição heterogênea pelo país, constatou-se que os SAFs ocorrem em todos os estados da federação, evidenciando a sua boa aceitação pelos agricultores e um sucesso na sua difusão. Segundo Alves e Rodrigues (2018), o estado de São Paulo se destacou por registrar o maior número absoluto de SAFs (1.809) dentre todas as 5.549 ocorrências nacionais. Na Região Norte, essa posição coube ao estado do Pará (961 SAFs); na região Centro-Oeste, ao estado do Mato Grosso (236 SAFs); na região Nordeste ao estado da Pernambuco (198 SAFs) e, na região Sul, ao estado do Paraná (160 SAFs).

A partir desse levantamento especializado, foi possível também calcular o ranqueamento dos estados por número de ocorrência de SAFs, quando ponderados pelas extensões territoriais das suas respectivas Unidades da Federação. A maior densidade territorial nacional (percentual ponderado pela cobertura de área) coube ao Distrito Federal (49,16%), seguido por Santa Catarina (7,37%), São Paulo (6,17%), Pernambuco (4,95%) e Sergipe (4,36%). Entretanto é importante destacar que o estudo realizado por Alves e Rodrigues (2018) foi a partir do processamento de dados georreferenciados, e subsequente análise espacial, coletados em plataformas de busca da internet (Google), redes sociais (Instagram) e YouTube (Figura 27).

Figura 27 – Distribuição espacial dos SAFs nos municípios brasileiros

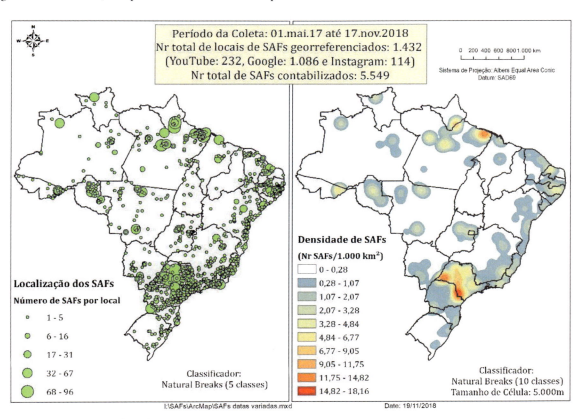

Fonte: Alves e Rodrigues (2018)

Apesar do incremento do número de SAFs, segundo os dados do IBGE, não existem atualmente políticas públicas específicas para o estímulo da adoção de sistemas agroflorestais no país. Por outro lado, várias políticas nacionais são voltadas à diversificação da produção pela agricultura familiar, com destaque para o Programa Nacional da Alimentação Escolar (PNAE), o Programa de Aquisição de Alimentos (PAA), e o Programa Nacional de Fortalecimento da Agricultura Familiar (Pronaf), que trouxeram oportunidades significativas de acesso a mercados para agricultores familiares em diversas regiões do Brasil (SOUZA-ESQUERDO; BERGAMASCO, 2014).

No que tange à bacia do Rio Doce, área delimitada para o presente estudo, destacam-se também algumas instituições que promovem a disseminação dos SAFs. O Centro de Tecnologias Alternativas da Zona da Mata em parceria com Sindicatos dos Trabalhadores Rurais e a Universidade Federal de Viçosa (UFV) desenvolveu a experimentação participativa nesses sistemas com agricultores familiares em diversos municípios da Zona da Mata de Minas Gerais (CARDOSO *et al.*, 2004).

Na mesma região, destaca-se a Organização Cooperativa de Agroecologia (OCA) e no município de Simonésia, uma das sedes da Rede de Intercâmbio de Tecnologias Alternativas (Rede), como instituições-chaves para disseminação dos SAFs e da temática agroecológica. Na região do Médio Doce cita-se também o Centro Agroecológico Tamanduá (CAT) e o Núcleo Agroecológico (Nago) da Universidade Federal de Juiz de Fora (UFJF), como instituições de referência para muitos proprietários rurais, principalmente os pequenos. De toda forma, mesmo em regiões dominadas por outras atividades econômicas, como é a região do Vale do Aço, é possível identificar áreas ocupadas por SAFs (Figura 28).

Figura 28 – Sistema Agroflorestal em Dionísio-MG. Espécies identificadas: banana, café, juçara e nativas

Fonte: os autores

Na bacia do Rio Doce, há embasamento e conhecimento por parte dos atores locais para produzir (sistemas agroecológicos) e existem também instituições capazes de assegurar a comercialização de produtos agroflorestais. Essa vocação tem como objetivo incluir nas prioridades de restauração florestal as demandas de pequenos agricultores da bacia e ser uma fonte potencial de diversificação econômica da região, por meio da integração da recuperação ambiental de APP e RL com a geração de renda e a gestão multifuncional da paisagem (RIBEIRO *et al.*, 2018).

Em termos regulatórios, a Lei nº 12.651/2012 (BRASIL, 2012) estabelece algumas diretrizes gerais para a recomposição e a exploração das áreas de RL e APPs por meio de Sistemas Agroflorestais tanto no caso de pequenos como de médios e grandes proprietários rurais (Capítulo I Art 3 dispositivo X, Capítulo III Art 11, Seção II Art 61 inciso 13, Seção II Art 61-A e Art 61-A inciso 13) (MICCOLIS, 2016).

A implantação de SAFs de forma planejada pode, além de ser uma alternativa para solucionar os passivos ambientais nas Áreas de Preservação Permanente (APPs) e de Reserva Legal (RL) de propriedades na bacia do rio Doce, ser uma estratégia de maximização da produção associada a um maior conservação e restauração dos trechos degradados. Entretanto, para que isso aconteça, é importante entender quais as regiões na bacia possuem vocação para implantação desse sistema, baseando-se principalmente em critérios institucionais que podem acelerar essa cadeia produtiva.

Em uma pesquisa realizada com 30 proprietários rurais na porção central da bacia do Rio Doce, 50% preferem os SAFs como modalidade para restauração das suas APPs e RLs (SALOMÃO *et al.*, 2018). Além disso, a presença de instituições públicas e privadas de assistência técnica, assim como a relação de confiança construída entre elas e os proprietários rurais, é o motivo predominante para disseminação dessa técnica, assim como os benefícios da conservação atrelada aos sistemas de produção.

Um dos grandes gargalos para a promoção dos SAFs é a construção de uma cadeia produtiva estruturada, que conte desde o seu início com uma forte capacidade institucional, fundamentada pela presença de bancos de germoplasmas, viveiros, instituições governamentais e não governamentais, instituições de pesquisa, Assistência Técnica e Extensão Rural (ATERs) etc. E que se estenda até a comercialização e escoamento da produção por meio da presença de associativismo, cooperativismo, estrutura logística eficiente, dentre outros.

O presente estudo abrange uma perspectiva econômica dos SAFs, a rentabilidade do seu uso comparada a outras estratégias de restauração e a melhor estratégia para definição dos SAFs mais apropriados para APPs e RLs no contexto da bacia do Rio Doce, sob os diferentes cenários regulatórios. Foram consideradas áreas com vocação para SAFs aquelas onde existe capital natural e social.

ABORDAGEM METODOLÓGICA

Área de estudo

Com mais de 870 km de extensão, a bacia do Rio Doce contempla os estados de Minas Gerais e Espírito Santo e tem 98% de sua área inserida no bioma da Mata Atlântica. Atualmente, abrangendo uma população de aproximadamente 3,5 milhões de habitantes, a bacia conta com uma taxa de urbanização de 69%, sendo que 35% desses municípios possuem população rural superior à urbana (IBGE, 2010; REIS *et al.*, 2010). A região apresenta estrutura agrária baseada na pequena e média propriedade e uma subutilização dessas terras, o que denota uma intensa degradação do seu agroecossistema (CUPOLILLO, 2008; IGAM, 2009) (Tabela 7).

Tabela 7 – Percentagem de área associada aos níveis de degradação dos agroecossistemas na bacia do Rio Doce

Nível de Degradação dos Agroecossistemas (2015/2016)	Percentagem (%)
Intensamente degradado	1,0
Degradado	41,4
Moderadamente degradado	41,9
Conservado	15,7

Fonte: UFMG, UFV e Fundação Renova (2018)

A bacia do Rio Doce foi cenário, no ano de 2015, de uma das maiores tragédias ambientais do Brasil, resultado do rompimento da barragem de Fundão, localizada no município de Mariana-MG (PIRES *et al.*, 2017). Esse acontecimento gerou uma perda imensa de serviços ecossistêmicos estimada em US $ 5,21 bilhões por ano, na região (GARCIA *et al.*, 2017). Essa perda também é resultado do histórico de uso inadequado dos seus recursos de terra e água.

Em recente estudo elaborado pelas Universidade Federal de Minas Gerais (UFMG) e Universidade Federal de Viçosa (UFV), com o apoio da Fundação Renova foram identificadas as Áreas de Preservação Permanente (APPs) ripárias antropizadas, ou seja, com ausência de cobertura vegetal nativa. Do recorte de priorização utilizado, somaram cerca de 765 mil hectares ripários antropizados, o que corresponde a 70% do total (Tabela 8). Por sua vez, o percentual de APPs ripárias antropizadas por município variou de 24% a 96%, sendo que a média dos municípios foi de 72%.

Tabela 8 – Área total de APPs ripárias nos municípios da bacia do rio Doce em função da classe de uso e cobertura do solo (resolução de 5 metros)

Uso e Cobertura da Terra	Área em mil Hectares	%
Área antropizada	765,7	69,7
Área edificada	7,0	0,6
Área de vegetação nativa	304,5	27,7
Silvicultura	20,7	1,8
Total	1.098.070,0	100%

Fonte: UFMG, UFV e Fundação Renova (2018)

Já para as APPs de topo de morro foram identificadas na bacia do Rio Doce, 586,5 mil hectares de APP de topo de morro (Tabela 9), dos quais 303,7 mil ha estão antropizados (51%). O percentual de área de APP de topo de morro antropizada, em escala municipal, variou de 18% a 98%. Considerando apenas o recorte prioritário definido anteriormente, as áreas de APP de topo de morro somam 377,9 mil hectares, sendo 244,7 mil antropizados. Em razão da rasterização dos mapas de uso e cobertura da terra para 30 metros, foram removidas as áreas de recursos hídricos e demais usos incompatíveis com as regras do Código Florestal.

Tabela 9 – Uso do solo em APP de topo de morro nos municípios da bacia do Rio Doce (resolução de 30 metros)

Uso e cobertura da terra	Área (mil ha)	%
Área antropizada	303,7	51,7
Área de vegetação nativa	222,7	37,9
Silvicultura	28,6	4,8
Outros	31,5	5,6
Total	586,5	100

Fonte: UFMG, UFV e Fundação Renova (2018)

A restauração florestal dessa área é um dos mecanismos capazes de minimizar perdas em termos da qualidade e da quantidade da água na bacia do rio Doce (MORAIS *et al.*, 2012; FERNANDES *et al.*, 2016). Alguns instrumentos de recuperação foram traçados para a bacia. Por meio da consolidação de um termo de ajustamento de conduta entre a Samarco Mineração, acionistas Vale e BHP Billiton, órgãos estaduais de Minas Gerais e Espírito Santo e órgão federal foi criada a Fundação Renova.

A Fundação tem a missão de implementar e gerir os programas de reparação dos trechos impactados pelo rompimento da barragem de Fundão, em Mariana-MG, que se dividem em impactos ambientais e socioeconômicos. Dentre os ambientais, o Programa 26 prevê a recuperação de 40.000 ha de Áreas de Preservação Permanente, sendo 10.000 ha por meio de reflorestamento e 30.000 ha por regeneração natural.

Vale ressaltar que dos 10 mil ha mencionados, como técnica de recomposição florestal destaca-se o plantio total sem fins lucrativos ou com fins lucrativos, caso no qual se encaixam os SAFs. Da porção mineira, destaca-se a região do médio Rio Doce, contemplando municípios como Governador Valadares, Itambacuri e Periquito e a região da Zona da Mata contemplando os municípios que pertencem a bacias como Ponte Nova, Manhuaçu e Viçosa.

No presente estudo, para a mensuração da rentabilidade dos pacotes de SAFs propostos para bacia, foi escolhido um imóvel rural localizado no município de Itambacuri, a 110 km de Governador Valadares (Figura 29). A atividade produtiva principal da propriedade é o leite. Também há outros produtos comercializados e que estão atrelados a essa atividade, destacando-se o milho e a mandioca, além da produção de banana.

A propriedade possui uma extensão total de 40,3 ha, com área total de remanescentes de Mata nativa de 6,0 ha e área total de uso consolidado de 34,2 ha registrados no Cadastro Ambiental Rural (CAR). Além disso, possui RL e APPs com áreas de 6,0 ha e 1,8 ha, respectivamente.

Figura 29 – Localização do município de Itambacuri na bacia do rio Doce

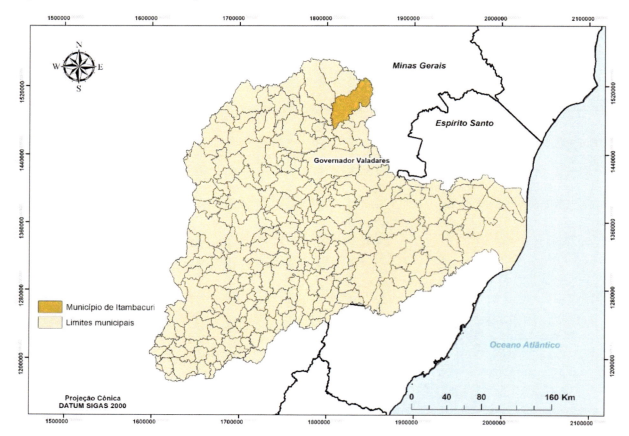

Fonte: os autores

O motivo da escolha desta propriedade se deu em função da sua diversidade produtiva, e devido ao fato de em suas APPs e RLs ter sido observado o desenvolvimento de diferentes estratégias de restauração, citando-se a condução da regeneração natural e o plantio sem fins econômicos com mudas (Figura 30). O imóvel também abrange várias áreas de SAFs sucessionais multidiverso e multiestratificado, com uma ampla variedade de espécies exóticas e nativas, em diferentes estágios sucessionais.

Vale destacar que o sistema agroflorestal sucessional não está localizado em uma das áreas de proteção do imóvel, porém por se encaixar nessa categoria ele poderia ser implantado e, conforme foi observado, facilmente possibilitaria a restauração ecológica daquele local. Segundo relatos do proprietário, foi evidente como o sistema trouxe outros serviços ecossistêmicos para a área, por exemplo o retorno da biodiversidade da fauna e a recarga das fontes hídricas. Apesar disso, esse SAF ainda não é economicamente rentável para a propriedade (com exceção da banana), sendo que seus produtos não são comercializados e não há um planejamento financeiro para tal.

Figura 30 – Área de estudos selecionada: a- SAFs em implantação; b- SAF com 15 anos de implantação

Fonte: os autores

SAFs propostos e cenários

Os pacotes agroflorestais propostos foram construídos com tipologias, função e arranjo de componentes moldável à diversidade do perfil produtivo do imóvel rural em estudo, que pode, por sua vez, exemplificar um perfil comum a outros imóveis da bacia do Rio Doce (Tabela 10). Para o cenário conservacionista, foi proposto um SAF para a APP com espécies nativas e mogno e um SAF em RL também com nativas, café e mogno.

Para o cenário flexível, foi proposto um SAF para a APP com espécies nativas, incluindo a juçara, além da banana e do café, e para a RL um SAF com espécies nativas, milho, feijão e eucalipto. Na Tabela 10 é destacado o desenho final de espaçamento e número de plantas em cada um dos SAFs. Os pacotes propostos serão apresentados, segmentados pelos cenários a que pertencem, e com informações quanto à localização, tipologia, finalidade econômica e algumas observações sobre a sua construção.

Tabela 10 – Pacotes de SAFs propostos

CENÁRIOS	LOCAL	ESPÉCIES	ÁREA (ha)	ESPAÇAMENTO (m²)	ÁREA OCUPADA POR PARCELA	NÚMERO DE PLANTAS
Conservacionista	APP	Sp nativas secundárias	1,81 ha	6x4	24	754
		Sp nativas clímax		6x4	24	754
		Mogno		6x4	24	754
		Juçara		9x8	72	251
	RL	Sp nativas pioneiras	6,02 ha	6x4	24	2508
		Sp nativas secundárias		6x4	24	2508
		Sp nativas clímax		6x4	24	2508
		Mogno		6x4	24	2508
		Café		6x2	12	5017
Flexível	APP	Sp nativas pioneiras	1,81 ha	6x4	24	2508
		Sp nativas secundárias		6x4	24	2508
		Juçara		6x2	12	5017
		Banana		6x2x2	24	2508
		Café		6x1,5	9	2011
	RL	Sp nativas clímax	6,02 ha	6x4	24	2508
		Sp nativas secundárias		6x4	24	2508
		Eucalipto		6x4	24	2508
		Milho		1x2x12	24	2508
		Feijão		1x2x12	24	2508

Fonte: os autores

Dados financeiros

Para a modelagem econômica foram utilizados os dados da Plataforma "#Quanto é? Plantar Florestas"[4] (INSTITUTO ESCOLHAS, 2016), do Centro de Estudos em Sustentabilidade da Fundação Getúlio Vargas (FGVCES, 2018) e da Companhia Nacional de Abastecimento – Conab (CONAB, 2019).

Para as receitas ou benefícios (entradas) foram obtidos os preços de venda de cada uma das culturas que compõem o SAF, assim como estimada sua produtividade em todos os períodos. Para os cultivos selecionados (café, milho e feijão), assim como para os frutos da juçara, foi utilizada a

---

[4] Disponível em: https://escolhas.org/quantoe-plantar-floresta-e-primeira-plataforma-digital-do-escolhas/.

tabela da Política de Garantia de Preços Mínimo (PGPM) disponível no site da Conab (Companhia Nacional de Abastecimento), com os preços atualizados para 2019; e para o preço da madeira, tanto das espécies nativas e exóticas quanto para as espécies exóticas madeireiras (mogno, eucalipto) foi utilizado o estudo elaborado pelo FGVces (Tabela 11).

Tabela 11 – Quilograma de cultivos utilizadas nos modelos econômicos

Nome comum	Nome científico	Início idade de produção	Média de produção anual (Kg/planta)	Espaçamento	Fonte	Valor (R$/Kg) Conab – PGPM
Café	*Coffea arabica/ Coffea canephora*	5 anos	0,3	3,5x1	LOPES *et al.*, 2009	C. arabica - 5,69 C. canephora - 3,37
Milho	*Zea mays*	6 meses	0,2	1x0,6	ARCO-VERDE, 2008	0,36
Feijão	*Cajanus cajan*	3 meses	0,004	1x0,5	EMBRAPA	1,43
Banana	*Musa* spp.	1 ano	1,5	6x4	ARCO-VERDE, 2008	0,60
Juçara (fruto)	*Euterpe edulis*	6 a 8 anos	2,72	3x4	FGV, 2018	3,06

Fonte: FGVces, 2018

Na Tabela 12, a coluna espaçamento se refere ao distanciamento entre linhas e colunas de cada uma das espécies no desenho do sistema. São sugeridos alguns valores utilizados em outros sistemas consorciados (coluna fonte), mas que não necessariamente serão utilizados no presente estudo, visto que esse valor pode variar segundo alguns fatores, tais como espécie-chave no sistema, finalidade produtiva, dentre outros.

Em relação à produção madeireira, outro fator de análise importante é o Incremento Médio Anual (IMA), que se refere à velocidade de crescimento da madeira, sendo as espécies nativas agrupadas em biomas e macrorregiões, conforme apresentado nas Tabela 13 e Tabela 14. Segundo FGVces (2018), esse agrupamento, por se tratar de modelos, possibilita uma análise da estimativa do sistema, podendo ocorrer variações entre as espécies nativas de um mesmo ritmo de crescimento.

Tabela 12 – Preço por metro cúbico de madeira nativa em pé, utilizada nos modelos econômicos

Espécies	Idade no ciclo de corte (anos)	Uso principal	Aproveitamento	Valor (R$/m³)	Uso secundário	Aproveitamento
Nativas de crescimento rápido (PIONEIRAS)	7	Energia	80%	40		
	14	serraria	50%	300	energia	50
Nativas de crescimento moderado (SECUNDÁRIAS)	14	serraria	40%	450	energia	60
	21	serraria	60%	600	energia	40
Nativas crescimento lento (CLIMAX)	35	serraria	50%	900	Energia	50
Mogno	10	Serraria	50%	450	energia	50
	15	Serraria	70%	600	energia	30
Eucalipto Serraria	6	Mourão	100%	50	energia	
	9	Mourão	80%	80	energia	20%
	15	Mourão	70%	135	energia	30%
Eucalipto Urograndis	7	Processo	100%	48	energia	
Cedro Australiano	3	Energia	100%	40	energia	
	5	Serraria	50%	200	energia	30%
	9	Serraria	70%	500	energia	50%

Fonte: FGVces (2018)

Tabela 13 – Incremento Médio Anual (IMA) em volume de madeira total por indivíduo (m³/árvore/ano) para as espécies nativas utilizadas

Grupo de ritmo de crescimento	RÁPIDO		MODERADO				LENTO	
Idade de corte (anos)	7		14		21		35	
Espaçamento	3x2	3x3	3x2	3x3	3x2	3x3	3x2	3x3
Mata Atlântica - Floresta Estacional	0,0135	0,0200	0,0105	0,0125	0,0126	0,0169	0,0075	0,0095

Fonte: FGVces (2018)

Tabela 14 – Incremento Médio Anual (IMA) em volume de madeira total por indivíduo (m³/árvore/ano) para as espécies exóticas utilizadas

Espécie	Eucalipto serraria			Eucalipto – processo		Mogno Africano		Cedro		
Idade de corte	6	9	10	7		10	15	3	9	15
Espaçamento		3x2		3x2	3x3	6x4		6x4		
Mata Atlântica – Floresta Estacional	0,0142	0,019	0,0255	0,0264	0,0535	0,0255	0,072	0,0255	0,0383	0,0468

Fonte: FGVCES (2018)

Anteriormente à obtenção do fluxo de caixa foi realizada a definição dos coeficientes técnicos. Geralmente todos os custos são obtidos segundo uma unidade de área, normalmente 1 hectare, e a conversão desses custos por unidade é denominada de coeficientes técnicos, ou seja, é a relação existente entre a quantidade de recursos gasta e a quantidade de produtos obtida. Esses coeficientes podem ser obtidos de várias formas, sendo no presente estudo adotada a revisão de literatura. A fonte principal utilizada é a Plataforma "#Quanto é? Plantar Florestas", do Instituto Escolhas (2016) e do FGVces (2018).

Modelagem financeira

Para a modelagem financeira, foi escolhida como unidade de análise em termos de área o hectare, e em termos de tempo, anos. Por se tratar de um proprietário rural de propriedade que possui a Declaração de Aptidão (DAP) ao Pronaf, a taxa adotada foi de 2,5%, de acordo com o Plano Safra 2018/2019.

Com esses parâmetros estabelecidos, foram calculados diferentes indicadores econômicos para a determinação do SAF satisfatório para o proprietário rural, em termos de sucesso ambiental e rentabilidade, sendo eles: o valor presente líquido (VPL), o valor anual equivalente (VAE), a relação benefício-custo (BC), a taxa interna de retorno (TIR), o tempo de retorno do investimento (*pay back* em inglês) e o retorno sobre o investimento (ROI – *return on investment*) (Tabela 15).

Tabela 15 – Indicadores financeiros utilizados para análise financeira

Indicador	Descrição	Equação	Autor
Valor Presente Líquido (VPL)	Valor presente dos fluxos de caixa deduzidos o valor inicial do investimento	$VPL = -I + \sum_{j=1}^{n} \frac{R_j - C_j}{(1+i)^j} = 0$	Gitman (1992)
Valor Anual Equivalente (VAE)	Parcela periódica necessária ao pagamento do VPL	$VAE = \frac{VPL \times i}{1 - (1+i)^{-n}}$	Rezende e Oliveira (2001)
Relação Custo-Benefício (RB/C)	Relação entre despesa e receita	$RB/C = \frac{\sum_{j=0}^{n} R_j (1+i)^j}{\sum_{j=0}^{n} C_j (1+i)^j}$	Rezende e Oliveira (2000)

Indicador	Descrição	Equação	Autor
Taxa interna de retorno (TIR)	Limite superior para a rentabilidade de um investimento	$\sum_{t=1}^{n} \frac{B_t - C_t}{(1+i^*)^t} = 0$	Souza e Clemente (2009) Schubert (1989)
Payback	Tempo de retorno do investimento	$PR = T, quando \sum_{j=0}^{T} R_j - C_j = I$	Schubert (1989)
Retorno sobre o Investimento (ROI)	Ganho ou perda sobre o investimento inicial	$ROI = \frac{Receitas - Custos}{Custos} \times 100$	Arco-Verde e Amaro (2017)

Fonte: os autores

Para o planejamento e cálculo desses indicadores financeiros para os pacotes agroflorestais, o presente estudo utilizou-se da planilha eletrônica, denominada AmazonSAF, via software MSExcel39, que permite a entrada de dados referente às espécies utilizadas, aos produtos gerados, à produção e a especificação dos coeficientes técnicos.

RESULTADOS E DISCUSSÃO

Os resultados da modelagem econômica realizada no imóvel rural de Itambacuri-MG, para os quatro Sistemas Agroflorestais (SAFs) propostos para a bacia do Rio Doce encontram-se apresentados a seguir. Vale ressaltar que para a apresentação dos resultados foram separadas Áreas de Preservação Permanentes (APPs) e áreas de Reservas Legais (RLs), por possuírem funções ecológicas e econômicas distintas dentro da propriedade, o que refletiu nas premissas dos cenários regulatórios traçados.

No caso das APPs, foi realizada uma modelagem econômica de dois pacotes agroflorestais, sendo que cada um atende a um cenário em específico. O SAF nativas e mogno, composto por espécies nativas secundárias e clímax, juçara e mogno, atendeu as premissas do cenário conservacionista e apresentou saldo final negativo a curto prazo (dez anos). Todavia é necessário se atentar que o mesmo SAF apresentou saldos positivos nos outros períodos de avaliação, conforme Tabela 16.

Tabela 16 – Resultados Financeiros – SAF nativas e mogno em APPs

Resumo do Projeto	Não Ajustado	Ajustado (por período)		
		10 anos	20 anos	30 anos
Receitas:	218.751,62	21.186,83	146.403,18	151.982,32
Despesas:	53.981,09	47.511,51	49.330,33	50.297,52
Saldo Final:	164.770,53	-26.324,68	97.072,86	101.684,80

Fonte: os autores

A avaliação financeira do SAF nativas e mogno (Tabela 17) demonstrou um *payback*, ou seja, o tempo necessário para retorno do que foi investido no projeto, de 15 anos. Além disso, as análises de retorno do investimento, expressas pela Taxa Interna de Retorno (TIR) e pelo Retorno sobre o Investimento (ROI), apresentaram-se negativas no primeiro período avaliativo, sendo positivas no período de 20 e 30 anos.

Tal análise é consolidada pelo Valor Presente Líquido (VPL) e Valor Anual Equivalente (VAE), que também não apresentaram valores positivos a curto prazo, assim como pela relação benefício-custo (BC), que demonstrou que, apesar de haver benefícios desse SAF em todos os períodos, os valores mais expressivos são a médio e longo prazo.

Tabela 17 – Indicadores Financeiros – SAF nativas e mogno

Avaliação Financeira	10 anos	20 anos	30 anos
Taxa de Desconto:	2,50%	2,50%	2,50%
Taxa de Reinvestimento:	0,00%	0,00%	0,00%
TIR do Projeto:	-7,60%	12,11%	12,22%
TIRM do Projeto:	-6,04%	7,78%	5,27%
ROI do Projeto:	-55,41%	196,78%	202,17%
VPL do Projeto:	-26.324,68	97.072,86	101.684,80
VAE do Projeto:	-3.007,83	6.226,94	4.858,26
Payback Simples:	15,0	15,0	15,0
Payback Descontado:	15,0	15,0	15,0
Relação B/C:	0,4	3,0	3,0

Fonte: os autores

O SAF nativas, banana e café (cenário flexível) possui como composição e finalidade econômica mediada pelas espécies nativas (pioneiras e secundárias) voltadas para produção de madeira, o extrativismo da juçara, e o cultivo de banana e café. Esse SAF apresenta um saldo final crescente e positivo desde o primeiro período avaliado (10 anos), conforme Tabela 18.

Tabela 18 – Resultados Financeiros – SAF nativas, banana e café

Resumo do Projeto	Não Ajustado	Ajustado (por período)		
		10 anos	20 anos	30 anos
Receitas:	405.880,54	72.170,96	181.133,35	266.254,60
Despesas:	101.727,32	55.843,01	70.187,99	81.394,27
Saldo Final:	304.153,22	16.327,94	110.945,36	184.860,33

Fonte: os autores

No que tange aos indicadores financeiros, esse SAF possui um tempo de retorno do investimento, ou seja, um *payback* de nove anos. O Valor Presente Líquido (VPL) e o Valor Anual Equivalente (VAE) possuem valores positivos e crescentes desde o período de dez anos, assim como seu tempo de Retorno de Investimento (ROI) e Taxa Interna de Retorno (TIR) (Tabela 19).

Tabela 19 – Indicadores Financeiros SAF nativas, banana e café

Avaliação Financeira	10 anos	20 anos	30 anos
Taxa de Desconto:	2,50%	2,50%	2,50%
Taxa de Reinvestimento:	0,00%	0,00%	0,00%
TIR do Projeto:	7,88%	16,74%	17,69%
TIRM do Projeto:	5,38%	8,37%	7,30%
ROI do Projeto:	29,24%	158,07%	227,12%
VPL do Projeto:	16.327,94	110.945,36	184.860,33
VAE do Projeto:	1.865,61	7.116,83	8.832,19
Payback Simples:	9,0	9,0	9,0
Payback Descontado:	9,0	9,0	9,0
Relação B/C:	1,3	2,6	3,3

Fonte: os autores

De forma a comparar os dois SAFs, é necessário destacar que o SAF nativas e mogno apresenta uma porcentagem de indivíduos exóticos menor que o SAF nativas, banana e café. De forma específica, o mogno está presente em apenas 30% da composição do primeiro SAF; já a banana e o café em 50% da composição do segundo pacote. Entretanto, no quinto ano a banana é retirada do pacote, sendo que o café permanece em composição semelhante ao mogno. Mesmo assim, o segundo SAF continua a apresentar uma viabilidade financeira maior que o primeiro.

Existem outros fatores que podem explicar essa diferença lucrativa entre os dois SAFs. Um dos pontos seria o extrativismo da juçara, em que, no SAF nativas e mogno, é permitida a exploração em apenas 50% dos indivíduos, ao contrário do SAF nativas, banana e café, no qual ocorre exploração de 100% dos indivíduos. A presença da banana, espécie herbácea muito utilizada pelos agricultores, mesmo que em apenas cinco anos de implantação do SAF nativas, banana e café, potencializa a implantação desse SAF minimizando os custos nos primeiros 10 anos.

Outra questão está relacionada à composição das espécies. No primeiro SAF, é exigida a ocorrência de todos os grupos ecológicos, ao contrário do que foi estabelecido para o segundo, em que há uma maior predominância de espécies pioneiras, que acabam por gerar um retorno financeiro em menos tempo.

Analisando diretamente os resultados financeiros, o SAF nativas, banana e café apresenta um Valor Presente Líquido (VPL) e um Valor Anual Equivalente (VAE) sempre positivos e que chegam quase ao dobro do VPL e VAE encontrados no período de 30 anos no SAF nativas e mogno. O tempo de retorno do primeiro SAF é maior que o segundo, chegando a uma diferença de seis anos entre uma proposta e outra.

Além disso, é possível perceber que os indicadores de Retorno do Investimento, no caso a Taxa Interna de Retorno (TIR) e o Tempo de Retorno de Investimento (ROI), apresentam valores positivos e maiores no caso do segundo SAF (Figura 31 e Figura 32).

Figura 31 – Gráfico valor anualizado equivalente por hectare

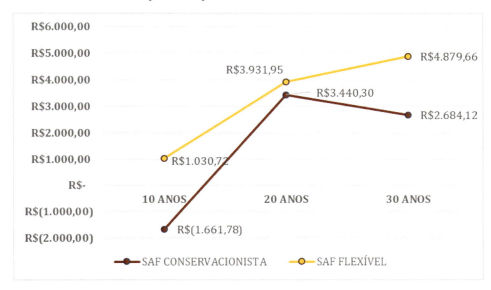

Fonte: os autores

Figura 32 – Gráfico *payback* – APPs

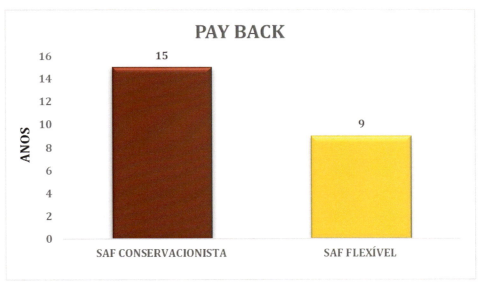

Fonte: os autores

Para as RLs, também foram modelados economicamente dois SAFs, uma para cada cenário (conservacionista e flexível). O SAF conservacionista nativas, mogno e café é composto por espécies nativas (pioneiras, secundárias e clímax), pelo mogno que será explorado com objetivo madeireiro, incluindo o cultivo do café e o extrativismo da juçara. Esse SAF, conforme Tabela 20, não apresenta um saldo positivo a curto prazo (período de 10 anos), obtendo despesas semelhantes ao longo dos períodos avaliados e receitas crescentes.

Tabela 20 – Resultados financeiros SAF nativas, mogno e café

Resumo do Projeto	Não Ajustado	Ajustado (por período)		
		10 anos	20 anos	30 anos
Receitas:	1.406.920,77	104.328,08	609.627,50	891.799,06
Despesas:	253.909,80	158.578,14	186.450,50	210.633,07
Saldo Final:	1.153.010,98	-54.250,06	423.177,00	681.165,99

Fonte: os autores

Quanto aos indicadores financeiros expressos na Tabela 21 é possível observar um tempo de retorno do investimento, ou *payback*, de 14 anos, apesar de obter um Valor Presente Líquido (VPL) e um Valor Anual Equivalente (VAE) altos se comparados aos dos SAFs voltados para APP. Assim sendo, a Taxa Interna de Retorno (TIR) e o Tempo de Retorno de Investimento (ROI) também apresentam valores positivos e crescentes no período de 20 anos. Entretanto, esse SAF apresenta uma TIRM (Taxa Interna de Retorno Modificada), no período de 20 anos, que não acompanha esse crescimento.

Tabela 21 – Indicadores financeiros – SAF nativas, mogno e café

Avaliação Financeira	10 anos	20 anos	30 anos
Taxa de Desconto:	2,50%	2,50%	2,50%
Taxa de Reinvestimento:	0,00%	0,00%	0,00%
TIR do Projeto:	-4,01%	14,97%	15,94%
TIRM do Projeto:	-2,83%	9,26%	7,83%
ROI do Projeto:	-34,21%	226,96%	323,39%
VPL do Projeto:	-54.250,06	423.177,00	681.165,99
VAE do Projeto:	-6.198,55	27.145,59	32.544,50
Payback Simples:	14,0	14,0	14,0
Payback Descontado:	14,0	14,0	14,0
Relação B/C:	0,7	3,3	4,2

Fonte: os autores

No cenário flexível, o SAF nativas, eucalipto, milho e feijão é composto por nativas (pioneiras e secundárias), eucalipto, milho e feijão. A espécie de eucalipto adotada foi o *Eucalyptus urograndis,* que tem como finalidade econômica o processamento voltado para papel e celulose. Essa espécie é amplamente adotada na bacia, principalmente por empresas privadas como a Cenibra. Nesse SAF foi possível perceber um ganho exponencial de lucratividade comparado ao modelo anterior, principalmente porque o aproveitamento econômico da espécie de exótica é de 100%, ao contrário até mesmo de outras espécies de eucalipto, que, além de apresentarem um aproveitamento menor dependendo da idade de corte, possuem um IMA (Incremento Médio Anual) menor também (Tabela 22).

Tabela 22 – Resultados Financeiros – SAF nativas, eucalipto, milho e feijão

Resumo do Projeto	Não Ajustado	Ajustado (por período)		
		10 anos	20 anos	30 anos
Receitas:	2.341.814,90	336.055,62	896.855,75	1.481.558,67
Despesas:	173.804,47	145.030,31	150.173,45	157.544,88
Saldo Final:	2.168.010,44	191.025,30	746.682,30	1.324.013,79

Fonte: os autores

Como indicadores financeiros, nota-se que esse SAF possui o menor *payback* se comparado aos outros SAFs apresentados até agora, sendo de apenas seis anos (Tabela 23).

Tabela 23 – Indicadores Financeiros – SAF nativas, eucalipto, milho e feijão

Avaliação Financeira	10 anos	20 anos	30 anos
Taxa de Desconto:	2,50%	2,50%	2,50%
Taxa de Reinvestimento:	0,00%	0,00%	0,00%
TIR do Projeto:	24,57%	30,78%	31,02%
TIRM do Projeto:	10,80%	11,41%	9,90%
ROI do Projeto:	131,71%	497,21%	840,40%
VPL do Projeto:	191.025,30	746.682,30	1.324.013,79
VAE do Projeto:	21.826,31	47.897,53	63.258,26
Payback Simples:	6,0	6,0	6,0
Payback Descontado:	6,0	6,0	6,0
Relação B/C:	2,3	6,0	9,4

Fonte: os autores

Analisando-se os SAFs propostos para RL, nota-se que o segundo SAF (SAF nativas, eucalipto, milho e feijão) apresenta uma maior viabilidade financeira desde o curto prazo, o que pode ser observado no saldo final no período de 10 anos e nos indicadores financeiros de VPL, VAE, TIR e ROI nesse mesmo período. Tal rentabilidade financeira foi potencializada principalmente pela presença do eucalipto. O *payback* do segundo SAF tem uma diferença considerável com o primeiro, especificamente sete anos. Em se tratando de uma pequena propriedade, onde há dificuldades de capitalização e início das atividades de restauração, esse é o principal indicador financeiro a ser avaliado. Além disso, a relação benefício-custo (BC) do segundo SAF inicia maior que a relação BC do primeiro SAF ao final dos 20 anos de implantação (Figura 33 e Figura 34).

Figura 33 – Gráfico valor anualizado equivalente por hectare

Fonte: os autores

Figura 34 – Gráfico *payback* – RLs

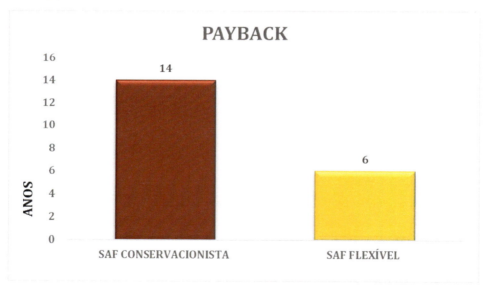

Fonte: os autores

Os resultados apresentados indicam que todos os SAFs propostos para o cenário flexível possuem maiores rendimentos financeiros que os SAFs propostos para o cenário conservacionista, principalmente a curto prazo (período de 10 anos). Entretanto é importante destacar que o cenário flexível segue as premissas de regulamentações específicas de outros estados criadas a partir da regramentos gerais, encontrados no Código Florestal Federal e na Lei n.º 20.922/2013, ou seja, apesar da terminologia da palavra, não há nenhuma inconstitucionalidade no que foi proposto para esse cenário.

De maneira geral, o cenário conservacionista apresenta inúmeras especificações que acabam por restringir algumas variações de uso de espécies e cultivos, e por isso o ganho financeiro ficou comprometido. De forma prática, também é importante destacar que a imposição de maiores restrições pode comprometer a adesão dos proprietários rurais aos SAFs. Além disso, mesmo que esses proprietários estejam dispostos a cumprir essas regras, a cadeia produtiva florestal não possui a capacidade de incorporar essas determinações.

Um exemplo seria o mercado florestal voltado para exploração de nativas, que ainda é muito incipiente, e apesar de haver avanços para sua valorização e comercialização há uma baixa diversidade de espécies cultivadas em viveiros. Nesse sentido, o estado de São Paulo, no final de 2018, revogou a Resolução SMA (Secretaria de Meio Ambiente) 32/2014 e estabeleceu uma nova regulamentação para a restauração florestal, a Resolução SMA 189/2018. Nela, algumas determinações quanto à quantidade de espécies nativas a serem utilizadas, limite percentual de indivíduos ou espécies de um mesmo grupo ecológico foram anuladas.

A avaliação por meio dos indicadores permaneceu, o que deixa clara a preocupação com o resultado da restauração, porém esses indicadores foram simplificados para um melhor entendimento e alcance por parte dos proprietários rurais.

Outro ponto a se destacar é que a determinação de premissas e critérios menos específicos possibilita ao proprietário rural uma visão diferente sobre esses espaços privados protegidos. Além da função ecológica dessas áreas e da sua preservação trazer inúmeros serviços ecossistêmicos, esses espaços passam a ser mais inclusivos e trazer alternativas econômicas oriundas de uma exploração mais sustentável, equilibrando assim conservação com geração de renda.

A difusão de dados que atestem a capacidade dessas áreas em conciliar funções pode auxiliar em embates quanto à existência desses espaços. Nesse contexto, no início do ano de 2019, foi proposto o PL (Projeto de Lei) 1551/2019, que tem como orientação central extinguir a exigência das Reservas Legais do Código Florestal. Tal determinação significa um enorme retrocesso ambiental, além de ser uma visão extremamente contraditória, visto que a Reserva Legal é um instrumento presente desde o Código Florestal Brasileiro de 1965.

Entretanto é extremamente fundamental determinar esses critérios e premissas, principalmente a partir da visão dos proprietários rurais e entidades que o apoiam, para que não haja uma judicialização dessas questões ambientais. Cada vez mais a capacidade de decisão sobre temáticas tão essenciais à sociedade está ficando nas mãos do Poder Judiciário, o que pode levar essa esfera de governo a agir segundo os interesses de determinados grupos.

Nesse sentido, os resultados apontados pelo estudo apresentam uma nova perspectiva para o processo de regularização ambiental de imóveis rurais e consequentemente a restauração ecológica de APPs e RLs localizadas na bacia do rio Doce. O histórico de degradação da bacia somado ao recente impacto de uma das maiores tragédias ambientais no Brasil fez com que o processo de restauração nessa bacia fosse revisto e que alternativas que promovam a introdução do homem nessa dinâmica fossem privilegiadas e vistas de forma benéfica.

Os SAFs surgem nesse contexto como uma estratégia que pode atrelar conservação com produção sustentável, gerando serviços ecossistêmicos e renda local. Faz-se necessário investigar também quais são os principais gargalos para que essa alternativa seja reconhecida e adotada. As duas principais problemáticas abordadas e detalhadas no estudo foram a regulatória e econômica. Entretanto, em se tratando de área de proteção, foco do presente estudo, é necessário também se ater à questão ecológica.

Na visão ecológica, os SAFs, principalmente no contexto da bacia do rio Doce, foco do estudo, tornaram-se uma das melhores estratégias de restauração ecológica, pois, além de conservar a fertilidade do solo, potencializar serviços ecossistêmicos como a estocagem de carbono, atuar na formação de corredores ecológicos, contribuindo assim para manutenção da biodiversidade, os SAFs trazem o homem para o centro do processo de restauração.

Considerando o impacto sofrido pela bacia principalmente após 2015, o cultivo de florestas multifuncionais com outros usos da terra pode trazer opções interessantes e soluções criativas para os modos de vida sustentáveis.

Os trabalhos que evidenciam, na prática, a possibilidade do equilíbrio entre o ecológico e o financeiro dos SAFs, principalmente no caso de APPs e RL, não são muitos. Martins (2014) já havia denotado a versatilidade da RL e sua função econômica dentro de um imóvel rural. Esse estudo também aprofundou na temática dos indicadores ecológicos como ferramenta para atestar a restauração ecológica dessas áreas.

Entretanto, não houve um aprofundamento sobre as APPs, como quais seriam as possíveis espécies que poderiam compor os SAFs nessas áreas e que garantissem a função ecológica para a qual foram criadas. O presente estudo adentra na questão das espécies nativas como componente dos SAFs, e procura desmitificar o seu uso econômico, sendo, inclusive, um fator extremamente importante para que a restauração ganhe escala.

O cenário flexível acaba por apresentar premissas ambientais menos restritivas e que podem garantir o atendimento às funções ecológicas daquela área onde o SAF será implantado, do que no cenário conservacionista. Além disso, o conceito de restauração, dentre outras definições, deixa claro que uma área restaurada é uma área que retornará às suas condições originais.

Dependendo do SAF a ser implantado, mesmo que seguindo a regulamentação específica, quando composto por espécies exóticas, em sua grande maioria, espécies não lenhosas e cultivos agrícolas, é importante avaliar se o conceito de restauração caberia para esse cenário ou se não seria mais adequado utilizar o conceito de recuperação. É fato que os SAFs podem alterar a condição de uma área degradada, mas é preciso mensurar se de fato essa área está retornando a sua condição original. Nesse caso a atenção a premissas ecológicas mais restritivas como é o caso do cenário conservacionista pode possibilitar a associação à palavra "restauração".

Outro gargalo para esses sistemas é a sua rentabilidade econômica. Vários estudos já evidenciaram em suas pesquisas como os SAFs podem ser rentáveis (BENTES-GAMA, 2005; ARCO VERDE, 2008; HOFFMAN, 2013; FGVCES, 2018).

O presente trabalho traz uma perspectiva diferente ao atrelar diretamente a composição ecológica desses sistemas, segundo os preceitos regulatórios, ao seu rendimento financeiro, ou seja, como que a legislação pode definir diferentes premissas ecológicas e isso ter ou não impacto direto sobre o rendimento, em se tratando de áreas especiais como APPs e RLs.

Além disso, o presente estudo, ao contrário de alguns citados acima, propõe pacotes agroflorestais que possam ser utilizados em uma área extensa, no caso a bacia do Rio Doce. Nesse sentido, é necessário também definir pacotes agroflorestais que tenham afinidades com as vocações socioeconômicas da bacia considerada.

A modelagem econômica dos pacotes aplicada a uma propriedade específica possibilitou investigar e mensurar o ganho financeiro de cada um dos SAFs sob os dois cenários regulatórios. A alteração da composição ou mesmo da ordem dos componentes nos sistemas propostos, de acordo com critérios definidos nos cenários, resulta em indicadores financeiros distintos e assim, da mesma forma, uma avaliação do retorno econômico.

Dentre os resultados encontrados, os SAFs que apresentaram melhores indicadores financeiros foram os SAF nativas, banana e café, no caso das APPs e o SAF nativas, eucalipto, milho e feijão para as RLs. Ambos pertencem ao cenário flexível, e por essa razão possibilitam uma composição de espécies propícia à exploração de vários horizontes temporais.

Por se tratar de um pequeno imóvel (até quatro módulos fiscais) — assim como a maioria dos imóveis da bacia do rio Doce — esses pacotes acabam por privilegiar o uso de espécies que trazem um retorno econômico e ecológico a curto prazo, ou seja, as pioneiras ou de ciclo curto.

Referentemente ao manejo, os dois SAFs trazem uma ideia de aproveitamento máximo dos recursos florestais, principalmente de produtos não madeireiros, com replantio de exóticas e extrativismo de 100% de espécies, contemplando todos os imóveis rurais no caso das RLs e os pequenos imóveis rurais no caso das APPs.

De toda forma, é importante ressaltar que nestes SAFs, assim como nos pacotes pertencentes ao cenário conservacionista, há uma preocupação com fatores ecológicos, como a presença de espécies zoócoras e de espécies ameaçadas de extinção. O que se entende é que uma maior simplificação quanto às especificações aumenta o poder de escolha do proprietário rural, assim como as possibilidades de manejo sustentável.

Como limitação dessa abordagem econômica, cita-se o fato de não serem mensurados aspectos mercadológicos, como o valor agregado pelos produtos produzidos nos SAFs do cenário conservacionista. Atualmente é crescente o mercado de produtos orgânicos e agroecológicos. São muitas as iniciativas que buscam impulsioná-los.

Muitos agricultores já realizam a comercialização de seus produtos produzidos nesse modelo em feiras orgânicas ou seguindo o conceito de "Comunidades que Sustentam a Agricultura – CSA". A prática do CSA, por exemplo, compreende uma ação para auxiliar agricultores que produzem em um modelo diferenciado e que por vezes de forma mais onerosa, na qual os interessados podem financiar um agricultor e em troca recebem cestas mensalmente com diversos produtos livres de agrotóxicos.

Na Região Metropolitana de Belo Horizonte – RMBH, em uma ação conjunta entre a Prefeitura de Belo Horizonte – PHB, ATERs e organizações sociais voltadas para o desenvolvimento rural, agricultores que produzem livre de agrotóxicos poderão certificar seus produtos de forma rápida e sem ônus.

No modelo intitulado Sistema Participativo de Garantia (SPG), que já ocorre em outras regiões de Minas Gerais, como Zona da Mata e sul de Minas, busca-se envolver a sociedade a fim de valorizar a produção ecologicamente correta. O SPG representa um grande avanço principalmente para a agricultura familiar, já que com a certificação de seus produtos elas poderão concorrer no mercado com outros produtos orgânicos certificados.

Outras estratégias de restauração como a regeneração natural e o reflorestamento podem ser adotadas, mas envolvem custos altos para sua implantação, e, por essa razão, muitas vezes, a adoção dessas alternativas são potencializadas por Programas de Pagamento por Serviços Ambientais – PSA ou pela destinação dos recursos oriundos da Compensação Financeira pela Exploração de Recursos Minerais – CFEM.

Muitos Programas de Pagamento por Serviços Ambientais (PSAs) estão sendo realizados na bacia do rio Doce, principalmente oriundos de empresas privadas que precisam compensar os seus impactos. Citam-se também alguns PSAs federais e estaduais como o Bolsa Verde e o Programa Produtor de Águas. O segundo programa, além dos municípios do estado de Minas Gerais como Extrema e Igarapé, obteve sucesso em outros estados do Brasil.

A Compensação Financeira de Exploração Mineral (CFEM), instituída pela Constituição Federal de 1988, trata-se de uma contraprestação pela utilização econômica dos recursos minerais em seus respectivos territórios, isto é, ela é uma contrapartida da empresa exploradora aos municípios, estados e União pela exploração dos minerais e seus impactos. Diante do cenário de intensa degradação causado pelas empresas mineradoras na bacia do rio Doce, seria latente o direcionamento desses recursos para projetos de restauração da bacia.

Dessa forma, diante dos resultados alcançados nos pacotes agroflorestais modelados no presente estudo entende-se que o delta econômico, ou seja, a diferença econômica entre os SAFs do cenário conservacionista e flexível poderiam ser compensados por Programas de Pagamento por Serviços Ambientais (PSAs). De toda forma, é necessário evidenciar a urgência da restauração ecológica da bacia e a necessidade de adotar estratégias que possam ganhar escala.

CONSIDERAÇÕES FINAIS

O estudo procurou demonstrar e prever cenários para implantação de SAFs, denotando as nuances diversas que podem determinar a definição e aplicação de uma legislação, principalmente em um contexto tão conflituoso como o da bacia do rio Doce. Os cenários regulatórios previstos, assim como as simulações econômicas realizadas, ajudaram a entender como atuar de forma a convergir interesses e possibilitar a restauração ecológica da bacia do rio Doce.

De maneira geral, o cenário conservacionista apresenta inúmeras especificações que acabam por restringir algumas variações de uso de espécies e cultivos, e por isso o ganho financeiro torna-se comprometido. De forma prática, também é importante destacar que a imposição de maiores restrições pode comprometer a adesão dos proprietários rurais aos SAFs.

Outro ponto a se destacar é que a determinação de premissas e critérios menos específicos possibilita ao proprietário rural uma visão diferente sobre os espaços privados protegidos das APPs e RLs. Além da função ecológica dessas áreas e da sua preservação trazer inúmeros serviços ecossistêmicos, esses espaços passam a ser mais inclusivos e mediadores de alternativas econômicas oriundas de uma exploração mais sustentável, equilibrando assim a conservação com a geração de renda.

REFERÊNCIAS

ABREU, G. et al. Pomar agroflorestal: integração de saberes e experimentação agroecológica. **Cadernos de Agroecologia**, [s. l.], v. 8, n. 2, dec. 2013. Disponível em: http://revistas.aba agroecologia.org.br/index.php/cad/article/view/14774. Acesso em: 13 maio 2019.

ALTIERI, M. A. **Agroecologia**: as bases científicas da agricultura alternativa. Rio de Janeiro: AS-PTA, 1989. 235 p.

ALTIERI, M. **Agroecologia**: bases científicas para uma agricultura sustentável. Guaíba: Ed. Agropecuária, 2002.

ALVES, S. F.; RODRIGUES, P. C. H. Distribuição espacial de Sistemas Agroflorestais no Brasil a partir da coleta de dados da internet. *In:* CONGRESSO BRASILEIRO DE SISTEMAS AGROFLORESTAIS, 11., 2018, Aracaju. **Anais [...]**. Aracaju: SBSAF, 2018.

ARCO-VERDE, M. F. et al. **Avaliação silvicultural, agronômica e socioeconômica de sistemas agroflorestais em áreas desmatadas de ecossistemas de mata e cerrado em Roraima**. Brasília-DF: PPG-7, 2003.

ARCO-VERDE, M. F.; AMARO, G. **Cálculo de Indicadores Financeiros para Sistemas Agroflorestais**. Boa Vista-RR: Embrapa Roraima, 2014. 36 p. (Documentos / Embrapa Roraima, 57).

ARCO-VERDE, M. F. **Sustentabilidade Biofísica e Socioeconômica de Sistemas Agroflorestais na Amazônia Brasileira**. 2008. 188 p. Tese (Doutorado em Ciências Florestais) – Universidade Federal do Paraná, Curitiba, 2008.

ARCO-VERDE, M. F.; AMARO, G. C; SILVA; I. C. **Sistemas Agroflorestais**: conciliando a Conservação do Ambiente e a Geração de Renda nas Propriedades Rurais. 2013. Disponível em: https://ainfo.cnptia.embrapa.br/digital/bitstream/item/94624/1/2013-MarceloAV-CBSA-Sistemas.pdf. . Acesso em: fev. 2018.

BAGGIO, A. J.; CARVALHO, P. E. R. Técnicas agroflorestais. *In:* IPARDES, Instituto Paranaense de Desenvolvimento Econômico e Social; Fundação Edison Vieira. **Macrozoneamento da APA de Guaraqueçaba**. Curitiba: Fundação Édison Vieira, 1990.

BALBINO, L. C.; BARCELLOS, A. de O.; STONE, L. F. (ed.). **Marco referencial**: integração lavoura-pecuária-floresta. 1. ed. Edição bilíngue: português e inglês. Brasília: Embrapa, 2011. 132 p.

BANDY, D.; GARRITY, D. P.; SANCHEZ, P. El problema de la agricultura de tala y quema. **Agroforesteria em las Americas**, v.1, n. 3, p. 14-20, 1994.

BAQUERO, H. I. Evaluación económica de proyectos agroforestales. *In:* **Taller sobre Diseno Estadistico y Evaluación Económica de Proyectos Agroforestales**, 1986, Curitiba. Taller sobre... Curitiba: FAO para América Latina y Caribe, 1986. 142 p. (Documento de Apoyo).

BARBOSA, F. A. et al. **Cenários para a pecuária de corte amazônica**. 1. ed. Belo Horizonte: IGC/UFMG, 2015. 146 p. Disponível em: http://csr.ufmg.br/pecuaria/wp-content/uploads/2015/03/relatorio_cenarios_para_pecuaria_corte_amazonica.pdf?2 db211.

BATISTA, A. et al. Reflorestamento com espécies nativas para fins econômico. *In:* BENINI, R. de M.; ADEODATO, S. (org.). **Economia da restauração florestal**: Forest restoration economy. São Paulo: The Nature Conservancy, 2017.

BEER, J.; LUCAS, C.; KAPP, G. Reforestación com sistemas agrosilviculturales permenentes vrs. Plantaciones puras. **Agroforesteria em las Americas**, v. 1, n. 3, p. 21-25, 1994.

BENE, J. G.; BEALL, H. W.; CÔTÉ, A. **Trees, food, and people**: land management in the tropics. International development Research Centre, Universidade de Minnesota, 1977. 52 p.

BENINI, R. de M.; ADEODATO, S. (org.). **Economia da restauração florestal**: Forest restoration economy. São Paulo: The Nature Conservancy, 2017.

BENTES-GAMA, M. de M. et al. Análise econômica de sistemas agroflorestais na Amazônia Ocidental, Machadinho d'Oeste – RO. **Revista Árvore**, v. 29, n. 3, p. 401-411, 2005.

BERTALOT, M. J. A. **Cultura do milho (*Zea mays* L.) em sucessão com aveia preta (*Avena strigosa* Schreb.) em áreas sob manejo agroflorestal em aléias com *Leucaena diversifolia***. 2003. 88 f. Tese (Doutorado em Agronomia/Agricultura) – Universidade Estadual Paulista, Botucatu, 2003.

BIRBEN, U. The effectiveness of protected areas in biodiversity conservation: the case of Turkey. **Cerne**, v. 25, n. 4, p. 424-438, 2019.

BITAR, O.Y.; BRAGA, T.O. O meio físico na recuperação de áreas degradadas. *In:* BITAR, O. Y. (coord.). **Curso de geologia aplicada ao meio ambiente**. São Paulo: Associação Brasileira de Geologia de Engenharia (ABGE)/Instituto de Pesquisas Tecnológicas (IPT), 1995. p. 165-179.

BLINN, C. E. *et al.* Rebuilding the Brazilian rainforest: Agroforestry strategies for secondary forest succession. **Applied Geography**, v. 43, p. 171-181, 2013.

BRANCALION, P. H. S. Instrumentos legais podem contribuir para a restauração de florestas tropicais biodiversas. **Revista Árvore**, Viçosa, v. 34, n. 3, p. 455-470, 2010.

BRANCALION, P. H. S.; GANDOLFI, S.; RODRIGUES, R. R. Incorporação do conceito da diversidade genética na restauração ecológica. *In:* RODRIGUES, R. R.; BRANCALION, P. H. S.; ISERNHAGEN, I. (org.). **Pacto pela restauração da mata atlântica**: Referencial dos conceitos e ações de restauração florestal. 1. ed. São Paulo: LERF/ESALQ/Instituto BioAtlântica, 2009.

BRANCALION, P. H. S. *et al.* Avaliação e monitoramento de áreas em processo de restauração. *In:* MARTINS, S. V. (ed.). **Restauração ecológica de ecossistemas degradados**. 2. ed. Viçosa: Editora UFV, 2015.

BRASIL. **Decreto nº 7.830, de 17 de outubro de 2012**. Dispõe sobre o Sistema de Cadastro Ambiental Rural, o Cadastro Ambiental Rural, estabelece normas de caráter geral aos Programas de Regularização Ambiental, de que trata a Lei no 12.651, de 25 de maio de 2012, e dá outras providências. 2012.

BRASIL. **Lei nº 12.651, de 25 de maio de 2012**. Dispõe sobre a proteção da vegetação nativa; altera as Leis nos 6.938, de 31 de agosto de 1981, 9.393, de 19 de dezembro de 1996, e 11.428, de 22 de dezembro de 2006; revoga as Leis nos 4.771, de 15 de setembro de 1965, e 7.754, de 14 de abril de 1989, e a Medida Provisória no 2.166-67, de 24 de agosto de 2001; e dá outras providências.

BRASIL. **Lei nº 6.938, de 31 de agosto de 1981**. Dispõe sobre a Política Nacional do Meio Ambiente, seus fins e mecanismos de formulação e aplicação, e dá outras providências.

BRASIL. **Lei nº 9.985, de 18 de julho de 2000**. Regulamenta o art. 225, § 1o, incisos I, II, III e VII da Constituição Federal, institui o Sistema Nacional de Unidades de Conservação da Natureza e dá outras providências.

BRASIL. **Decreto nº 8.235, de 5 de maio de 2014**. Estabelece normas gerais complementares aos Programas de Regularização Ambiental dos Estados e do Distrito Federal, de que trata o Decreto no 7.830, de 17 de outubro de 2012, institui o Programa Mais Ambiente Brasil, e dá outras providências.

BRASIL. Lei no 9.985, de 18 de julho de 2000. Regulamenta o art. 225, parágrafo 1o, incisos I, II, III, VII da Constituição Federal, institui o Sistema Nacional de Unidades de Conservação da Natureza. **Diário Oficial da República Federativa do Brasil**. Poder Legislativo, Brasília, DF: 19 de Jul. Seção 1, 2000. p. 1-6.

BRASIL. **Resolução Conama nº 369, de 28 de março de 2006**. Dispõe sobre os casos excepcionais, de utilidade pública, interesse social ou baixo impacto ambiental, que possibilitam a intervenção ou supressão de vegetação em Área de Preservação Permanente-APP.

BRASIL. **Resolução nº 425, de 25 de maio de 2010**. Dispõe sobre critérios para a caracterização de atividades e empreendimentos agropecuários sustentáveis do agricultor familiar, empreendedor rural familiar, e dos povos e comunidades tradicionais como de interesse social para fins de produção, intervenção e recuperação de Áreas de Preservação Permanente e outras de uso limitado.

BRASIL. **Resolução nº 429, de 28 de fevereiro de 2011**. Dispõe sobre a metodologia de recuperação das Áreas de Preservação Permanente - APPs.

BRASÍLIA. **Instrução nº 723, de 22 de novembro de 2017**. Disponível em http://www.ibram.df.gov.br/wp-content/uploads/2018/02/IN_723_2017-1-2.pdf. Acesso em: ago. 2018.

BRASÍLIA. **Nota Técnica 01/2018 COFLO/SUGAP/IBRAM**. Disponível em: http://www.ibram.df.gov.br/wp-content/uploads/2018/02/NotaTecnica_IndicadoresEcologicos.pdf. Acesso em: ago. 2018.

BRIENZA Jr., S. **Programa agroflorestal da EMBRAPA-CPATU/PNPF para a Amazônia Brasileira**. n. 9. Belém: Embrapa/CPATU, 1982. 11 p.

BROOKS, M. L. *et al*. Effects of invasive alien plants on fire regimes. **Bioscience**, v. 54, n. 7, p. 677-688, 2004.

CARDOSO, I. M. *et al*. Continual learning for Agroforestry System design: university, NGO, and farmer partnership in Minas Gerais, Brazil. **Agricultural System**, v. 69, p. 235-257, Sept. 2004.

CARVALHO-RIBEIRO, S. M.; LOVETT, A.; O'RIORDAN, T. Multifunctional forest management in Northern Portugal: Moving from scenarios to governance for sustainable development. **Land Use Policy**, v. 27, n. 4, p. 1111-1122, 2010.

CARVALHO-RIBEIRO, S. *et al*. Assessing the ability of rural agrarian areas to provide cultural ecosystem services (CES): A multi scale social indicator framework (MSIF). **Land Use Policy**, v. 53, p. 8-19, 2016.

CBHDOCE, Comitê da Bacia Hidrográfica do Rio Doce. **Agenda Rio Doce**: Proposta para o Planejamento Estratégico da Gestão dos Recursos Hídricos da Bacia Hidrográfica do Rio Doce. Governador Valadares, 2003.

CENSO AGROPECUÁRIO 2017: **Resultados Preliminares**. Rio de Janeiro: IBGE, 2018. Disponível em https://censos.ibge.gov.br/agro/2017/. Acesso em: ago. 2018.

CHAVEZ, S. V. Contenido de taninos y digestibilidad in vitro de algunos forrajes tropicales. **Agroforesteía en las Américas**, v. 1, n. 3, p. 10-13, 1994.

CONSÓRCIO ECOPLAN - LUME, 2010. **Plano Integrado de Recursos Hídricos da Bacia Hidrografica do Rio Doce e Planos de Ações para as Unidades de Planejamento e Gestão dos Recursos Hídricos no Âmbito da Bacia do Rio Doce**. LUME. 2010.

CORBIN, J. D.; HOLL, K. D. Applied nucleation as a forest restoration strategy. **For. Ecol. Manage**, v. 265, p. 37-46, 2012.

COOPERAFLORESTA. **Quem somos. Barra do Turvo**. 2018. Disponível em: https://www.cooperafloresta.com. Acesso em: nov. 2018.

CONAB. Conab. Disponível em: https://www.conab.gov.br/. Acesso em: 8 dez. 2018

CUPOLILLO, F. **Diagnóstico Hidroclimatológico da Bacia do Rio Doce**. 2008. 153 f. Tese (Doutorado em Geografia) – Universidade Federal de Minas Gerais, Belo Horizonte, 2008.

DANIEL, O. et al. Proposta para padronização da terminologia empregada em sistemas agroflorestais no Brasil. **Revista Árvore**, Viçosa, v. 23, n. 3, p. 367-370, 1999a.

DUBOIS, J. El papel del programa IICATROPICOS en la promocion de Sistemas Agrosilvopastoriles. *In:* Taller Sistemas Agroflorestales en America Latina, 1979, Turrilaba. **Actas** [...]. Turrialba, Costa Rica: CATIE, 1979, p. 9-14.

DURIGAN, G.; NOGUEIRA, J. C. B. **Recomposição de matas ciliares**. São Paulo: Instituto Florestal, 1990. 14 p. (Série registros, 4).

ELI, Environmental Law Institute. **Legal tools and incentives for private lands conservation in Latin America**: building models for success. Washington: Environmental Law Institute (ELI), 2003.

EMBRAPA. **Embrapa Agroecológica**. 2018. Disponível em: https://www.embrapa.br/documents/1355054/1527012/4a+-+folder+Aduba%C3%A7%C3%A3o+verde.pdf/6a472dad-6782-491b-8393-61fc6510bf7d. Acesso em: mar. 2018.

FGVCES/FGV-EAESP, Centro de Estudos em Sustentabilidade da Fundação Getúlio Vargas. **Financiamento da recomposição florestal da Reserva Legal com exploração econômica**. Disponível em: http://www.gvces.com.br/financiamento-da-recomposicao-florestal-com-exploracao-economica=-da-reserva-legal?locale-pt-br. Acesso em: dez. 2018.

ENGEL, V. L. **Introdução aos Sistemas Agroflorestais**. Botucatu: FEPAF, 1999. 70 p.

FERNANDES, E. C. M.; SERRÃO, E. A. S. Protótipos e modelagens agrossilvipastoris sustentáveis. Belém. *In:* SEMINÁRIO INTERNACIONAL SOBRE MEIO AMBIENTE, POBREZA E DESENVOLVIMENTO DA AMAZÔNIA, 1992, Belém. **Anais** [...].

FERNANDES, G. W. Afforestation of savannas: an impending ecological disaster. **Natureza & Conservação**, n. 14, p. 146-151, 2016.

FERNADES, G. W. et al. Deep into the mud: ecological and socio-economic impacts of the dam breach in Mariana, Brazil. **Natureza & Conservação**, v. 14, n. 2, p. 35-45, July/Dec. 2016.

GAMA-RODRIGUES, A. C.; BARROS, N. F. Ciclagem de nutrientes em floresta natural e em plantios de eucalipto e de dandá no sudeste da Bahia, Brasil. **Revista Árvore**, v. 26, n. 2, p. 193-207, 2002.

GARCIA, L. C. et al. Brazil's worst mining disaster: corporations must be compelled topay the actual environmental costs. **Ecol. Appl.**, v. 27, p. 5-9, 2017. Disponível em: http://dx.doi.org/10.1002/eap.1461.

GITMAN, LAWRENCE. **Princípios da administração financeira**. São Paulo: Qualitymark, 1992.

GONÇALVES, P. K.; RUAS, N. B.; BENEDETTI, J. F. de A. Agroflorestas em média escala para Agricultura Familiar e Desenvolvimento Rural: A experiência do Projeto Plantando Águas na Região De Sorocaba. *In.:* CANUTO, J. C. (ed.). **Sistemas Agroflorestais**: experiências e reflexões. Brasília-DF: Embrapa, 2017.

GÖTSCH, E. **Break-through in agriculture**. Rio de Janeiro: AS-PTA, 1995. 22 p.

GOTTFRIED, R.; WEAR, D.; LEE, R. Institutional solutions to market failure on the landscape scale. **Ecological Economics**, v. 18, n. 2, p. 133-140, 1996.

GUERRA, C. **Meio ambiente e trabalho no mundo do eucalipto**. 2. ed. Belo Horizonte: Agência Terra, 1995.

HOFFMANN, M. R. M. **Sistemas Agroflorestais para Agricultura Familiar**: Análise Econômica. 2013. 133 p. Dissertação (Mestrado em Agronegócios) – Faculdade de Agronomia e Medicina Veterinária, Universidade de Brasília, Brasília, 2013.

HOLL, K. D.; AIDE, T. M. When and where to actively restore eco-systems **For. Ecol. Manage**, v. 261, p. 1558-1563, 2011.

IBGE, Instituto Brasileiro de Geografia e Estatística. **Pesquisa Agrícola Municipal**. 2017. Disponível em: https://sidra.ibge.gov.br/pesquisa/pam/tabelas. Acesso em: ago. 2018.

IBGE, Instituto Brasileiro de Geografia e Estatística. **Pesquisa da Pecuária Municipal**. Disponível em: https://www.ibge.gov.br/estatisticas/economicas/agricultura-e-pecuaria/9107-producao-da-pecuaria-municipal.html. Acesso em: ago. 2018.

IGAM, Instituto Mineiro de Gestão das Águas. **Portaria IGAM nº 029, de 04 de agosto de 2009**. Convoca os usuários de recursos hídricos da sub bacia que indica para a Outorga de Lançamento de Efluentes, e dá outras providências.

INSTITUTO ESCOLHAS. **Quanto é? Plantar florestas é a primeira plataforma digital do Escolhas**. 2016. Disponível em: https://escolhas.org/quantoe-plantarfloresta-e-primera-plataforma-digital-do-escolhas/

JOSE, S. Agroforestry for ecosystem services and environmental benefits: an overview. **Agroforestry Systems**, v. 76, n. 1, p. 1-10, 2009.

KATO, O. et al. **Iniciativas promissoras e fatores limitantes para o desenvolvimento de Sistemas Agroflorestais como alternativa à degradação ambiental na Amazônia**. Belém, 2005.

LEITE, T. V. P. **Sistemas Agroflorestais na restauração de espaços protegidos por lei (APP e Reserva Legal)**: estudo de caso do sítio Geranium, DF. Tese (Doutorado em Ciências Florestais) – Universidade de Brasília, 2014.

LIMA, L.; SALOMÃO, C. **Caracterização do perfil socioeconômico dos proprietários rurais na região do médio Rio Doce**. Artigo em elaboração. 2018. No prelo.

LINDBORG, R. et al. A landscape perspective on conservation of semi-natural grasslands. Agriculture, **Ecosystems & Environment**, v. 125, n. 1-4, p. 213-222, 2008.

LINDGREN, B. O. **The use of agroforesty to improve the productivity of converted tropical land**. Nairobi: ICRAF, 1982.

MACEDO, R. L. G. **Princípios básicos para o manejo sustentável de sistemas agroflorestais**. Lavras: Ufla/Faepe, 2000.

MARTINS, T. P.; RANIERI, V. E. L. Sistemas agroflorestais como alternativa para as reservas legais. **Ambient. Soc.** [online], v. 17, n. 3, p. 79-96, 2014.

MAY, P. H.; TROVATTO, C. M. M. **Manual agroflorestal para a Mata Atlântica**. Brasília: Ministério do Desenvolvimento Agrário, Secretaria de Agricultura Familiar, 2008.

METZGER, J. P. Bases biológicas para a "reserva legal". **Ciência Hoje**, v. 3, n. 183, p. 48-49, 2002.

MICCOLIS, A. **Restauração ecológica com sistemas agroflorestais**: como conciliar conservação com produção opções para cerrado e caatinga. Guia Técnico. 266 p. Brasília: Instituto Sociedade, População e Natureza – ISPN/Centro Internacional de Pesquisa Agroflorestal – ICRAF, 2016.

MICCOLIS, A. **Apresentação II Seminário Estadual**: Sistemas Agroflorestais como instrumento para a Recuperação Ambiental, 2018.

MINAS GERAIS. **Lei nº 20.922, de 16 de outubro de 2013**. Disponível em: http://www.siam.mg.gov.br/sla/download.pdf?idNorma=30375. Acesso em: ago. 2018.

MOGUEL, P.; TOLEDO, V. M. Biodiversity conservation in traditional coffee systems of México. **Conservation Biology**, Cambridge, v. 13, n. 1. p. 11-21, 1999.

MUTIRÃO AGROFLORESTAL. **Blog da ONG Mutirão Agroflorestal**. São Joaquim da Barra, [2018]. Disponível em: Acesso em: 13 nov. 2018.

NAIR, P. K. R. (ed.). **Agroforestry systems in the tropics**. Kluwer: Dordrecht, 1989. 664 p.

NAIR, P. K. R. **An Introdution to agroforestry**. Netherlands: Kluwer Academic Publishers, 1993. 499 p.

NAIR, P. K. R. Agroforestry Systems and Environmental Quality: Introduction. **Journal of Environmental Quality**, v. 40, n. 3, p. 784-90, 2011.

NUNES, F. S. M. *et al*. Enabling large-scale forest restoration in Minas Gerais state. **Brazil. Environ. Res. Lett**, v. 12, n. 4, p. 044022, 2017.

PADOVAN, M. P.; CARDOSO, I. M. Panorama da Situação dos Sistemas Agroflorestais no Brasil. *In:* CBSAF, 9., 2013, Ilhéus. **Anais** […]. Ilhéus: Instituto Cabruca, 2013.

PENEIREIRO, F. M. **Sistemas agroflorestais dirigidos pela sucessão natural**: um estudo de caso. 1999. 178 f. Dissertação (Mestrado em Ciências) – Escola Superior de Agricultura "Luiz de Queiroz", Universidade de São Paulo, Piracicaba, 1999.

PENEIREIRO, F. M. Fundamentos da agrofloresta sucessional. *In*: SIMPÓSIO SOBRE AGROFLORESTA SUCESSIONAIS, 2., 2003, Sergipe. **Anais** [...]. Sergipe: Embrapa/Petrobras, 2003.

PIRES, A. P. F *et al*. Forest restoration can increase the Rio Doce watershed resiliense. **Perspectives in Ecology and Conservation**, v. 15, n. 3, p. 187-193, July/Sept. 2017.

POGGIANI, F. **Ciclagem de nutrientes em ecossistemas de plantações florestais de Eucalypius e Pinus**. 1985. 211 f. Livre-Docência – Escola Superior de Agricultura "Luiz de Queiroz", IUSP, Piracicaba, 1985.

QUANTO É PLANTAR FLORESTAS. Disponível em: http://quantoefloresta.escolhas.org/. Acesso em: dez. 2018.

REBRAF, Rede Brasileira Agroflorestal (2016). **Perfil da REBRAF**. Disponível em: http://www.rebraf.org.br/. Acesso em: mar. 2018.

REIS, P. R. C.; SILVEIRA, S. F. R.; COSTA, I. S. Caracterização Socioeconômica da Bacia do Rio Doce: Identificação de Grupos Estratégicos por meio de Análise Multivariada. *In:* ENCONTRO MINEIRO DE ADMINISTRAÇÃO PÚBLICA, ECONOMIA SOLIDÁRIA E GESTÃO SOCIAL, 2., 2010, Viçosa.

REZENDE, J. L.; OLIVEIRA, A.D. Problemas com o horizonte de planejamento na avaliação de projetos florestais. **Revista Árvore**, Viçosa, v. 24, n. 2, abr./jun. 2000.

RIO DE JANEIRO. **Resolução INEA nº 134, de 14 de janeiro de 2016**. Disponível em: http://www.inea.rj.gov.br/cs/groups/public/documents/document/zwew/mtiw/~edisp/inea0120161.pdf. Acesso em: ago. 2018.

RIO DE JANEIRO. **Resolução INEA nº 86, de 29 janeiro de 2014**. Disponível em: https://www.legisweb.com.br/legislacao/?id=265289. Acesso em: ago. 2018.

SÁ, C. P. *et al.* **Análise financeira e institucional dos três principais sistemas agroflorestais adotados pelos produtores do RECA**. Rio Branco: Embrapa Acre, 2000. 12 p. (Embrapa Acre. Circular Técnica, 33).

SANGUINO, A. C. **Avaliação econômica da produção em sistemas agroflorestais na Amazônia**: estudo de caso em ToméAçu. 2004. 200 f. Tese (Doutorado em Ciências Agrárias) – Universidade Federal Rural da Amazônia, 2004.

SANGUINO, A. C. *et al.* Avaliação Econômica de Sistemas Agroflorestais no Estado do Pará. **Revista de Ciências Agrárias**, v. 47, p. 71-88, 2007.

SÃO PAULO. **Resolução SMA nº 32, de 03 de abril de 2014**. Disponível em: http://www.iniciativaverde.org.br/upfiles/arquivos/resolucao/Resolucao-SMA-32-2014-Restauracao-Ecologica.pdf. Acesso em: ago. 2018.

SÃO PAULO. **Resolução SMA nº 44, de 30 de junho de 2008**. Disponível em: https://www.ipef.br/eventos/2009/codigoflorestal/SMA-res2008-44.pdf. Acesso em: ago. 2018.

SÃO PAULO. **Decreto Municipal nº 56.913, de 5 de abril de 2016**. Disponível em: https://leismunicipais.com.br/a/sp/s/sao-paulo/decreto/2016/5691/56913/decreto-n-56913-2016-regulamenta-a-lei-n-16140-de-17-de-marco-de-2015-que-dispoe-sobre-obrigatoriedade-de-inclusao-de-alimentos-organicos-ou-de-base-agroecologica-na-alimentacao-escolar-no-ambito-do-sistema-municipal-de-ensino-de-sao-paulo. Acesso em: maio 2019.

SCHROTH, G.; FONSECA, G. da; HARVEY, C. *et al.* (ed.). **Conservação Agroflorestal e da Biodiversidade em Paisagens Tropicais**. Washington: Island Press, 2004. p. 1-12.

SOCIETY FOR ECOLOGICAL RESTORATION INTERNATIONAL SCIENCE & POLICY WORKING GROUP. 2004. **The SER International Primer on Ecological Restoration**. Society for Ecological Restoration International. Disponível em: https://www.ctahr.hawaii.edu/littonc/PDFs/682_SERPrimer.pdf.

SILVA, H. C. H. da. **Cooperação e compartilhamento de informações entre os atores sociais do assentamento Amparo no município de Dourados/MS**. 2013. 83 f. Dissertação (Mestrado em Agronegócios) – Universidade Federal da Grande Dourados, 2013.

SILVA, R. F. B. *et al.* Perspectives for environmental conservation and ecosystem services on coupled rural–urban systems. **Perspectives in Ecology and Conservation**, v. 15, n. 2, p. 74-81, 2017.

SILVA, K. **Apresentação II Seminário Estadual**: Sistemas Agroflorestais como instrumento para a Recuperação Ambiental, 2018.

SOARES-FILHO B S. *et al.* **Brazil's market for trading forest certificates**. 2016.

SOARES-FILHO, B. S.; RODRIGUES, H.; FOLLADOR, M. A. hybrid analytical-heuristic method for calibrating land-use change models. **Environ. Modell Software**, v. 43, p. 80-87, 2013.

SOARES-FILHO, B. S. *et al.* Modelagem das Oportunidades Econômicas e Ambientais do Restauro Florestal sob o Novo Código Florestal. Impacto de políticas públicas voltadas à implementação do novo Código Florestal. **Relatório de Projeto**. Belo Horizonte: Centro de Sensoriamento Remoto/UFMG, 2014.

SOLLBERG, I.; SCHIAVETTI, A.; MORAES, M. E. B. Manejo Agrícola no Refúgio de vida Silvestre de Una: Agroflorestas como uma perspectiva de conservação. **Revista Árvore**, v. 38, n. 2, p. 241-250, 2014.

STEENBOCK, W. *et al.* Agroflorestas e sistemas agroflorestais no espaço e no tempo. *In:* STEENBOCK, W. *et al.* **Agrofloresta, ecologia e sociedade**. Curitiba: Kairós, 2013a. p. 39-60.

OLIVEIRA, S. J. M.; VOSTI, S. A. Aspectos financeiros de sistemas agroflorestais em Ouro Preto do Oeste. **Boletim Técnico**. Rondônia: Embrapa, 1997. 7 p.

OTS/CATIE. **Sistemas Agroforestales**: principios y apllicaciones en los tropicos. San Jose: Organización para Estudios Tropicales/CATIE, 1986. 818 p.

PORRO, R.; MICCOLIS, A. (ed.). **Políticas Públicas para o desenvolvimento Agroflorestal no Brasil**. World Agroforestry Centre – ICRAF, Belém, PA. 80 p., 2011.

UFMG; UFV; Fundação Renova. **Definição de áreas prioritárias para restauração florestal na Bacia do Rio Doce**. 2018.

VALENTE, F. **Apresentação II Seminário Estadual**: Sistemas Agroflorestais como instrumento para a Recuperação Ambiental, 2018.

WEBER, M. Classe, status e partido. *In:* VELHO, O. *et al.* **Estrutura de Classes e Estratificação Social**. Rio de Janeiro: Zahar Editores, 1981.

WEBER, M. A objetividade do conhecimento nas ciências sociais. *In:* COHN, G. (org.). **Weber**: Sociologia. São Paulo: Ática, 1999. (Coleção Grandes Cientistas Sociais, 13).

MODELAGEM PARA A ESTIMATIVA DE DANOS CAUSADOS AOS DOMICÍLIOS POR ROMPIMENTO DE BARRAGENS: UMA APLICAÇÃO DO MODELO HEC-FIA AO EVENTO DE FUNDÃO

Clarissa Malard Sales
Ricardo Alexandrino Garcia

INTRODUÇÃO

A mineração faz parte da ocupação territorial e da história de Minas Gerais desde o século 17, sendo um dos setores econômicos estratégicos para alavancar e dinamizar o crescimento nacional (ENRÍQUEZ *et al.*, 2011). A atividade minerária representa 1,4% do PIB (Produto Interno Bruto) nacional, empregando cerca de 180 mil trabalhadores diretamente (IBRAM, 2018).

É um importante fomentador da indústria nacional, tratando-se de segmento fornecedor de matéria-prima para todos os tipos de indústrias existentes no país. Porém, devido ao grande impacto causado por essa atividade, demanda o atendimento de um arcabouço de questões socioambientais que devem ser avaliadas e ponderadas.

São necessários esforços para reconhecer, avaliar e mitigar os impactos causados pela atividade de mineração. As barragens de rejeito, especificamente, além de impactarem os recursos hídricos diretamente, também expõem a riscos consideráveis a população que habita a região de jusante, devido à possibilidade de falha da estrutura.

Segundo Machado (2017), as barragens são susceptíveis a falhas, como qualquer outra obra na engenharia. Se por um lado a probabilidade de ocorrência de ruptura é baixa, caso isso venha a ocorrer, os danos nas áreas localizadas a jusante podem ser catastróficos, principalmente quando estas são ocupadas por populações urbanas ou rurais.

Para Rocha (2015), em caso de ruptura de uma barragem, há um acréscimo significativo da vazão dos cursos d'água à jusante, ou seja, aqueles para onde se dirige o fluxo do material armazenado, e, por consequência, uma área extensa está sujeita à ocorrência de inundação e ao aumento da velocidade de escoamento. Da mesma maneira, o material armazenado na barragem pode resultar na contaminação dos leitos dos rios, impactando o meio ambiente.

A maioria das decisões tomadas em relação à segurança de barragens está relacionada à vida humana em risco (VEIGA-PINTO, 2008). Porém a estimativa das perdas econômicas e a capacidade de pesar essas perdas no caso de uma ruptura são uma necessidade nos programas de gestão de risco, à medida que a ocorrência de ruptura dessas estruturas se torna mais recorrente e os vales a jusante, mais ocupados.

O tema de ruptura de barragens vem sendo tratado em dissertações, teses e artigos (BRASIL, 2005; BALBI, 2008; MELO, 2013; ROCHA, 2015; MENEZES, 2016; MACHADO, 2017). Esses estudos abordam e consolidam modelos matemáticos para definição da mancha de inundação em cenários de ruptura hipotética de uma barragem.

Estudos acerca das consequências socioeconômicas decorrentes de cheias naturais foram desenvolvidos no Brasil nas últimas décadas, com destaque para Machado (2005), que aborda a relação entre a profundidade e velocidade da inundação com a intensidade do dano socioeconômico.

O tema também foi discutido por Cançado (2009), em que foram avaliadas as consequências econômicas da inundação sobre as pessoas e a cidade. Nesse estudo foram caracterizados não somente os danos diretos e indiretos, mas também a vulnerabilidade, o que implica avaliar a capacidade de enfrentamento e recuperação da população exposta.

Menezes (2016) realizou uma pesquisa que avalia duas metodologias disponíveis para a classificação de danos associados à ruptura de barragens na literatura: o índice de risco, proposto por Viseu (2006), e a classificação de risco, desenvolvida por USBR (1988). Segundo a autora, uma problemática no processo de classificação dos danos é a necessidade de estimar o hidrograma de ruptura da barragem com uso de equações empíricas que envolvem muitas incertezas.

Matos (2018) realizou uma modelagem hidrodinâmica de perdas de vidas humanas associadas à ruptura da barragem de Fundão, para o subdistrito de Bento Rodrigues, ressaltando a importância do sistema de alerta para a prevenção de mortes em caso de desastres dessa natureza.

Em 2012, o *Hydrologic Engineering Center* (HEC) do *U.S. Army Corps of Engineers* (Usace) desenvolveu um SIG (Sistema de Informação Geográfica) com a capacidade de analisar impactos de enchente: o *Flood Impact Analysis* (FIA), de modo a calcular os danos em uma área atingida por esse tipo de evento. A partir de dados socioeconômicos da área inundada e das características hidrodinâmicas da inundação, é possível estimar o dano material e a perda de vidas humanas baseado em parâmetros predeterminados pelo analista.

São muitas as iniciativas e interesse pela discussão do tema no Brasil e no mundo, pois esse grande passivo socioambiental necessita de regulamentação e fiscalização eficientes, a fim de evitar desastres. Por parte do poder público, ações têm sido tomadas no sentido de garantir o bom funcionamento dessas estruturas.

A inserção legal do Brasil no tema de Segurança de Barragens se deu com a promulgação da Lei n.º 12.334, de 20 de setembro de 2010. Essa lei estabeleceu a Política Nacional de Segurança de Barragens (PNSB), criou o Sistema Nacional de Informações sobre Segurança de Barragens (SNISB) e dispôs sobre as responsabilidades de fiscalização e controle das estruturas.

Segundo a Agência Nacional de Mineração – ANM (2019), atualmente o Brasil possui 769 estruturas de contenção de rejeitos cadastradas e sob fiscalização por parte de diversos órgãos federais e estaduais. Ainda assim, nas últimas duas décadas, foram registrados dez desastres com rompimento de barragens no Brasil, com média de um desastre a cada dois anos.

Em 5 de novembro de 2015, ocorreu o rompimento da barragem de Fundão no complexo minerário de Germano, no município de Mariana, Minas Gerais. O desastre provocou o vazamento de aproximadamente 33 milhões de metros cúbicos de rejeitos de minério, segundo dados informados pelo site da Mineradora Samarco, proprietária da barragem (SAMARCO, 2019). A lama despejada no Córrego Santarém atingiu o Rio Doce percorrendo 670 quilômetros de extensão, impactando 39 municípios até a foz no estado do Espírito Santo.

Considerado o maior desastre com barragem da história do Brasil em quantidade de rejeito liberado, esse evento trouxe consequências socioeconômicas irreparáveis causadas pela inundação nas áreas a jusante da estrutura, principalmente nas localidades de Bento Rodrigues, Paracatu de Baixo, Gesteira e Barra Longa (MINAS GERAIS, 2016; MP-MG, 2016; MT-MG, 2016; MORGENSTERN *et al.*, 2016; entre outros). Entre membros da comunidade e empregados da Samarco, 19 óbitos foram confirmados e um número considerável de famílias perdeu suas casas.

Os danos decorrentes do desastre tiveram grande repercussão na sociedade, resultando na paralisação das atividades da empresa e no fomento à discussão sobre a segurança dos empreendimentos minerários, os impactos negativos que causam no meio ambiente e na sociedade e a responsabilidade de ressarcimento desses danos.

Diante disso, os estados de Minas Gerais e do Espírito Santo, junto com a União, ingressaram com uma ação judicial de R$ R$ 20 bilhões contra a Samarco e sugeriu a criação de um fundo privado controlado pela Justiça e cuja gestão fosse feita por um conselho ou comitê (MINAS GERAIS, 2016).

Como forma de definir as obrigações de ressarcimento e reparação de danos, além das responsabilidades do poder público e da mineradora nas ações necessárias para tal, em 21 de março de 2016, a União e diversas autarquias públicas federais, estaduais e municipais, representados pela Advocacia Geral da União (AGU), e as empresas responsáveis pela barragem celebraram um acordo denominado Termo de Transação e de Ajustamento de Conduta (TTAC).

Por meio do TTAC, ficou estabelecida a formação de uma Fundação para gerenciar e executar projetos e programas socioambientais e compensatórios para reparação, recuperação e reconstrução da área afetada pelo rompimento da barragem, a Fundação Renova (AGU, 2016).

Segundo o Ibama (2017), em novembro de 2017, foi determinado que as indenizações por danos morais e materiais à 14 mil atingidos deveriam ser negociadas até dezembro de 2017, com pagamento até 31 de março de 2018. Entretanto o avanço nas negociações não foi significativo. A Fundação Renova, criada para gerenciar e executar os programas previstos no TTAC, é a responsável pelo pagamento das indenizações.

As indenizações preveem a reparação de danos associados a mortes, lesões corporais, estragos em residências, seus conteúdos e veículos e prejuízos à produção agropecuária, ao acesso à água, à obtenção de renda, entre outros (IBAMA, 2017).

No Relatório Anual de atividades do ano 2018 (FUNDAÇÃO RENOVA, 2019) e em dados disponíveis no site da entidade, foi informado o desembolso de R$ 5,37 bilhões em ações de reparação de danos, sendo que o orçamento total previsto é de R$ 11,6 bilhões. Somente em valores de indenizações de danos gerais foram pagos R$ 338 milhões. Foram 11,9 mil pessoas atendidas, sendo 8.301 acordos firmados e 8.147 indenizações pagas, até 2018.

As principais questões colocadas sobre as indenizações dos atingidos dizem respeito à forma como essas perdas são mensuradas, muitas vezes sendo informadas pelo próprio indivíduo, como exposto no *Jornal Nacional* em 3 de outubro de 2018. Esse fato tem levado a discordância de valores indenizatórios e suspeitas de fraudes no recebimento de indenizações, como relatou o jornal *O Globo* em 8 de novembro de 2018.

O presente estudo buscou, por meio do exercício de modelagem, estimar os danos econômicos ocasionados pelo rompimento da barragem de Fundão. Em virtude da dificuldade e complexidade de se mensurar as perdas advindas do contato direto com a lama e quantificá-las monetariamente, tanto em rupturas hipotéticas como em casos em que o evento ocorreu, faz-se necessária a utilização de metodologias de identificação e classificação de danos associados, com aplicação para modelos espacialmente explícitos, como o HEC-FIA (*Flood Impact Analysis* - Análise de Impacto de Inundação), software desenvolvido pelo Centro de Engenharia Hidrológica (*Hydrologic Engineering Center*).

Se, por um lado, o conhecimento dos danos decorrentes de rompimentos de barragens serve de subsídio para auxiliar no planejamento territorial do vale a jusante, por outro lado, pressupõe-se que é de relevante importância social, pois pode auxiliar e orientar a determinação, pelo poder público, do pagamento de indenizações aos atingidos.

Trabalhos que fornecem a comparação de análises preditivas de danos com os resultados de eventos reais são raros, e apesar dos inúmeros estudos já produzidos sobre o rompimento de 5 de novembro de 2015, ainda não foram realizadas pesquisas nesse sentido.

Assim sendo, esse trabalho visa responder às seguintes questões: é indicado utilizar o modelo de análise de impactos de enchente – HEC-FIA para estimar danos causados por inundação proveniente de rompimento de barragens? Sua aplicação é compatível com o cenário legal do Brasil? O modelo pode contribuir para a gestão de risco nos vales a jusante? A aplicação do modelo em um evento conhecido, como o caso do rompimento da barragem de Fundão, possibilita melhorias na calibração do modelo, utilizando as condições reais em que ocorreu o desastre? É possível comparar os resultados da simulação com os dados efetivamente observados após o desastre? Essa comparação possibilita a verificação da aplicabilidade dos métodos e a determinação dos melhores parâmetros e variáveis utilizadas na modelagem?

ABORDAGEM METODOLÓGICA

A metodologia proposta para a realização do trabalho foi dividida em oito etapas: mapeamento da mancha de inundação observada; mapeamento do uso do solo do vale a jusante; modelagem hidrodinâmica; criação do inventário de estruturas dos domicílios; cálculo do dano dos domicílios na mancha de inundação; levantamento de informações sobre o evento de Fundão; e análise comparativa. Segue-se descrição destas.

Mapeamento da mancha de inundação observada

A mancha de inundação observada foi mapeada por meio de interpretação visual de imagem de satélite WorldView, com resolução espacial de 0,5 metros, obtida logo após o rompimento da barragem de Fundão. O mapeamento foi realizado na escala 1:1.000 metros, utilizando ferramentas de criação e edição de feições no software ArcGIS.

Mapeamento do uso do solo do vale à jusante

O mapeamento do uso do solo do vale à jusante da barragem é importante para o reconhecimento da configuração da paisagem afetada e para a escolha dos coeficientes de rugosidade de Manning, parâmetro utilizado na modelagem hidrodinâmica para a propagação da onda de inundação.

O mapeamento foi realizado no software ArcGIS por meio de classificação manual e interpretação visual de imagens de satélite WorldView. Com resolução espacial de 0.5 metros, as imagens são compatíveis com a escala 1:1.000 metros e foram obtidas antes do rompimento da barragem de Fundão. A área mapeada correspondeu a um buffer de 500 metros a partir da mancha de inundação observada.

Modelagem hidrodinâmica

A modelagem hidrodinâmica foi realizada com o intuito de reproduzir a extensão, a velocidade, a profundidade e o tempo de chegada da onda de inundação. Esses parâmetros são essenciais para a avaliação dos danos diretos causados pelo rompimento da barragem. Os dados de entrada do modelo foram obtidos em levantamentos secundários, destacando os trabalhos de Machado (2017) e Matos (2018), que calcularam o hidrograma de ruptura da barragem de Fundão.

A topografia do terreno utilizada na modelagem foi gerada por meio do MDE (Modelo Digital de Elevação) Alos Palsar de 2006, obtido gratuitamente no site https://search.earthdata.nasa.gov. Após o tratamento, mosaico e recorte da imagem resultante, o MDE foi inserido no software HEC-RAS 5.0.6. O domínio da modelagem foi definido por um *buffer* de 500 metros a partir da mancha de inundação observada e foi criada uma malha de 15x15 metros de resolução abrangendo toda a área.

Como condição de contorno de montante, foi utilizado o hidrograma de ruptura da barragem de Fundão, sintetizado por Matos (2018), com base nos estudos de Machado (2017). Por meio dos parâmetros calculados da brecha, considerando a hipótese de ruptura por liquefação, a autora definiu a vazão do escoamento pelo tempo. Como condição de contorno a jusante, foi utilizada a declividade do fundo do canal de aproximadamente 0,5%.

Para o coeficiente de Manning (n), foram adotados os valores sugeridos por NRCS (2019) para as classes de cobertura do solo identificadas na imagem de satélite. Na Tabela 24 são mostradas as classes mapeadas - posteriormente agrupadas - e os respectivos valores adotados.

Tabela 24 – Valores de Coeficiente de Manning para as classes de uso do solo

Uso do solo	Valores para o Coeficiente de Manning (n)
Vegetação densa	0,160
Vegetação esparsa	0,035
Solo exposto	0,025
Área urbanizada	0,100
Afloramento rochoso	0,025

Fonte: NRCS (2019)

Por fim, como parâmetros de convergência do modelo no HEC-RAS foi adotado o intervalo de tempo igual a 10 segundos.

Criação do inventário de estruturas dos domicílios

A criação do inventário de estruturas dos domicílios consiste no mapeamento e caracterização de todas os domicílios na área afetada, quanto ao número de moradores por grupo de risco e à classe econômica estimada, com o intuito de estimar o valor do imóvel e dos seus conteúdos.

Os dados foram obtidos no Cadastro Nacional de Endereços para Fins Estatísticos (CNEFE), um produto do Censo 2010 que conta com cerca de 78 milhões de endereços urbanos e rurais do Brasil.

A espacialização dos pontos de endereços do CNEFE foi realizada de duas formas distintas, de acordo com o tipo de informação coletada. Os endereços dos setores urbanos contêm o nome do logradouro, a numeração e o nome da localidade. Já os endereços dos setores rurais são fornecidos por meio de pares de coordenadas geográficas.

Com o número total de endereços domiciliares cadastrados por setor censitário, foi possível atribuir classes econômicas às estruturas e, posteriormente, os valores estimados da construção e seus conteúdos.

Para as classes econômicas, o Critério de Classificação Econômica Brasil (ABEP, 2012) tem a função de estimar o poder de compra das pessoas e famílias urbanas por meio do levantamento da quantidade de itens de bens de consumo nos domicílios e do grau de instrução do responsável.

O rendimento familiar per capita foi estimado a partir dos valores das variáveis: domicílios particulares permanentes, moradores em domicílios particulares permanentes, variância do rendimento nominal mensal das pessoas responsáveis por domicílios particulares permanentes (com e sem rendimento) e o valor do rendimento nominal médio mensal das pessoas de 6 anos ou mais de idade (com e sem rendimento).

Para tanto, assumiram-se os seguintes pressupostos: as médias dos rendimentos familiares per capita não são significativamente diferentes das médias dos rendimentos domiciliares per capita; a variância dos rendimentos domiciliares per capita é semelhante ao do rendimento dos responsáveis pelos domicílios; e, por fim, a distribuição dos rendimentos domiciliares per capita, dentro dos setores censitários, obedece a uma distribuição normal.

Uma vez calculados os desvios-padrões das rendas médias dos responsáveis pelos domicílios, bem como as médias dos rendimentos domiciliares per capita dos setores censitários, empregou-se a função da distribuição de probabilidade normal acumulada para se estimar a proporção de domicílios contidos entre os valores de rendimentos da classificação Brasil. A função de distribuição de probabilidade normal pode ser definida de acordo com a Equação 1 a seguir:

$$f(x) = \frac{1}{\sqrt{2\pi\sigma^2}} e^{-\frac{(x-\mu)^2}{2\sigma^2}}$$

Na Tabela 25 é apresentada a classificação econômica adotada pela Abep (Associação Brasileira de Empresas de Pesquisa) para 2010 (ABEP, 2012) em função da renda média familiar.

Tabela 25 – Classificação econômica Brasil 2010

Classificação		Renda Média Familiar
		(Valor Bruto em R$)
A	A1	12.926,00
	A2	8.418,00
B	B1	4.418,00
	B2	2.565,00
C	C1	1.541,00
	C2	1.024,00
D/E	D	714,00
	E	477,00

Fonte: Abep (2012)

Os limites das faixas de renda das classes econômicas utilizadas para a distribuição normal de probabilidade estão indicados na Tabela 26.

Tabela 26 – Limites das classes econômicas

Classe	Limite inferior	Limite superior
A	4.418	e+
B	1.024	4.418
C	714	1.024
D/E	0	714

Fonte: os autores

Foi realizada uma associação entre as classes econômicas definidas pela Abep (2012) e as classes estabelecidas pela NBR (Norma Brasileira) 12.721/2005 (ABNT, 2005). Essa norma estabelece os critérios para avaliação de custos de construção para incorporação imobiliária e outras disposições e informa a categoria da edificação, o padrão construtivo e a área-base da construção. O procedimento para atribuição de valores das edificações e conteúdos por classe econômica foi baseado nos estudos de Machado (2005).

Após a associação entre as classes econômicas definidas pela Abep (2012) e o padrão construtivo da edificação, foi possível atribuir um valor monetário à estrutura domiciliar por meio do Custo Unitário Básico (CUB) (SINDUSCON, 2010).

Assim, o valor da estrutura foi obtido pelo produto da área de uma edificação típica em função da classe econômica e o valor do CUB. O resultado dessa associação encontra-se apresentado na Tabela 27.

Tabela 27 – Valores atribuídos às edificações por classe econômica

Classe ABEP	Categoria NBR 12.721	Padrão Construtivo	Área-Base (m²)	Curso Unitário Básico – CUB (R$/m2) 2010	Valor da Construção (R$) 2010
A	R1-A Residência unifamiliar	Alto	224,82	1.258,59	282.956,20
A	R8-A Residência multifamili-ar	Alto	5.917,79	1.029,02	6.089.524,27
B	R1-N Residência unifamiliar	Normal	106,44	1.018,63	108.422,98
B	PP-N Residência multifamili-ar	Normal	2.590,35	970,76	2.514.608,17

Classe ABEP	Categoria NBR 12.721	Padrão Construtivo	Área-Base (m²)	Curso Unitário Básico – CUB (R$/m2) 2010	Valor da Construção (R$) 2010
C	R1-B Residência unifamiliar	Baixo	58,64	844,89	49.544,35
C	PP-B Residência multifamili-ar	Baixo	1.415,07	785,99	1.112.230,87
D/E	RP1Q Residência unifamiliar	Popular	39,56	824,76	32.627,51
D/E	PIS Residência multifamili-ar	Popular	991,45	550,27	545.565,19

Fonte: os autores

A profundidade da fundação das estruturas também deve ser definida, pois é um dado de entrada importante para o cálculo do dano no HEC-FIA. Porém, devido à ausência dessas informações, foram utilizadas como padrão fundações rasas, que variam entre 1 e 3 metros de profundidade.

Os valores dos conteúdos das edificações foram definidos com base nos estudos de Cançado (2009), que considera o valor do bem sem depreciação. Na Tabela 28 encontram-se apresentados esses valores.

Tabela 28 – Valores para conteúdos por classe econômica

Classe	Valor do Conteúdo Novo (R$)
A	77.685,9
B	32.613,6
C	10.053,5
D/E	7.936,95

Fonte: Cançado (2009)

Para atribuir a população residente nos domicílios e separá-las por grupo de risco, foram utilizadas as variáveis sobre idade total da população dos resultados do universo agregado por setores censitários do Censo 2010. Para compor o grupo de risco, foram somadas as variáveis que correspondem às idades de 0 a 5 anos e as variáveis com indivíduos maiores de 65 anos. As demais variáveis foram agrupadas em não risco.

Cálculo do dano dos domicílios na mancha de inundação

Foram somados os valores totais estimados para as edificações e seus conteúdos nos domicílios que se encontram dentro dos limites da envoltória observada. Da mesma forma, toda a população residente foi considerada como população em risco.

Aplicação do modelo HEC-FIA

Toda a etapa foi realizada utilizando o software HEC-FIA, versão 3.0. O programa requer que o ambiente seja modelo segundo as variáveis e parâmetros descritos a seguir:

- *Alinhamento hidrológico*: representa o curso d'água principal que receberá a vazão de cheia. Essa feição foi vetorizada na imagem de satélite antes do rompimento, respeitando o sentido do fluxo do rio (montante – jusante);
- *Modelo Digital de Elevação (MDE)*: corresponde a um arquivo raster representando a topografia do terreno e deve ser o mesmo utilizado na modelagem hidrodinâmica;
- *Dados da inundação*: corresponde ao rasters de profundidade da inundação, de tempo de chegada da onda informando o tempo em que a inundação atinge as estruturas com profundidade maior a 0.61 metros e de risco hidrodinâmico (HxV), resultantes do modelo hidrodinâmico;
- *Limites e bordas*: esse item é representado pelos limites dos setores censitários, que é utilizado para a definição de área de impacto no modelo e para agregação dos resultados;
- *Inventário de estruturas*: esse item corresponde às estruturas domiciliares com atributos de identificação individual e por classe econômica, número de andares, altura da fundação, valores das edificações e conteúdos e população residente por grupo de risco;
- *Curvas de danos versus profundidade de submersão*: essa informação deve ser diferenciada para edificações e conteúdo, uma vez que pressupõe que o dano difere em relação à profundidade de submersão. As curvas de dano versus profundidade correspondem às funções definidas por Machado (2005) e diferenciadas por classes econômicas do Critério Brasil (ABEP, 2012);
- *Tipo de sistema de alerta e tempo de mobilização*: no caso do evento de ruptura da barragem de Fundão, em que não havia sistema de alerta, a população de Bento Rodrigues foi alertada por funcionários da mineradora por telefone e pessoalmente. Segundo Morgenstern *et al.* (2016) foi relatado por moradores que um funcionário da Samarco, residente de Bento Rodrigues, se deslocou de moto até a comunidade, alertando os habitantes do povoado sobre a ruptura durante o trajeto. Dessa forma, a população teve um tempo de mobilização rápido e sofreu poucas fatalidades, dada a magnitude do evento. Para representar essa situação, foi adotado o sistema de alerta do tipo "sirene", com tempo de mobilização "acima da média". Assim, o programa considerou que em 20 minutos, tempo estimado da chegada da onda em Bento Rodrigues, aproximadamente 55% da população havia recebido o aviso e dado início a mobilização;
- *Profundidade considerada para a não evacuação*: a profundidade de não evacuação pode ser definida como a altura da onda em que, supostamente, a população decide não evacuar e permanece dentro da estrutura. Esse valor foi definido como 0,61 metros;
- *Limite das zonas de letalidade*: os limites das zonas de letalidade são parâmetros em que se determinam as condições de maior ou menor chance de fatalidade da população que não evacuou. Uma vez que o tempo de mobilização do indivíduo depende das suas condições de reação e capacidade de tomada de decisão, esse parâmetro foi analisado por grupo de risco. Os limites superiores para o grupo não risco das zonas de segurança e zona comprometida adotados foram 0,61 metros e 2,5 metros, respectivamente. Para o grupo de risco, foram adotados para as mesmas zonas os valores 0,2 metros e 1,6 metros;

- *Limite das zonas de risco hidrodinâmico*: os limites das zonas de risco hidrodinâmico também devem ser estabelecidos no HEC-FIA para cada tipo de estrutura. Porém, observou-se que no contexto da área afetada, as edificações não diferem pelo tipo de construção, mesmo que sejam considerados padrões construtivos diferentes por classe econômica, sendo elas majoritariamente do tipo alvenaria, concreto e aço. Assim, foi adotada a mesma classificação para todos os tipos de estrutura, proposta por Balbi (2008).

As distribuições de probabilidade das taxas de mortalidade são usadas no HEC-FIA quando a opção de análise de incerteza é selecionada. As seguintes taxas médias de mortalidade foram usadas com base nas distribuições de probabilidade para cada zona de letalidade descritas em Lehman *et al.* (2014): Zona segura: 0,0002; Zona comprometida: 0,12; Zona de chance: 0,91.

Levantamento de informações sobre o evento de fundão

O levantamento das informações sobre os danos diretos causados pelo rompimento da barragem de Fundão foi realizado a partir de pesquisas em órgãos oficiais, que desenvolveram estudos sobre a área afetada logo após o evento, com destaque para o Relatório dos Efeitos dos Desdobramentos do Rompimento da Barragem de Fundão, de fevereiro de 2016 (MINAS GERAIS, 2016) e o Relatório de Análise de Acidente, publicado pelo Ministério do Trabalho e Previdência Social em abril de 2016 (MT-MG, 2016). O levantamento do número de fatalidades observadas no evento foi realizado também, por meio de consulta em fontes jornalísticas e sites oficiais das empresas envolvidas.

Análise comparativa

A análise comparativa dos resultados obtidos exigiu a realização de três procedimentos anteriores. Em primeiro lugar, os resultados obtidos para edificações e conteúdos foram somados, pois as fontes de pesquisa dos danos observados não fizeram distinção desses valores. Posteriormente, os resultados obtidos por setor censitário foram agregados por município, que é a unidade territorial de análise utilizada pela Sedru no Relatório dos efeitos dos desdobramentos do rompimento da barragem de Fundão (MINAS GERAIS, 2016).

Em terceiro lugar, os valores obtidos pelo cálculo dos danos na mancha de inundação observada e os resultados da simulação no HEC-FIA, ambos realizados com base nos dados socioeconômicos referente ao ano de 2010, foram atualizados para o ano de 2015, a partir do Índice Nacional de Preços ao Consumidor Amplo (IPCA) (IBGE, 2019) acumulado nesse período. Os resultados foram comparados por meio de tabelas e gráficos, em valores monetários e percentuais.

RESULTADOS E DISCUSSÃO

Mapeamento da mancha de inundação observada

Na Figura 35 é apresentada a mancha de inundação observada. Pode-se verificar os limites da inundação no encarte de ampliação na localidade de Bento Rodrigues. A área total da mancha de inundação observada é de aproximadamente 2.209 ha, com uma extensão de 110 km.

Figura 35 – Mancha de inundação observada

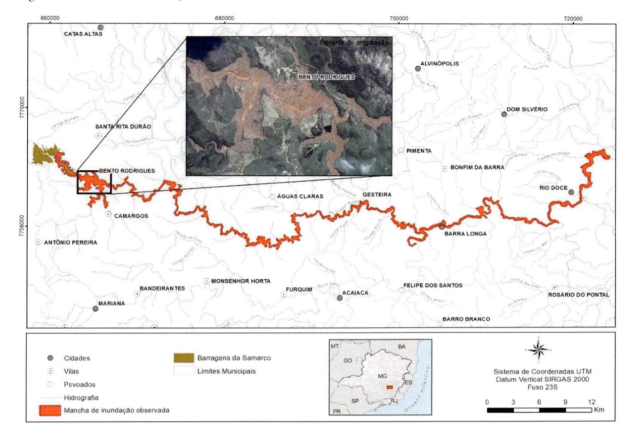

Fonte: os autores

Mapeamento do uso do solo

As imagens, que datam de janeiro a agosto de 2015, representam um retrato da paisagem na época da sua obtenção. Desse modo, é possível afirmar que o uso do solo mapeado é uma aproximação da configuração da paisagem no dia da ruptura da barragem. Algumas classes como solo exposto, pastagem, áreas de cultivo e florestas são mais dinâmicas no espaço e no tempo e podem ter sido modificadas no intervalo entre a captura das imagens e o rompimento da barragem. Na Figura 36 é apresentado o resultado do mapeamento do uso do solo.

Figura 36 – Mapa de uso do solo

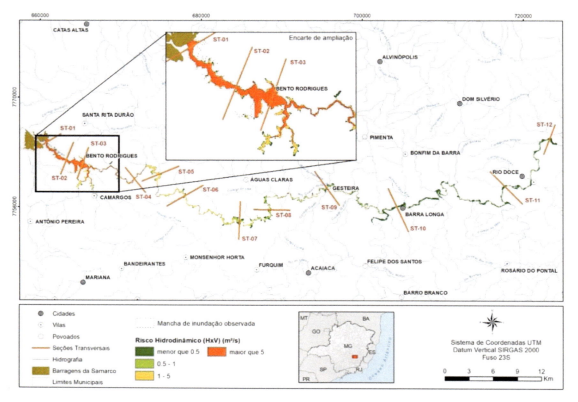

Fonte: os autores

Para além da obtenção dos coeficientes de rugosidade, o mapeamento do uso do solo pode contribuir no conhecimento dos danos causados pelo rompimento da barragem. Grandes áreas de cultivo e pastagem foram atingidas diretamente, evidenciando a perda de áreas produtivas e a perda de animais domésticos. Os corpos d'água atingidos mostram a dimensão do desastre e a inviabilidade de utilização dos recursos hídricos na região após o rompimento. Os acessos e rodovias afetados evidenciam a grande perda de infraestrutura no local, acarretando outros danos, como a paralisação de circulação de pessoas e mercadorias, a paralisação de atividades produtivas, o lucro cessante de empresas, comércio e serviços e, consequentemente, a diminuição na arrecadação de impostos pelos municípios.

O mapeamento abrangeu dez classes de uso do solo, a saber: rodovias e acessos; edificações e/ou áreas urbanas; solo exposto, área de mineração; afloramento rochoso; pastagem; área de cultivo; silvicultura; florestas e corpo d´água.

Propagação da onda de inundação

A propagação da onda de inundação foi realizada no programa HEC-RAS 5.0.6. Essa etapa foi necessária para se obterem as características hidrodinâmicas da inundação e proceder com a estimativa de danos diretos e perdas de vida. Os resultados de profundidade máxima, velocidade máxima, risco hidrodinâmico e tempo de chegada da onda são mostrados nas Figura 37 a 40, respectivamente.

Figura 37 – Profundidade máxima da inundação simulada

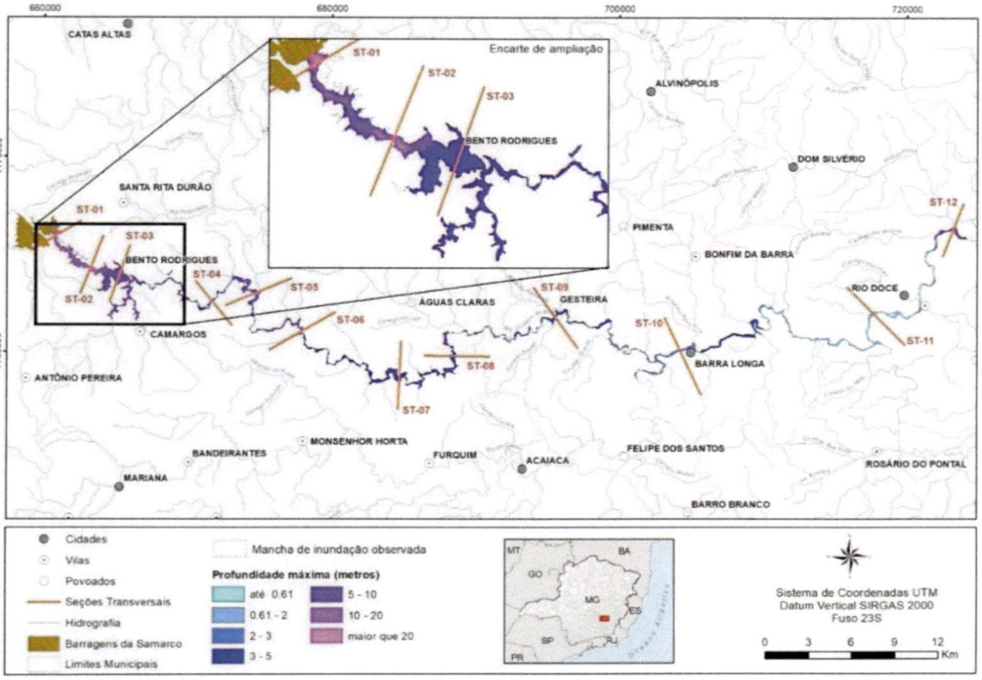

Fonte: os autores

Figura 38 – Velocidade máxima da inundação simulada

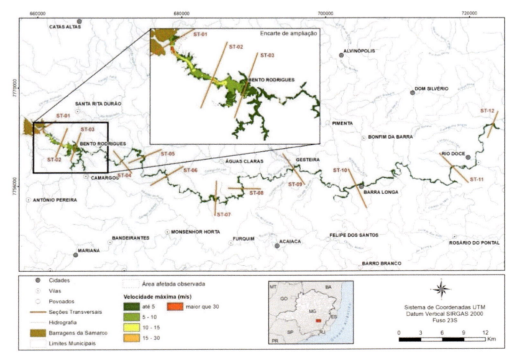

Fonte: os autores

Figura 39 – Risco hidrodinâmico da inundação simulada

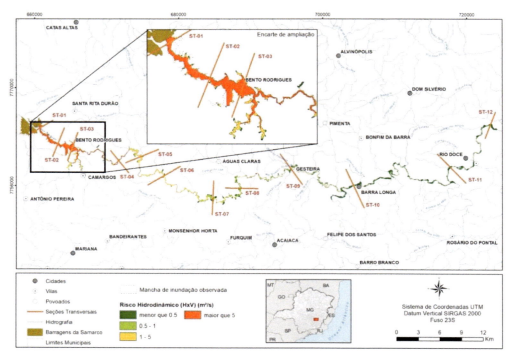

Fonte: os autores

Figura 40 – Tempo de chegada da onda de inundação simulada

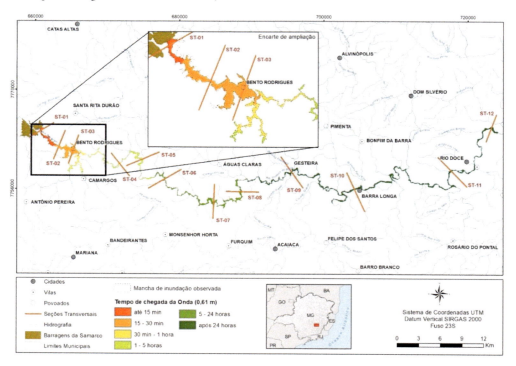

Fonte: os autores

O desempenho da simulação foi avaliado por meio da comparação das manchas de inundação simulada e observada. As larguras medidas nas seções transversais são apresentadas na Tabela 29.

Tabela 29 – Largura das manchas de inundação nas seções transversais

Seções Transversais	Largura (m)		
	Mancha de Inundação		
	Observada	Simulada	Diferença
ST-01	944,95	569,20	-375,75
ST-02	138,65	185,32	46,67
ST-03	1018,67	1094,84	76,17
ST-04	114,96	116,00	1,04
ST-05	297,15	333,12	35,97
ST-06	605,60	635,85	30,25
ST-07	662,69	701,28	38,59
ST-08	453,86	484,12	30,26
ST-09	141,73	104,54	-37,19
ST-10	179,38	167,43	-11,95
ST-11	275,38	241,55	-33,83
ST-12	452,58	269,97	-182,61

Fonte: os autores

Criação do inventário de estruturas domiciliares

O número total de domicílios nos setores censitários que interceptam a mancha de inundação observada e o número de domicílios afetados em cada setor encontram-se apresentados na Tabela 30.

Tabela 30 – Porcentagem de domicílios afetados por setor censitário

Código do setor Censitário	Total de domicílios	Número de domicílios afetados	% domicílios afetados
310570705060001 (Barra Longa)	403	116	28,78
310570705060002 (Barra Longa)	354	29	8,19
310570705060003 (Barra Longa)	236	55	23,31
310570705060004	196	7	3,57
310570705060005	225	7	3,11
310570705060006	194	16	8,25
310570705060007	175	0	0,00

Código do setor Censitário	Total de domicílios	Número de domicílios afetados	% domicílios afetados
310570705060008 (Gesteira)	15	12	80,00
310570715000002	176	0	0,00
310570715000003	125	0	0,00
310570715000005	118	1	0,85
310570715000006	56	0	0,00
314000120000002	35	10	28,57
314000125000002	192	6	3,13
314000130000002	111	3	4,50
314000130000003	179	5	2,79
314000135000002 (Paracatu de Baixo)	149	71	47,65
314000150000002	8	2	25,00
314000150000003 (Bento Rodrigues)	148	148	100,00
314000150000004	5	0	0,00
315210513000003	217	1	0,46
315500905000003	188	1	0,53
315500905000004	128	0	0,00
315740110000001	129	0	0,00
315740110000002	195	0	0,00
315740110000003	226	0	0,00
Total	4.183	490	11,71

Fonte: os autores

Na Tabela 31 é mostrado o resultado do cálculo da proporção de classes econômicas nos setores censitários, excluindo aqueles em que o número de domicílios atingidos é igual a zero.

Tabela 31 – Proporção das classes econômicas por setor censitário

Código do setor Censitário	Domicílios	Distribuição dos domicílios por classe econômica Abep			
		A	B	C	D/E
310570705060001 (Barra Longa)	403	18%	7%	72%	3%
310570705060002 (Barra Longa)	354	20%	10%	21%	49%
310570705060003 (Barra Longa)	236	19%	25%	42%	15%

Código do setor Censitário	Domicílios	Distribuição dos domicílios por classe econômica Abep			
		A	B	C	D/E
310570705060004	196	28%	23%	34%	14%
310570705060005	225	25%	28%	38%	9%
310570705060006	194	44%	11%	18%	27%
310570705060008 (Gesteira)	15	0%	0%	100%	0%
310570715000005	118	7%	33%	56%	4%
314000120000002	35	16%	16%	35%	33%
314000125000002	192	25%	33%	37%	5%
314000130000002 (Paracatu de Baixo)	111	12%	21%	45%	22%
314000130000003	179	24%	27%	39%	11%
314000135000002	149	42%	44%	14%	0%
314000150000002	8	0%	0%	1%	99%
314000150000003 (Bento Rodrigues)	148	4%	22%	61%	12%
315210513000003	217	16%	23%	43%	18%
315500905000003	188	25%	12%	22%	41%

Fonte: os autores

Após a definição de proporção dos domicílios por classe econômica no setor censitário e a aplicação da distribuição aleatória, o inventário de estruturas resultou em 478 pontos agrupados por classe: 89 estruturas pertencentes à classe econômica A, 99 estruturas pertencentes a classe econômica B, 239 estruturas pertencentes a classe econômica C e 51 estruturas correspondentes a classe econômica D/E.

Das 478 estruturas mapeadas, foram identificadas 476 estruturas unifamiliares e duas estruturas multifamiliares. No primeiro caso, 467 estruturas são do tipo casa, sendo que 405 possuem um andar e 18 possuem dois andares. Ainda como estrutura unifamiliar, foram identificados pela espacialização do CNEFE, nove sobrados de dois andares. As estruturas multifamiliares mapeadas na área afetada foram dois prédios de quatro andares, com seis e oito domicílios.

Para a caracterização das estruturas quanto à população residente foi calculada a média da população nos domicílios por setor censitário, encontrando-se o resultado desse procedimento por grupo de risco, apresentado na Tabela 32.

Tabela 32 – Média de moradores nos domicílios por grupo de risco

Código do setor censitário	Média de moradores por domicílio	Média de pessoas do grupo de risco por domicílio	Média de pessoas do grupo não risco por domicílio
310570705060001 (Barra Longa)	2,89	0,61	2,28
310570705060002 (Barra Longa)	3,13	0,57	2,57
310570705060003 (Barra Longa)	3,24	0,46	2,79
310570705060004	2,99	0,62	2,38
310570705060005	3,43	0,53	2,90
310570705060006	3,16	0,63	2,53
310570705060008	2,33	0,83	1,50
310570715000005	3,68	0,68	3,00
314000120000002	3,58	0,67	2,92
314000125000002	3,08	0,61	2,47
314000130000002 (Paracatu de Baixo)	3,72	0,88	2,84
314000130000003	3,56	0,72	2,84
314000135000002	4,01	0,62	3,39
314000150000002	4,00	0,95	3,05
314000150000003 (Bento Rodrigues)	4,07	1,00	3,97
315210513000003	3,44	0,61	2,82
315500905000003	3,43	0,59	2,83

Fonte: os autores

Cálculo dos danos na mancha de inundação

O cálculo de danos e população em risco foi calculado pela soma dos valores das edificações e conteúdos e da população residente na área. Estimados resultaram em valores totais de R$ 58.308.603,75 para edificações, R$ 12.950.362,45 para conteúdos e 1.717 pessoas residentes na área afetada. Na Tabela 33 a seguir apresentam-se os resultados obtidos por setor censitário.

Tabela 33 – Valores estimados na mancha de inundação observada

Código do setor censitário	Valor da edificação (R$)	Valor do conteúdo (R$)	População total
310570705060001 (Barra Longa)	16.273.944,12	2.461.755,00	335
310570705060002 (Barra Longa)	5.242.695,11	784.747,80	91
310570705060003 (Barra Longa)	7.199.596,42	1.919.923,90	178
310570705060004	388.772,24	90.818,05	21
310570705060005	756.858,19	205.687,20	24
310570705060006	2.150.558,29	576.511,20	51
310570705060008 (Gesteira)	594.532,20	120.642,00	28
310570715000005	49.544,35	10.053,50	4
314000120000002	736.983,46	184.377,85	36
314000125000002 (Paracatu de Baixo)	614.601,53	168.840,50	18
314000130000002	148.633,05	30.160,50	11
314000130000003	714.545,45	185.532,30	18
314000135000002	12.635.429,69	3.509.718,10	285
314000150000002	65.255,02	15.873,90	8
314000150000003 (Bento Rodrigues)	10.404.154,08	2.597.981,25	602
315210513000003	49.544,35	10.053,50	3
315500905000003	282.956,20	77.685,90	3
Total	58.308.603,75	12.950.362,45	1.717

Fonte: os autores

Modelo de estimativa de danos – HEC-FIA

Essa seção apresenta os valores obtidos pela modelagem de estimativa de danos realizada no software HEC-FIA, de acordo com os procedimentos descritos. O valor obtido para danos às edificações foi de **R$ 29.818.378,10** e para dano ao conteúdo o resultado foi de **R$ 11.378.876,00**. Na Tabela 34 são apresentados os resultados por setor censitário em valores monetários e percentuais.

Tabela 34 – Resultado da simulação de danos diretos

Código do setor censitário	Dano à edificação (R$)	Dano ao conteúdo (R$)	Dano à edificação (%)	Dano ao conteúdo (%)
310570705060001 (Barra Longa)	4.713.754,73	1.762.188,19	28,97	71,58
310570705060002 (Barra Longa)	2.344.314,00	549.539,24	44,72	70,03
310570705060003 (Barra Longa)	2.429.354,34	1.619.393,58	33,74	84,35
310570705060004	263.747,60	70.684,21	67,84	77,83
310570705060005	182.306,84	178.770,33	24,09	86,91
310570705060006	1.716.648,96	564.590,44	79,82	97,93
310570705060008 (Gesteira)	454.074,40	100.113,72	76,38	82,98
310570715000005	7.652,84	9.389,39	15,45	93,39
314000120000002	400.242,88	193.156,98	54,31	100,00
314000125000002 (Paracatu de Baixo)	401.714,58	165.402,91	65,36	97,96
314000130000002	65.504,58	29.833,24	44,07	98,91
314000130000003	627.196,35	178.720,12	87,78	96,33
314000135000002	5.453.089,34	3.258.072,95	43,16	92,83
314000150000002	65.255,02	15.873,90	100,00	100,00
314000150000003 (Bento Rodrigues)	10.404.154,03	2.597.981,23	100,00	100,00
315210513000003	6.411,44	7.479,67	12,94	74,40
315500905000003	282.956,19	77.685,90	100,00	100,00
Total	29.818.378,10	11.378.876,00		

Fonte: os autores

Para a estimativa de perdas de vida, por meio do HEC-FIA foram realizados cálculos, a partir das variáveis e parâmetros selecionados, as porcentagens das pessoas evacuadas em segurança, das pessoas pegas em evacuação, das pessoas que não evacuaram e o número de fatalidades. O número obtido foi 34 fatalidades em uma população de 1.717 pessoas, aproximadamente 2% do total da população na área afetada.

Levantamento de informações do evento

Os danos às unidades habitacionais em valores monetários expostos no Relatório dos Efeitos dos Desdobramentos do Rompimento da Barragem de Fundão, de fevereiro de 2016 (MINAS GERAIS, 2016), encontram-se representados na Tabela 35.

Tabela 35 – Danos observados no evento

Municípios atingidos pela barragem	Unidades Habitacionais		
	Destruídas	Danificadas	Valor (R$)
Mariana	349	0	51.756.700,00
Barra Longa	40	93	2.657.600,00
Rio Doce	0	0	0,00
Santa Cruz do Escalvado	0	1	60.000,00
Total	389	94	54.474.300,00

Fonte: Minas Gerais (2016)

Segundo a Samarco (2019), dos óbitos confirmados, 13 foram de profissionais que trabalhavam na área da barragem, quatro de moradores e uma pessoa que visitava Bento Rodrigues. Uma pessoa permanece desaparecida até a data atual. Na Tabela 36, é apresentado o resumo dos danos humanos diretos expostos em Minas Gerais (2016).

Tabela 36 – Resumo dos danos humanos diretos

Atingidos pela barragem	Danos humanos diretos				
	Mortos	Feridos	Enfermos	Desabrigados	Desalojados
	19	256	380	644	716
Total de afetados diretos					
2.015					

Fonte: adaptado de Minas Gerais (2016)

Análise comparativa

A análise comparativa dos danos diretos partiu dos valores monetários estimados para todas as edificações e seus conteúdos na área afetada, dos resultados do modelo de estimativa de danos (HEC-FIA) e dos danos observados.

O índice utilizado para a atualização dos valores foi obtido na série histórica do Índice de Preços ao Consumidor Amplo (IPCA), disponibilizada pelo IBGE (IBGE, 2019). O índice acumulado até outubro de 2015 obtido foi 1,41.

Assim, os valores de edificações e conteúdos por município foram multiplicados pelo índice obtido. Na Tabela 37 é mostrado o resultado da comparação.

Tabela 37 – Comparação entre os valores estimados e observados para danos

Município	Domicílios estimados	Valor das edificações e conteúdo estimado (R$)	Valor do dano estimado (R$)	Domicílios observados	Valor do dano observado (R$)
Mariana	245	45.231.383,52	33.707.544,81	349	51.756.700,00
Barra Longa	243	54.859.985,94	23.972.798,38	133	2.657.600,00
Rio Doce	1	509.568,19	509.568,17	0	0,00
Santa Cruz do Escalvado	0	0,00	0,00	1	60.000,00
Ponte Nova	1	84.208,61	19.627,40	0	0,00
Total	490	100.685.146,26	58.209.538,76	483	54.474.300,00

Fonte: os autores

A comparação entre os valores globais estimados e observados mostram que ambos são muito próximos (R$ 58 milhões e R$ 54 milhões, aproximadamente). Da mesma forma, a diferença do número de domicílios estimados para o número observado foi de apenas sete unidades. No entanto, quando se comparam os mesmos valores por município, é possível notar divergências consideráveis. Na Figura 41, é mostrada a comparação em gráfico, dos valores estimados e observados para os municípios citados.

Figura 41 – Comparação dos valores estimados e observados

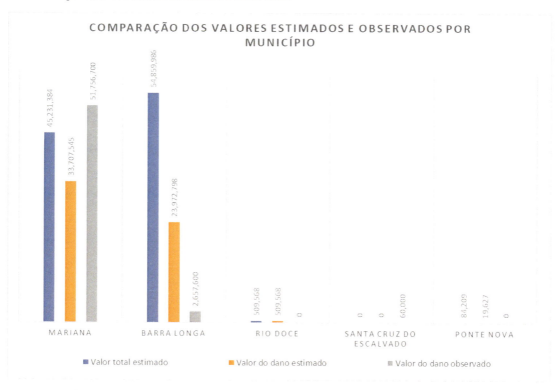

Fonte: os autores

Para o município de Mariana, a diferença entre os valores dos danos estimados e observados foi de **R$ 18.049.155,19**. Também houve uma divergência no número de domicílios afetados. O valor informado pela prefeitura de Mariana foi de 349 unidades habitacionais, enquanto o número estimado foi de 245, indicando uma diferença de 104 domicílios.

A prefeitura de Barra Longa informou que o dano às unidades habitacionais foi de **R$ 2.657.600,00**. Porém o modelo estimou um dano significativamente maior: **R$ 23.972.798,38**. A diferença do número de domicílios afetados nesse município foi de 110 unidades.

As prefeituras dos municípios de Rio Doce e Ponte Nova não informaram danos às unidades habitacionais nesses municípios, porém foi estimado pelo modelo uma unidade habitacional danificada em cada um deles, com os valores para os danos causados de **R$ 509.568,17** e **R$ 19.627,40**, respectivamente. A Prefeitura de Santa Cruz do Escalvado informou o valor de **R$ 60.000,00** para dano a uma unidade habitacional. O modelo não estimou dano para esse município, pois não foi encontrada nenhuma unidade habitacional na mancha de inundação observada.

Cabe ressaltar que os valores observados foram informados pelas prefeituras dos municípios diretamente afetados à Força-Tarefa (MINAS GERAIS, 2016) e não foram encontradas informações a respeito da metodologia para estimativa desses valores.

Para os danos humanos diretos, foram estimadas 1.717 pessoas residentes na área afetada pela lama, enquanto Minas Gerais (2016) informou 1.360 pessoas entre desabrigados e desalojados de suas residências. As perdas de vida observadas no evento, correspondentes aos moradores de Bento Rodrigues, foram de quatro óbitos. No entanto o modelo estimou um número muito maior: 34 fatalidades, sendo que 32 ocorreram em Bento Rodrigues, e outras duas, em uma comunidade rural (setor 314000120000002), logo a jusante do povoado.

Essa diferença pode ser explicada por uma simplificação do modelo: na modelagem no HEC-FIA, os moradores foram alocados dentro das estruturas, pois não foi considerado o movimento pendular dos residentes, como o deslocamento para o trabalho, escola ou outras atividades. No momento da ruptura da barragem de Fundão, que ocorreu aproximadamente às 15:45 horas do dia 5 de novembro de 2015, quinta-feira, muitas pessoas não se encontravam em suas casas. Para o refinamento do modelo, é necessário conhecer a porcentagem de residentes que exercem suas atividades fora da área afetada.

CONSIDERAÇÕES FINAIS

O presente estudo apresentou uma estimativa dos danos econômicos diretos causados nos domicílios pelo rompimento da barragem de Fundão, por meio de modelagem computacional. O emprego de técnicas de geoprocessamento no desenvolvimento do trabalho se mostrou de grande importância, desde o tratamento dos dados à análise e apresentação dos resultados, evidenciando sua importância em estudos territoriais.

A estimativa da mancha de inundação e a comparação com a área afetada observada mostrou que, apesar das incertezas inerentes ao processo de ruptura e propagação da onda de inundação, os resultados são satisfatórios e o modelo se mostrou capaz de prever a mancha de inundação no caso do rompimento de uma barragem.

É importante destacar que os resultados obtidos são sensíveis aos dados utilizados para a modelagem, como a topografia do terreno, o hidrograma de ruptura, o tempo de simulação empregado e o coeficiente de rugosidade. A sensibilidade do modelo às variáveis utilizadas deve ser avaliada caso a caso, em estudos mais aprofundados sobre o tema, como realizou Rocha (2005), Machado (2017), Matos (2018) e outros.

A estimativa de valores monetários para edificações e seus conteúdos foi uma tentativa de utilização de informações secundárias, na falta de dados detalhados, que possam balizar os estudos e fazer inferências às populações afetadas. Embora os dados do Censo Demográfico sejam um produto de qualidade para esse fim, é importante reconhecer que existem várias incertezas nos procedimentos utilizados, como a distribuição aleatória das proporções de classes econômicas nos domicílios do setor censitário. Esse tipo de distribuição buscou apenas atribuir um valor monetário à estrutura, na impossibilidade de reconhecer seu padrão construtivo por imagens de satélite e mesmo no local, uma vez que após o evento, muitas edificações foram destruídas.

Dessa forma, a metodologia utilizada não é indicada para determinar valores indenizatórios no caso de um dano sofrido por ruptura de barragem. No entanto, os valores estimados pelo modelo encontram-se na mesma ordem de grandeza dos valores informados pelas prefeituras dos municípios atingidos, indicando que os métodos empregados na pesquisa podem ser utilizados para a tomada de decisão em crises instauradas, considerando uma escala regional.

A estimativa de população em risco e de perdas de vida em casos de rompimento de barragem é um dado importante para o planejamento de rotas de fuga e evidenciam a importância de implantação de sistemas de alerta de enchentes eficientes nas áreas de risco.

A aplicação dos modelos preditivos HEC-RAS e HEC-FIA a um evento ocorrido possibilitou um melhor entendimento das variáveis e parâmetros utilizados na modelagem. Observou-se, por exemplo, que o cálculo de perdas de vida é mais sensível ao período do dia em que ocorreu a ruptura e as atividades da população no momento da ruptura do que ao sistema de alerta de enchente empregado. Por outro lado, este é altamente dependente do tempo de chegada da onda informado nas células do raster. Dessa forma, a aplicação do modelo de impacto de enchentes em diferentes cenários hipotéticos deve contribuir mais efetivamente para esse entendimento do que a sua utilização em um evento ocorrido.

Por fim, a comparação dos resultados obtidos indicou que os modelos empregados são satisfatórios para a previsão de inundações por ruptura de barragens e estimativa de danos correlatos e podem contribuir muito para a gestão do risco de barragens no Brasil, como já acontece em outros países. A disseminação desses modelos, em órgãos públicos de fiscalização, em empresas que precisam lidar com esses grandes passivos que são as barragens de rejeito e na sociedade acadêmica é de grande importância para o seu desenvolvimento e a sua utilização cada vez maior na gestão do risco de barragens.

REFERÊNCIAS

ABEP, Associação Brasileira de Empresas de Pesquisa. Critério de Classificação Econômica Brasil para o ano de 2010. **Nota Técnica**. São Paulo, 2012.

ABNT, Associação Brasileira de Normas Técnicas. NBR 12721:2005. **Avaliação de custos de construção para incorporação imobiliária e outras disposições para condomínios e edifícios**. Rio de Janeiro, 2005.

ABNT, Associação Brasileira de Normas Técnicas. NBR ISSO 31000:2009. **Gestão de Riscos – Princípios e Diretrizes**. Rio de Janeiro, 2009.

ABOELATA, M. A.; BOWLES, D. S. **LIFESim**: A Model for Estimating Dam Failure Life Loss. Institute for Water Resources, US Army Corps of Engineers and Australian National Committee on Large Dams by Institute for Dam Safety Risk Management. Article. 2005.

ACCORSI, R.; MANZINI, R.; MARANESI, F. A decision-support system for the design and management of warehousing systems. **Computers in Industry**, v. 65, n. 1, p. 175-186, 2014. Disponível em: https://doi.org/10.1016/J.COMPIND.2013.08.007.

ENXURRADA de lama atinge cidade de Barra Longa. **Agência Brasil**, 8 nov. 2015. Disponível em: http://agenciabrasil.ebc.com.br/geral/foto/2015-11/enxurrada-de-lama-atinge-cidade-de-barra-longa. Acesso em: 2 jan. 2020.

AGU, Advocacia Geral da União. **Termo De Transação e de Ajustamento de Conduta - TTAC**. Comissão Externa destinada a acompanhar os desdobramentos do rompimento da barragem na região de Mariana/MG (CEXBARRA). Brasília: AGU, 2016.

ALMEIDA, A. B., Emergências e gestão do risco. *In:* INAG. **Curso sobre operação e Segurança de Barragens**. 1. ed. Lisboa: INAG, 2001. 115 p.

ALMEIDA, A. B. **Emergências e gestão do risco**. Aula do Curso sobre operação e Segurança de Barragens. Lisboa, 2016. Disponível em: http://www.civil.ist.utl.pt/~joana/DFA-riscos-net/riscos-curso-seguran%C3%A7a-2006-nova%20versd%C3%A3o.pdf. Acesso em: 1 dez. 2019.

ALVES, H.R., **O rompimento de barragens no Brasil e no mundo**: desastres mistos ou tecnológicos? 2015. Disponível em: http://www.domhelder.edu.br/uploads/artigo_HRA.p. Acesso em: 2 set. 2019.

ANA, Agência Nacional das Águas. **Resolução N° 91, 02 de abril de 2012**. Seção 1. D.O.U de 11 de abril de 2012. Brasília, 2012. https://conexaoagua.mpf.mp.br/atuacao-estrategica/eventos/2019/2019-02-04-reuniao/Resolucao%2091-2012.pdf

ANA, Agência Nacional das Águas. **Relatório de Segurança de Barragens – Ano de referência: 2016**. Brasília, 2017. https://www.snisb.gov.br/portal/snisb/relatorio-anual-de-seguranca-de-barragem/rsb-2016/relatorio-de-seguranca-de-barragens-2016.pdf/view

ANA, Agência Nacional das Águas. **Relatório de Segurança de Barragens – Ano de referência: 2017**. Brasília, 2018. Disponível em: https://www.snisb.gov.br/relatorio-anual-de-seguranca-de-barragem/2017

ANDERÁOS, A.; ARAUJO, L.; NUNES, C. Classificação de Barragem quanto à categoria de risco e dano potencial associado – um exercício. *In*: SIMPÓSIO BRASILEIRO DE RECURSOS HÍDRICOS, 20., 2013, Bento Gonçalves – RS.

CLASSIFICAÇÃO de Barragens de Mineração. **Agência Nacional de Mineração**, 19 fev. 2019. Disponível em: http://www.anm.gov.br/assuntos/barragens/pasta-classificacao-de-barragens-de-mineracao/plano-de-seguranca-de-barragens. Acesso em: 21 nov. 2019.

ANM, Agência Nacional de Mineração. **Resolução n° 4, de 15 de fevereiro de 2019**. Publicado em: 18/02/2019 | Edição: 34 | Seção: 1 | Página: 58. Brasília, 2019. b.

ANM - Agência Nacional de Mineração. **Perguntas e Respostas sobre barragens de mineração e o caso de Brumadinho**. Disponível em: http://www.anm.gov.br/assuntos/barragens/perguntas-e-respostas-sobre-barragens-de-mineracao-e-o-caso-de-brumadinho. Acesso em: 10 maio 2019.

BALBI, D. A. F. **Metodologias para a Elaboração de Planos de Ações Emergenciais para Inundações Induzidas por Barragens**. Estudo de Caso: Barragem de Peti – MG. 337 f. Dissertação (Mestrado em Saneamento, Meio Ambiente e Recursos Hídricos) – Escola de Engenharia, Universidade Federal de Minas Gerais, Belo Horizonte, 2008.

BANCO MUNDIAL - Banco Mundial no Brasil, Serviços Analíticos e Consultivos em Segurança de Barragens para a Agência Nacional de Águas (ANA). **Produto 4. Classificação de Barragens**: Avaliação dos Critérios Gerais Atuais, Metodologia Simplificada para Áreas Inundadas a Jusante e Diretrizes para a Classificação. Brasília, maio de 2014. Disponível em: https://www.snisb.gov.br/Entenda_Mais/publicacoes/ArquivosPNSB_Docs_Estruturantes/produto-04-classificacao-de-barragens-avaliacao-dos-criterios-gerais-atuais-metodologia-simplificada-para-areas-inundadas-a-jusante-e-diretrizes-para-a-classificacao.pdf.

BASE de Informações do Censo Demográfico 2010: Resultados do Universo por Setor Censitário. **IBGE**, Rio de Janeiro, 2010. Disponível em: https://www.ibge.gov.br/estatisticas/downloads-estatisticas.html. Acesso em: 15 jan. 2019.

BERMANN, C. Desafios sociais e ambientais da mineração no Brasil e a sustentabilidade. *In*: MELFI, A. J. *et al.* (org.). **Recursos Minerais no Brasil**: problemas e desafios. Rio de Janeiro: Academia Brasileira de Ciências, 2016. p. 364-375.

BRASIL. **Lei nº 12.334, de 20 de setembro de 2010**. Política Nacional de Segurança de Barragens (PNSB). Brasília, 20 de setembro de 2010.

BRASIL. **Projeto de Lei nº PL 550/2019**. Disponível em: https://www.camara.leg.br/proposicoesWeb/fichadetramitacao?idProposicao=2194912. Acesso em: 7 jan. 2020.

BRASIL. **Resolução Nº 14, de 11 de dezembro de 2019**. Publicado em: 03/01/2020, Edição: 2. Seção: 1. Página: 276. Brasília, 2020.

BRASIL, L. S. S. **Utilização de Modelagens Uni e Bidimensional para a Propagação de Onda de Cheia Proveniente de Ruptura Hipotética de Barragem**. Estudo de Caso: Barragem Rio de Pedras. 2005. 203 f. Dissertação (Mestrado em Saneamento, Meio Ambiente e Recursos Hídricos) – Escola de Engenharia, Universidade Federal de Minas Gerais, Belo Horizonte, 2005.

BRUNNER, G. **Using HEC-RAS for Dam Break Studies, Institute for Water Resources**. Hydrologic Engineering Center, U. S. Corps of Engineers, Estados Unidos, agosto de 2014. 74 p.

CABALLERO, M. Com Brumadinho, Brasil tem um rompimento de barragem a cada dois anos desde 2000; veja lista. **Blog Politicando**, [*s. l.*], 29 jan. 2019. Disponível em: https://blogs.oglobo.globo.com/politicando/post/brumadinho-e-o-10-rompimento-de-barragem-no-brasil-desde-2000-veja-lista.html. Acesso em: 20 jun. 2019.

CAMARGO, C. O. S. F. A. O Município de Mariana. *In*: CALDAS, G. (org.) **Vozes e Silenciamentos em Mariana – Crime ou Desastre Ambiental?** Campinas: BCCL/UNICAMP, 2017. p. 52-61. Dispónível em: https://www.labjor.unicamp.br/wp-content/uploads/2018/04/2a_edicao_digital_vozes_e_silenciamentos_em_Mariana_06042018_LABJOR_09-04.pdf.

CANÇADO, V. L. **Consequências econômicas das inundações e vulnerabilidade**: desenvolvimento de metodologia para avaliação do impacto nos domicílios e na cidade. 2009. 394 f. Tese (Doutorado em Saneamento, Meio Ambiente e Recursos Hídricos) – Escola de Engenharia, Universidade Federal de Minas Gerais, Belo Horizonte, 2009.

CNDH, Conselho Nacional de Direitos Humanos. **Relatório sobre o rompimento da barragem de rejeitos da mineradora Samarco e seus efeitos sobre o vale do rio Doce.** Brasília, maio de 2017.

CASTRO, L. V. P. de. **Avaliação do comportamento do nível d'água em barragem de contenção de rejeito alteada a montante.** Dissertação (Mestrado em Engenharia de Minas) – Departamento de Engenharia de Minas e de Petróleo, Escola Politécnica da Universidade de São Paulo, São Paulo, 2008.

CIF determina prazo para indenização a atingidos pelo rompimento da barragem de Fundão. **Ibama,** 4 out. 2017. Disponível em: http://www.ibama.gov.br/noticias/422-2017/1209-cif-determina-prazo-para-indenizacao-a-atingidos-pelo-rompimento-da-barragem-de-fundao. Acesso em: 10 mar. 2019.

CNRH, Conselho Nacional de Recursos Hídricos. **Resolução nº 143, de 10 de Julho de 2012.** Publicada no D.O.U Em 04/09/2012. Brasília, 2012.

CPRM – Sistema Geológico do Brasil. **Sistema de Alerta de Cheias da Bacia do Rio Doce.** Boletim de acompanhamento da onda de cheia ao longo do rio Doce causada pela Ruptura da Barragem em Mariana – MG. Belo Horizonte, 2015.

DNPM, Departamento Nacional de Produção Mineral. **Portaria nº 70.389, de 17 de maio de 2017.** Brasília, 2017. Disponível em: http://www.anm.gov.br/assuntos/barragens/portaria-dnpm-no-70-389-de-17-de-maio-de-2017-com-alteracoes-resolucao-13-2019-n.pdf. Acesso em: 11 set. 2019.

EGM, Generic Depth-Damage Relationships. **Economic Guidance Memorandum (EGM) 04-01.** 2003. Disponível em: https://docplayer.net/11881191-Subject-economic-guidance-memorandum-egm-04-01-generic-depth-damage-relationships-for-residential-structures-with-basements.html.

ENRÍQUEZ, M. A.; FERNANDES, F.; ALAMINO, R. A mineração das grandes minas e as dimensões da sustentabilidade. *In*: FERNANDES, F. *et al.* (org.). **Recursos Minerais e Sustentabilidade Territorial**: Grandes Minas. Rio de Janeiro: CETEM/MCTI, 2011. v. I. Disponível em: http://mineralis.cetem.gov.br:8080/bitstream/cetem/472/1/Vol_1_GRANDES_MINAS_TOTAL.pdf

FONSECA, B. Faltam dados básicos no sistema nacional que orienta as políticas de segurança contra acidentes como o de Brumadinho. **Publica,** 30 jan. 2019. Disponível em: https://apublica.org/2019/01/brasil-registra-mais-de-tres-acidentes-em-barragens-por-ano/. Acesso em: 3 mar. 2019.

FUNDAÇÃO RENOVA. **Relatório Anual de Atividades. Ano 2018.** Belo Horizonte, janeiro de 2019. Disponível em: https://www.fundacaorenova.org/wp-content/uploads/2019/01/renovaanual-1.pdf. Acesso em: 12 nov. 2019.

FUSARO, T. C. *et al.* Avanços no entendimento do risco de erosão interna. *In:* SEMINÁRIO DE GESTÃO DE RISCOS E SEGURANÇA DE BARRAGENS DE REJEITO, 2., 2017.

IBGE, Instituto Brasileiro de Geografia e Estatística. **Cadastro Nacional de Endereços para Fins Estatísticos (CNEFE).** 2011. Disponível em: https://censo2010.ibge.gov.br/cnefe/. Acesso em: 10 out. 2019.

IBGE, Instituto Brasileiro de Geografia e Estatística. **Índice Nacional de Preços ao Consumidor Amplo (IPCA) – Série Histórica.** 2019. Disponível em: https://www.ibge.gov.br/estatisticas/economicas/precos-e-custos/9256-indice-nacional-de-precos-ao-consumidor-amplo.html?=&t=downloads. Acesso em: 3 jan. 2020.

IBRAM, Instituto Brasileiro de Mineração. **Gestão e Manejo de Rejeitos de Mineração**. Brasília, 2016. 128p.

IBRAM, Instituto Brasileiro de Mineração. **Relatório Anual de Atividades**: julho de 2017 a junho de 2018. São Paulo, 2018. Disponível em: http://portaldamineracao.com.br/ibram/wp-content/uploads/2018/07/Diagrama%C3%A7%C3%A3o_Relat%C3%B3rioAnual_vers%C3%A3oweb.pdf

JORNAL ESTADO DE MINAS. **Atingidos por barragem alertam para a falta de importância que vem sendo dada aos danos da tragédia**. 20 set. 2017. Disponível em: https://www.em.com.br/app/noticia/gerais/2017/09/20/interna_gerais,902231/atingidos-por-barra-gem-alertam-para-falta-de-importancia-que-vem-sendo.shtml. Acesso em: 2 fev. 2019.

JORNAL O TEMPO. **Tragédia**: 30 dias, 30 fotos. Veja imagens que resumem o mês da tragédia em Mariana. 5 dez. 2015. Disponível em: https://www.otempo.com.br/galeria-de-fotos/tragedia-30-dias-30-fotos-1.1185001. Acesso em: 12 dez. 2019.

JORNAL NACIONAL **Justiça homologa acordo para indenizar atingidos por barragem da Samarco**. 3 out. 2018. Disponível em: https://g1.globo.com/jornal-nacional/noticia/2018/10/03/justica-de-minas-homologa-acordo-para-indenizar-atingidos-por-barra-gem-da-samarco.ghtml

JORNAL O GLOBO. **Dois anos depois de tragédia, vítimas de Mariana aguardam indenizações**. 29 out. 2017. Disponível em: https://oglobo.globo.com/brasil/dois-anos-depois-de-tragedia-vitimas-de-mariana-aguardam-indenizacoes-22006567. Acesso em: 5 abr. 2019.

LAUDO Técnico Preliminar: Impactos ambientais decorrentes do desastre envolvendo o rompimento da barragem de Fundão, em Mariana, Minas Gerais. **Ibama**, Brasília, 2015. Disponível em: https://www.ibama.gov.br/phocadownload/barragemdefundao/laudos/. Laudo_tecnico_preliminar_Ibama.pdf. Acesso em: 12 mar. 2019.

LAURIANO, A. *et al*. **Discussões Sobre os modos de falha e risco de galgamento de barragens de rejeitos**. Apresentação. Belo Horizonte: II SGBR, 2017.

LEHMAN, W.; DUNN, C.; LIGHT, M. Using Hec-Fia To Identify the Consequences of Flood Events. *In*: INTERNATIONAL CONFERENCE ON FLOOD MANAGEMENT, 6., 2014, São Paulo.

LEHMAN, L.; NEEDHAM, J. **Consequence Estimation for Dam Failures**. US Army Corps of Engineers. Article. 2018.

MACHADO, M. L. **Curvas de Inundação versus Profundidade de Submersão**: Desenvolvimento de Metodologia – Estudo de Caso da Bacia do Rio Sapucaí, Itajubá, MG. 2005. Tese (Doutorado em Saneamento, Meio Ambiente e Recursos Hídricos) – Escola de Engenharia, Universidade Federal de Minas Gerais, Belo Horizonte, 2005.

MACHADO, M. L. *et al*. Curvas de Danos de Inundação Versus Profundidade de Submersão: Desenvolvimento de Metodologia. **Rega**: Revista de Gestão de Água da América Latina, v. 2, n. 1, jan. 2005.

MACHADO, N. C. **Retroanálise da Propagação Decorrente da Ruptura da Barragem do Fundão com Diferentes Modelos e Numéricos e Hipóteses de Simulação**. 2017. 188 f. Dissertação (Mestrado em Saneamento, Meio Ambiente e Recursos Hídricos) - Universidade Federal de Minas Gerais, Belo Horizonte, 2017.

MACHADO, L. V. T.; AZEEZ, D. G. Incidentes e Acidentes em Barragens. *In*: SIMPÓSIO DE GESTÃO AMBIENTAL E BIODIVERSIDADE, 7., 2018, Rio de Janeiro. **Anais** [...]. Rio de Janeiro: [*s. n.*], 2018. Disponível em: http://itr.ufrrj.br/sigabi/anais.

MATOS, A. C. S. **Modelagem Hidrodinâmica de Perdas de Vidas Humanas associadas à ruptura da barragem do Fundão, para o subdistrito de Bento Rodrigues, Mariana (MG)**. 2018. 79 f. TCC (Graduação em Engenharia Civil) – Universidade Federal de Minas Gerais, Belo Horizonte, 2018.

MELO, L. P. R. **Análise Comparativa de Metodologias de Previsão de Inundação Decorrente da Ruptura de barragens de Rejeitos**: Caso Hipotético da Barragem Tico-Tico. 197 f. Dissertação (Mestrado em Saneamento, Meio Ambiente e Recursos Hídricos) – Escola de Engenharia, Universidade Federal de Minas Gerais, Belo Horizonte, 2013.

MENEZES, D. S. **Classificação dos danos decorrentes da ruptura de barragens de acumulação de água**. Estudo de Caso: Barragem de Santa Helena – BA. 160 f. Dissertação (Mestrado em Meio Ambiente, Águas e Saneamento) – Escola Politécnica, Universidade Federal da Bahia, Salvador, 2016.

MILANEZ, B. *et al.* Antes fosse mais leve a carga: Reflexões sobre o desastre da Samarco/Vale/BHP Billiton. *In*: ZONTA, M.; TROACTE, C. (org.). **A questão Mineral no Brasil**. Marabá: Editorial iGuana, 2016. v. 2, 230 p.

MILANEZ, B., PINTO, R. G. Considerações sobre o Termo de Transação e de Ajustamento de Conduta firmado entre Governo Federal, Governo do Estado de Minas Gerais, Governo do Estado do Espírito Santo, Samarco Mineração S.A, Vale S.A. e BHP Billton Brasil LTDA. **Revista PoEMAS - Política, Economia, Mineração, Ambiente e Sociedade**, abr. 2016.

MINAS GERAIS. **Relatório**: Avaliação dos efeitos e desdobramentos do rompimento da barragem de Fundão em Mariana – MG. Grupo Força-Tarefa. Belo Horizonte, 2016. 287 p.

MORGENSTERN, N. R.; VICK, S. G.; VIOTTI, C. B.; WATTS, B. D. **Fundão Tailings Dam Review Painel. Report on the Immediate Causes of the Failure of the Fundão Dam**. 2016. 88 p. Disponível em: http://fundaoinvestigation.com/. Acesso em: 15 dez. 2018.

MONTE-MOR, R. C. A. **Mapeamento de áreas inundáveis associadas à ruptura de barragens**. Estudo de caso: barragem de Ninho de Águia – MG. 141 f. Dissertação (Mestrado em Saneamento, Meio Ambiente e Recursos Hídricos) – Escola de Engenharia, Universidade Federal de Minas Gerais, Belo Horizonte, 2004.

MOTA, K. R. R. **Rompimento Hipotético e Delimitação da Área de Inundação da Barragem Salto Moraes em Ituiutaba/MG**. 117 f. Dissertação (Mestrado em Engenharia Civil) – Faculdade de Engenharia Civil, Universidade Federal de Uberlândia, Uberlândia, 2017.

MPF – Ministério Público Federal. **Ação Civil Pública com Pedido de Liminar Inaudita Altera Pars**. Autos nº 60017-58.2015.4.01.3800 e 69758.61-2015.4.01.3400. Belo Horizonte, 26 de abril de 2016. Disponível em: http://www.mpf.mp.br/mg/sala-de-imprensa/docs/acp-samarco. Acesso em: 14 jan. 2020.

MT-MG – Ministério do Trabalho e Previdência Social – Superintendência Regional do Trabalho e Emprego em Minas Gerais. **Relatório de Análise de Acidente. Rompimento da Barragem de Fundão em Mariana – MG. Belo Horizonte**, abril de 2016. 138 p.

NEVES, L. P. **Segurança de barragens – Legislação Federal Brasileira em Segurança de Barragens Comentada**. E-book. Brasília, 2018. 67 p. Disponível em: http://www.anm.gov.br/assuntos/barragens/e-book-livre-legislacao-federal-brasileira-em-seguranca-de-barragens-autor-luiz-paniago-neves.

NRCS - National Water and Climate Center. **Manning's n Values for Various Land Covers to Use for Dam Breach Analyses by NRCS in Kansas**. Disponível em: https://www.wcc.nrcs.usda.gov/ftpref/wntsc/H&H/

HecRAS/NEDC/lectures/docs/Manning%92s%20n-values%20for%20Kansas%20Dam%20Breach%20Analyses%20-20Adopted%20071216.pdf. Acesso em: 12 mar. 2019.

PADUA, L. H. R.; CAMPOS, R. G. D. Quantificação de danos e custos advindos de cheias urbanas e geração de curvas de vulnerabilidade utilizando HEC-FIA. Estudo de Caso: Rio Arrudas – Belo Horizonte / MG. *In*: SIMPÓSIO BRASILEIRO DE RECURSOS HÍDRICOS, 22., 2007.

PIMENTA DE ÁVILA CONSULTORIA LTDA. Plano de Ações Emergenciais (PAE) da Barragem de Rejeitos do Córrego do Fundão. **Relatório Técnico**. Nova Lima, 2008. 47p.

ROCHA, F. F. **Retroanálise da Ruptura da Barragem São Francisco – Miraí, Minas Gerais, Brasil**. 176 f. Dissertação (Mestrado em Saneamento, Meio Ambiente e Recursos Hídricos) – Escola de Engenharia, Universidade Federal de Minas Gerais, Belo Horizonte, 2015.

SAMARCO. **O rompimento de Fundão**. Disponível em: https://www.samarco.com/rompimento-de-fundao/. Acesso em: 29 dez. 2019.

SÁNCHES, L. E. **Riscos em Barragens de Rejeitos**. Café com Sustentabilidade. Abril de 2016. Edição 46. Federação Brasileira de Bancos – FEBRAN. São Paulo, 2016.

SILVA, W. P. **Estudo do potencial de liquefação estática de uma barragem de rejeito alteada para montante aplicando a metodologia de Olson (2001)**. 141 f. Dissertação (Mestrado Profissional em Engenharia Geotécnica da UFOP) – Escola de Minas, Universidade Federal de Ouro Preto, Ouro Preto, 2010.

SILVA, G. A.; BOAVA, D. L. T.; BOAVA, F. M. F. M. Refugiados de Bento Rodrigues: o Desastre de Mariana, MG. **Revista Pensamento Contemporâneo em Administração**, Rio de Janeiro, v. 11, p. 63-81, maio 2017.

SINDSEMA, Sindicato dos Servidores Públicos do Meio Ambiente do Estado de Minas Gerais. **Clipping - Entenda o que é a liquefação, fenômeno que pode levar barragens ao colapso**. Reportagem publicada em: 7 de fevereiro de 2019. Disponível em: http://sindsemamg.com.br/entenda-o-que-e-a-liquefacao-fenomeno-que-pode-levar-barragens-ao-colapso/. Acesso em: 15 jun. 2019.

SINDUSCON/MG, Sindicato da Industria da Construção Civil no Estado de Minas Gerais. **Custo Unitário Básicos de Construção – CUB (NBR 12.721:2006 – CUB 2006**. 2016. Disponível em: http://www.sinduscon-mg.org.br/wp-content/uploads/2016/11/tabela_cub_janeiro_2010.pdf. Acesso em: 30 jul. 2019.

USACE, U.S. Army Corps of Engineers. Hydrologic Engineering Center. **HEC-FIA – User's manual Version 3.0**. 2014.

USACE, U.S. Army Corps of Engineers. Hydrologic Engineering Center. **HEC-RAS – User's manual Version 5.0.3**. 2016.

USACE, U.S. Army Corps of Engineers. Hydrologic Engineering Center. **HEC-FIA Flood Impact Analysis – Technical Reference Manual. Version 3.0**. February 2018.

USBR, United States Bureau of Reclamation. **Downstream Hazard Classification Guidelines**. Denver: U.S. Department of the Interior, 1988.

USBR, United States Bureau of Reclamation. **A Procedure for Estimating Loss of Life Caused by Dam Failure**. Dam Safety Office, September 1999

USBR, United States Bureau of Reclamation. **III-1Consequences of Flooding**. Dam Safety Office, November 2014.

VASCONCELOS, E. Impactos Ambientais negativos provocados pela mineração. **Lógica Ambiental**, Macapá, 2016. Disponível em: http://www.logicambiental.com.br/impactos-ambientais-negativos-mineracao/. Acesso em: 10 set. 2018.

VEIGA-PINTO, A. Gestão de Risco e Segurança de Barragens. *In*: SIMPÓSIO DE SEGURANÇA DE BARRAGENS E RISCOS ASSOCIADOS, 3., 2008, [s. l.]. Apresentação.

VEJA Lista dos mortos e desaparecidos no rompimento de barragem em Minas Gerais. **G1**, 7 nov. 2015. Disponível em: http://g1.globo.com/minas-gerais/noticia/2015/11/veja-lista-de-desaparecidos-no-rompimento-de-barragens.html. Acesso em: 4 jan. 2020.

VISEU, T. **Segurança dos vales a jusante de barragens**: Metodologias de apoio à gestão do risco. 385 f. Tese (Doutorado) – Departamento de Hidráulica e Ambiente, Universidade Técnica de Lisboa, Lisboa, 2006.

VISEU, T.; ALMEIDA, A. B. Gestão do risco nos vales a jusante de barragens. **Revista Territorium**, Lisboa, n. 18, p. 33-42, 2011.

PARTE 3

GESTÃO DA PAISAGEM

MOBILIDADE URBANA SUSTENTÁVEL: UM MODELO PARA ESTIMAR A CICLABILIDADE VIÁRIA DE BELO HORIZONTE, MINAS GERAIS

Guilherme Francisco do Nascimento Pinto
Carlos Fernando Ferreira Lobo
Ricardo Alexandrino Garcia

INTRODUÇÃO

O espaço urbano pode ser compreendido como um grupamento de diferentes usos sobrepostos (CORRÊA,1999). Tais usos distinguem áreas como o centro da cidade, por exemplo, em espaços mais valorizados, onde se concentram atividades comerciais e serviços; áreas industriais, com extensos terrenos em locais de ampla acessibilidade; áreas residenciais, dispostas de forma seletiva e áreas de reserva para futura expansão.

O aglomerado de usos da terra e suas diferentes funções compreendem formas de organização espacial da cidade, que se caracterizam como espaços fragmentados e, ao mesmo tempo, interligados. Cada fração mantém relações com as demais, por meio dos fluxos de veículos e pessoas, ou das relações espaciais menos visíveis como a circulação de capital e/ou informações.

A circulação de bens e pessoas dentro das cidades, segundo Villaça (1998), proporcionou o desenvolvimento do sistema viário e elevou em quantidade a prestação de serviços de trânsito e transporte. Atualmente, contudo, perante um cenário de insucessos na prestação desses serviços, sobretudo de forma equânime do ponto de vista social, iniciativas do poder público têm gerado expectativas e, ao mesmo tempo, frustrações.

A elaboração da Política Nacional de Mobilidade Urbana (PNMU) pode ser considerada um bom exemplo das ações que tentam mitigar deficiências encontradas. Nesta, o Estado reconhece modalidades de transportes ativos como alternativas para o desenvolvimento e manutenção de uma mobilidade urbana sustentável. No entanto, a despeito da PNMU, percebe-se que, tradicionalmente, há uma disposição de as políticas relacionadas à mobilidade partirem da premissa individual do transporte urbano, deixando de lado o emprego de novas tendências que beneficiariam de maneira mais eficiente a coletividade.

Vasconcellos (2012) aponta que as políticas públicas no Brasil vêm contribuindo para o aumento da motorização, fato comprovado por maiores subsídios ao transporte individual, em detrimento dos transportes coletivos e ativos. Segundo o autor, dentre os recursos encaminhados ao transporte urbano em 2005, aproximadamente 90% destinaram-se aos automóveis.

Esse cálculo inclui aportes direcionados à redução do Imposto sobre Produtos Industrializados (IPI), Imposto sobre a Propriedade de Veículos Automotores (IPVA) e taxas de licenciamento. Tal fato contribuiu para que cidades como Belo Horizonte e São Paulo alcançassem, em 2017, as maiores taxas de motorização da história: 0,65 e 0,61 veículos por habitante, respectivamente, segundo dados do Anuário da Confederação Nacional do Transporte (CNT, 2018).

Não obstante, os investimentos e as ações públicas que colaboraram para a ampliação do modelo rodoviarista não beneficiam modos de transporte alternativos, mais sustentáveis e democráticos, como os transportes coletivos e os não motorizados, a exemplo da bicicleta. Na ausência de políticas efetivas que garantam a segurança, usuários do transporte ativo ficam expostos aos riscos provocados pela distribuição desigual do espaço público, sem a disponibilidade de infraestrutura adequada, tampouco incentivos que compensem os riscos.

A bicicleta, nesse caso, remonta a importância de meios adequados de deslocamento à medida que sistemas frágeis de mobilidade e acessibilidade urbana afetam diretamente a qualidade de vida da população, principalmente da população mais carente de recursos, assim como agravam as desigualdades sociais e pressionam as condições do equilíbrio ambiental (BAROUCHE, 2014; CÉSAR, 2014; VASCONCELLOS, 2016).

Em Belo Horizonte, a redução da participação de viagens intraurbanas realizadas por ônibus e bicicletas sugere o desequilíbrio causado pela não priorização de modos mais sustentáveis. Conforme os dados das duas últimas Pesquisas Origem e Destino (OD), considerando o total de viagens diárias realizadas na cidade, a participação do ônibus e da bicicleta encolheu de 43,49% e 0,48% para 23,28% e 0,41%, entre 2002 e 2012.

Nesse mesmo período, a participação das viagens realizadas por automóveis aumentou de 23,03% para 30,55%. Esse incremento, segundo Miranda (2018), decorre, principalmente, da migração de usuários de modos de transporte coletivo para os modos individuais de transporte. Como consequência, os congestionamentos viários deixaram de ser um problema peculiar aos horários de pico na cidade.

Outra análise dos dados das ODs de 2002 e 2012 mostra que o tempo médio gasto nas viagens realizadas por ônibus aumentou consideravelmente entre os anos de pesquisa, passando de 42 para 62 minutos, independentemente do horário. Para agravar a situação, os sistemas de integração entre os diferentes modos de transporte, quando existentes, sofrem com sérias limitações, principalmente porque nem sempre modos de transporte coletivo possuem prioridade de circulação nas vias, fato que contribui para a escolha do transporte individual motorizado e incrementa os gargalos no tráfego em várias regiões da cidade.

Nesse contexto, não é coincidência que a bicicleta tenha ganhado notoriedade nas discussões sobre mobilidade urbana. Várias pesquisas, inclusive estudos mais recentes, ressaltam que o incentivo ao transporte não motorizado pode fazer parte de uma estratégia de planejamento urbano e de transportes que tenha como um dos objetivos reverter problemas urbanos causados pela priorização do uso do automóvel.

Utilizada como modo de transporte, a bicicleta, em certa medida, pode induzir uma maior equidade social, pois proporciona à população o acesso às atividades produtivas a custos reduzidos, além de promover um estilo de vida fisicamente mais ativo, contribuindo assim para diminuir o sedentarismo (FHWA, 2002; LUDD, 2004; RIETVELD; DANIEL, 2004; ELIOU *et al.*, 2009; PROVIDELO; SANCHES, 2010; WAHLGREN, 2011; CÉSAR, 2014; BUEHLER; DILL, 2016; NIELSEN; SKOV-PETERSEN, 2018; GHOLAMIALAM; MATISZIW, 2019).

Como forma de conhecer a realidade enfrentada pelos usuários da bicicleta, estabelecer uma prática de avaliação e monitoramento da gestão pública e entender os fatores que motivam ou desestimulam seu uso, vários autores utilizam o termo "Ciclabilidade", uma tradução livre do termo em inglês *"Bikeability"* (SISSON, 2006; WAHLGREN, 2011; KIRNER, 2011; CÉSAR, 2014; SILVA *et al.*, 2014; KRENN *et al.*, 2015; NIELSEN; SKOV-PETERSEN, 2018; GHOLAMIALAM; MATISZIW, 2019).

O conceito, semelhantemente ao preteritamente utilizado *"Walkability"* ou "Caminhabilidade", surge em meio a estudos acadêmicos centrados no campo do transporte sustentável, mais especificamente entre aqueles que tratam do transporte ativo, e está relacionado ao grau de adequabilidade de determinado local para o uso da bicicleta como modo de transporte.

Nesse sentido, Pinto (2018) apresenta um panorama geral das condições encontradas por ciclistas em Belo Horizonte. O autor destaca que um dos principais problemas enfrentados por usuários do modo em seus deslocamentos diários na cidade relacionam-se à existência ou não de vias com tratamento preferencial para bicicleta e a (in)segurança no trânsito.

Aspectos como segurança pública, integração adequada com outros modos de transporte, características das vias, densidade populacional, condições climáticas, relevo, barreiras físicas, tipo de ocupação e uso do solo, poluição sonora e do ar também são fatores que afetam seu uso.

De acordo com Gholamialam e Matisziw (2019), a quantificação e a espacialização dos fatores que influenciam o uso da bicicleta podem viabilizar, com importância fundamental, estratégias de planejamento urbano que sejam capazes de promover, para fins práticos, o objetivo de se alcançar uma mobilidade urbana sustentável.

Dessa forma, o processamento e análise de dados geográficos, com base na modelagem espacial, podem se caracterizar como ferramentas importantes para avaliação da ciclabilidade de uma cidade. Assim, mesmo que as políticas implementadas para impulsionar o ciclismo variem de lugar para lugar, é provável que a metodologia utilizada neste trabalho apresente questões que promovam discussões sobre o atual modelo de mobilidade urbana adotado, baseado na história de priorização do automóvel particular frente às soluções mais sustentáveis de transporte, bem como servir de subsídio para estudos de futuras intervenções

Diante do exposto, considerando o uso da bicicleta no contexto de Belo Horizonte, este estudo se depara com algumas questões que necessitam ser investigadas, a saber: quais aspectos devem ser considerados para avaliação da ciclabilidade viária? No caso belo-horizontino, quais são as regiões/locais de maior ou menor potencial ciclável? Quais são os potenciais vetores viários que, com investimento em infraestrutura adequada, poderiam favorecer o uso da bicicleta na capital mineira?

ABORDAGEM METODOLÓGICA

Os procedimentos metodológicos utilizados para o cumprimento dos objetivos propostos encontram-se estruturados em três etapas principais, apresentadas a seguir (Figura 42). Primeiro, foi realizada a caracterização da área de estudo, e na etapa seguinte, o processamento e tratamento dos dados. Na última etapa, empreendeu-se a aplicação da análise multicritério, que pressupõe a elaboração e submissão de um questionário nos moldes da metodologia Delphi, e o estabelecimento dos coeficientes de peso (fatores de ponderação) para cada uma das variáveis utilizadas. Nesta também são apresentados os algoritmos de proposição do modelo.

Figura 42 – Proposta metodológica

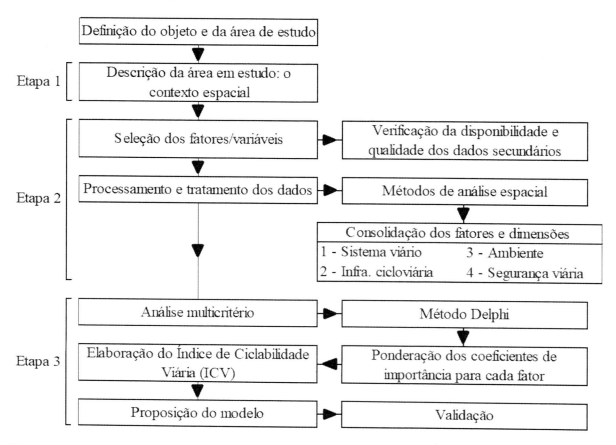

Fonte: o autor

Área de estudos

Com aproximadamente 2,5 milhões de habitantes, segundo estimativa do IBGE para o ano 2019, Belo Horizonte é o sexto maior município do Brasil em termos populacionais. A capital mineira, que possui área de 330,9 km², tem a maior densidade demográfica se comparada aos municípios do estado, com 7.592 habitantes/km² — 11ª se comparada ao país. Para fins administrativos, o município é dividido em nove regionais (Figura 43), que foram instituídas pelo Decreto Municipal n.º 4.523, de 12 de setembro de 1983, a saber: Barreiro, Centro-Sul, Leste, Nordeste, Noroeste, Norte, Oeste, Pampulha e Venda Nova. A jurisdição dessas regionais levou em consideração principalmente a posição geográfica e os aspectos históricos de ocupação.

Figura 43 – Localização da área de estudo

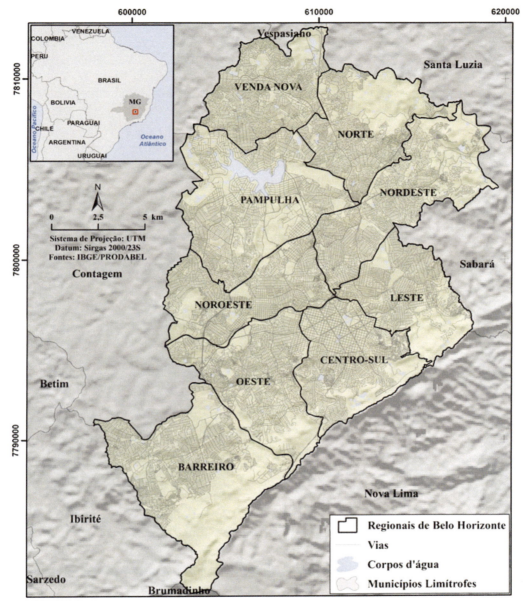

Fonte: o autor

Materiais

A composição do modelo proposto neste trabalho exigiu a disponibilidade de dados secundários em formato compatível com plataformas e softwares de SIG (Sistema de Informação Geográfica), como em formato SHP (*shapefile*) e MAP (*Quake Motor Mapa*). Além dos dados geoespaciais, foi necessário a utilização de hardwares com especificações técnicas que atendam aos requisitos mínimos de funcionamento dos softwares de SIG operados. Os recursos empregados encontram-se descritos a seguir.

No caso das bases cartográficas, as bases geoespaciais oficiais em formato SHP do município de Belo Horizonte - MG foram adquiridas por solicitação junto ao Setor de Geoinformação da BHTRANS; Gerência de Geoinformação da Empresa de Informática e Informação do Município de Belo Horizonte (PRODABEL); e Infraestrutura de Dados Espaciais da Prefeitura de Belo Horizonte (IDE-BHGEO), através da plataforma BHMAP. As bases incluíram: Tipologia viária. Formato: SHP. Ano: 2019; Hierarquização viária. Formato: SHP. Ano: 2019; Largura viária (base de meio-fio). Formato: SHP. Ano: 2018 com atualização executada pelo próprio autor em 2019; Pavimentação viária. Formato: SHP. Ano: 2019; Sentido viário. Formato: MAP. Ano: 2018; Interseções semaforizadas. Formato: SHP. Ano: 2019; Tratamento preferencial para bicicleta. Formato: SHP. Ano: 2019; Estacionamentos para bicicletas. Formato: Comma Separated Values (CSV), convertida para formato SHP. Ano: 2019; Declividade (curvas de nível equidistantes 5 metros). Formato: SHP. Ano: 2019; Uso e ocupação do solo. Formato: SHP. Ano: 2019; Acidentes de trânsito. Formato: CSV, convertida para formato SHP. Ano: 2019; Iluminação pública. Formato: SHP. Ano: 2016; Softwares: ArcGIS® 10.6, QGIS® 3.4.7, Excel (Microsoft 2010), IBM® SPSS Statistics V26; Hardwares: Notebook Intel Core i5, 8 GB de RAM e disco rígido de 1 TB; Desktop Intel Core i7, 32 GB de RAM e disco rígido de 1 TB.

Seleção e tratamento das variáveis

Esta etapa da metodologia busca evidenciar a conjugação dos fatores/variáveis adotados para avaliação da ciclabilidade de Belo Horizonte. Primeiro, torna-se importante ponderar sobre o emprego de dois termos utilizados nesta pesquisa e que serão, daqui para frente, constantemente manipulados.

Os referidos dois termos não são sinônimos, havendo diferenciação em sua significação. Todavia, para fins didáticos e metodológicos, a exemplo do que foi adotado por Silva (2014), considera-se neste estudo que os termos "variável" e "fator" serão entendidos como expressão de sentido semelhante, associados ao mesmo campo de derivação conceitual.

De forma geral, a seleção das variáveis baseou-se, principalmente, nas reflexões apresentadas pela bibliografia consultada, uma vez que não existem aspectos normativos legais ou técnicos sobre o tema. Ainda, levou-se em consideração a disponibilidade de dados secundários para análise, tendo sido ao todo, selecionadas 14 variáveis que se mostraram consistentes de acordo com a realidade local para a composição do modelo, além de estarem em consonância com a disponibilidade de dados. Importante ressaltar que a disponibilidade de dados para a realização de análises secundárias tende a ser um dos principais aspectos limitantes para a seleção de variáveis.

Os fatores/variáveis selecionados foram classificados conforme as seguintes dimensões: 1) aqueles que dizem respeito às características gerais da via; 2) os que identificam a presença e característica da infraestrutura voltada para a bicicleta; 3) os que caracterizam o ambiente onde a via está inserida; 4) e os que apresentam aspectos intrínsecos à segurança da via. Na Tabela 38, as variáveis são apresentadas conforme suas categorias, discriminando a bibliografia correspondente, conforme ordem cronológica com que são apresentadas na literatura técnico-científica pesquisada.

Tabela 38 – Variáveis selecionadas e suas respectivas referências

	1 - Sistema Viário
Variáveis	**Referências**
Tipologia viária	Rietveld e Daniel (2004); Winters (2013); Grigore (2018).
Largura viária	Turner, Shafer e Stewart (1997); Sagadilha (2014); Dowling (2008); Manum *et al.* (2017); Grigore (2018).
Pavimentação viária	Landis (1994); Turner, Shafer e Stewart (1997); FHWA (2002); Eliou, Galanis e Proios (2009); Lowry (2012); Sagadilha (2014); César (2014); Carvalho (2016); Manum *et al.* (2017).
Sentido viário (sentido duplo ou único)	FHWA (2002); Silva e Silva (2005); Chapadeiro (2011).

	2 - Infraestrutura Cicloviária
Variáveis	**Referências**
Tratamento preferencial para bicicleta (ciclovia, ciclofaixa e espaço compartilhado)	Turner, Shafer e Stewart (1997); FHWA (2002); Pezzuto e Sanches (2003); Rietveld e Daniel (2004); Eliou, Galanis e Proios (2009); Sener *et al.* (2009); Handy *et al.* (2010); Providelo e Sanches (2010); Silveira (2010); Rybarczyk e Wu (2010); Wahlgren e Schantz (2011); Souza (2012); Winters (2013); César (2014); Sagadilha (2014); Silva (2014); Wahlgren e Schantz (2014); Nordström e Manum (2015); Providelo e Sanches (2015); Manum *et al.* (2017); Grigore (2018); Nielsen e Skov-Petersen (2018); Szyszkowicz (2018).
Conectividade da via com tratamento preferencial para bicicleta	Dill e Carr (2003); Providelo e Sanches (2010); Winters (2013); César (2014); Nordström e Manum (2015); Providelo e Sanches (2015); Nielsen e Skov-Petersen (2018).
Estacionamento para bicicletas	FHWA (2002); Rietveld e Daniel (2004); Sener *et al.* (2009); Providelo e Sanches (2010); Souza (2012); Providelo e Sanches (2015); Manum *et al.* (2017).
Sistema de compartilhamento de bicicletas	Fuller (2013); ITDP (2014); Pereira (2018).

	3 - Ambiente
Variáveis	**Referências**
Topografia (Declividade viária longitudinal)	Pezzuto e Sanches (2003); Rietveld e Daniel (2004); Sener *et al.* (2009); Handy *et al.* (2010); Providelo e Sanches (2010); Silveira (2010); Souza (2012); Winters (2013); César (2014); Sagadilha (2014); Tralhão (2015); Providelo e Sanches (2015); Manum *et al.* (2017); Grigore (2018); Szyszkowicz (2018).
Diversidade do uso e ocupação do solo	Landys (1994); FHWA (2002); Sener *et al.* (2009); Handy *et al.* (2010); Rybarczyk e Wu (2010); Lowry (2012); Winters (2013); César (2014); Nordström e Manum (2015).

	4 - Segurança Viária
Variáveis	**Referências**
Velocidade regulamentada da via (Classificação funcional)	Lands (1994); Turner, Shafer e Stewart (1997); Wahlgren (2011); Lowry *et al.* (2012); Souza (2012); Winters (2013); César (2014); Sagadilha (2014); Wahlgren e Schantz (2014); Szyszkowicz (2018); Grigore (2018).
Interseção semaforizada	Turner, Shafer e Stewart (1997); Rietveld e Daniel (2004); Dill *et al.* (2011); Sagadilha (2014); Grigore (2018).
Acidentes de trânsito	Pezzuto e Sanches (2003); Rietveld e Daniel (2004); Sener *et al.* (2009); Silveira (2010); Souza (2012); César (2014); Silva (2016).
Eficiência da iluminação pública	Pezzuto e Sanches (2003); Sener *et al.* (2009); Sagadilha (2014); Carvalho (2016).

Fonte: o autor

Para a elaboração do modelo, as variáveis também foram classificadas quanto ao seu nível de desempenho. Existem duas maneiras de se estabelecerem níveis de desempenho. A primeira, que configura o caso das variáveis com atributos não booleanos, consiste em imputar níveis de desempenho a partir de uma nota ou conceito. Quanto maior essa nota ou conceito, melhor é o desempenho daquele atributo na realidade estudada.

A segunda configura o caso das variáveis com atributos booleanos. Em consonância com as características particulares de um estudo sobre ciclabilidade, a atribuição dos níveis de desempenho aos atributos booleanos poderia partir da condição de "adequado" ou "inadequado".

Como cada fator possui suas próprias características e estas estão intimamente associadas à realidade em que o atributo se insere, é necessário, quando da atribuição dos níveis de desempenho, que cada variável seja avaliada individualmente, a fim de se garantir que todos recebam o tratamento mais adequado. Assim, a definição da pontuação varia de acordo com a forma que cada atributo se relaciona com o espaço analisado.

No caso desta pesquisa, a pontuação dos atributos de cada variável varia de 0 (inadequado), 1 (parcialmente adequado), 2 (adequado) e 3 (ideal). Vale ressaltar que o método utilizado para a avaliação dos níveis de desempenho pode se basear em interpretações arbitrárias. Entretanto, quando reconhecida na literatura citada, as intepretações sugerem as normas utilizadas nas obras de referência.

A seguir é listada à luz da literatura técnico-científica cada uma das variáveis selecionadas (Figura 44). São apresentados, também, os atributos e os níveis de desempenho considerados para a confecção do modelo. Quanto à representação espacial, são imputados aos segmentos das vias do município os resultados das análises das variáveis e de seus atributos. Assim, os segmentos de via são as unidades espaciais de análise estabelecidas neste trabalho. Ao todo 52.178 segmentos foram explorados remotamente de maneira independente.

Figura 44 – Variáveis selecionadas e níveis de desempenho considerados

Tipologia Viária	Pontos
Alameda	3
Praça	3
Rua	2
Avenida	1
Beco	0
Travessa	0
Rodovia	0
Estrada	0
Trincheira	0
Viaduto	0
Trevo	0
Túnel	0

Largura Viária	Pontos
Largura superior a 12 metros	3
Largura entre 8 a 12 metros	2
Largura entre 4 a 8 metros	1
Largura inferior a 4 metros	0

Pavimentação Viária	Pontos
Asfalto/concreto	3
Cimento	2
Terra	1
Calçamento	0

Sentido Viário	Pontos
Duplo	3
Único	2

Tratamento Preferencial para Bicicleta	Pontos
Ciclovia	3
Ciclofaixa	2
Faixa compartilhada	1
Ciclorrua	1
Não possui tratamento	0

Conectividade das Vias com Tratamento	Pontos
O segmento via é conectado a outros 3 segmentos	3
O segmento via é conectado a outros 2 segmentos	2
O segmento via é conectado a pelo menos 1 segmento	1
Sem conexões possíveis	0

Estacionamento para Bicicletas	Pontos
Possui estacionamento para bicicletas	3
Não possui estacionamento para bicicletas	0

Sistema de Compartilhamento de Bicicletas	Pontos
Possui sistema de compartilhamento de bicicletas	3
Não possui sistema de compartilhamento de bicicletas	0

Topografia (Declividade Viária Longitudinal)	Pontos
Declividade inferior a 5%	3
Declividade entre 5 e 10%	2
Declividade entre 10 e 15%	1
Declividade superior a 15%	0

Diversidade do Uso e Ocupação do Solo	Pontos
Uso misto do solo	3
Uso exclusivamente comercial ou institucional	2
Uso exclusivamente residencial	2
Uso indefinido	

Velocidade Regulamentada (Hierarquização Viária)	Pontos
Local	3
Coletora	2
Arterial	1
Ligação Regional	0

Interseção Semaforizada	Pontos
Possui interseção semaforizada	3
Não possui interseção semaforizada	1

Acidentes de Trânsito	Pontos
Sem ocorrência de acidentes	3
De 1 a 10 ocorrências de acidentes	2
De 10 a 100 ocorrências de acidentes	1
Acima de 100 ocorrências de acidentes	0

Eficiência da Iluminação Pública	Pontos
Mais de 75% da área da via possui iluminação	3
De 50 a 75% da área da via possui iluminação	2
De 25 a 50% da área da via possui iluminação	1
Menos de 25% da área da via possui iluminação	0

Legenda Desempenho	Pontos
Ideal	3
Adequado	2
Parcialmente Adequado	1
Inadequado	0

Fonte: os autores

Métodos de tomada de decisão multicritério

A tomada de decisão multicritério refere-se à tomada de decisão na presença de múltiplos e conflitantes critérios. situações essas que acontecem diariamente e compartilham as seguintes características (HWANG; YOON, 1981): possuem múltiplos critérios, que podem ser objetivos ou atributos; apresentam conflitos entre os critérios; apresentam diferentes unidades de medida para os critérios.

Na literatura existem vários tipos de métodos que compõem a tomada de decisão multicritério, sendo que cada um apresenta procedimentos característicos, podendo a escolha do método influenciar na resolução do problema (KAHNEMAN; TVERSKY, 2000; ALVES *et al.*, 2007). Dentro da gama de possibilidades existentes, para o tema ciclabilidade encontram-se recursos tais como o Método de Análise Hierárquica (AHP) e o Método Delphi.

No presente estudo, optou-se pelo Método Delphi como apoio à tomada de decisão na proposição de um modelo para estimar o nível de ciclabilidade viária no município de Belo Horizonte. O Método Delphi teve seu nome baseado no antigo Oráculo de Delfos, lugar sagrado da Grécia antiga, onde se anunciavam predições do futuro. Esse método é uma técnica de previsão que foi projetada para conhecer com antecipação a probabilidade de eventos futuros, utilizando-se da solicitação e coleta sistemática da opinião de especialistas em um determinado assunto (OLIVEIRA *et al.*, 2008), o Delphi.

De modo geral, o Método Delphi é definido como uma atividade interativa projetada para combinar opiniões de um grupo de especialistas para obtenção de consenso. Baseia-se em um processo de comunicação grupal de maneira a permitir que indivíduos possam lidar e explorar problemas complexos. Além de buscar consenso, estudos baseados no método pretendem também alcançar uma previsão de futuro, com base em coleta de informações qualitativas/quantitativas fundamentadas no conhecimento de um grupo específico de indivíduos especializados no tema abordado (OLIVEIRA *et al.*, 2008).

Nesta pesquisa, o método foi utilizado como instrumento de apoio à definição dos coeficientes de importância das variáveis manipuladas. Diante dos propósitos estabelecidos, a seleção dos especialistas foi realizada visando um grupo multidisciplinar, com conhecimento sobre a área de estudo, direcionado a uma avaliação combinada dos fatores envolvidos na ciclabilidade viária. Os envolvidos compreenderam representantes da administração pública municipal, professores universitários especialistas em mobilidade urbana e transporte, estudantes de doutorado na área de transportes e analistas do setor privado, voltado ao planejamento urbano.

O primeiro contato com os especialistas aconteceu por meio de um formulário eletrônico, caracterizando a primeira rodada de entrevistas. A esse respeito, Oliveira *et al.* (2008) reiteram que a utilização de uma plataforma web não descaracteriza o método, pois o anonimato dos participantes, o feedback interativo, a seleção de especialistas e a busca pelo consenso não são prejudicados. Quanto ao questionário, uma das etapas as de preenchimento consistiu na atribuição de notas em escala de 0 a 10 para cada variável. Os somatórios das notas informadas pelos 22 especialistas participantes correspondem às avaliações gerais dos fatores que subsidiaram a definição dos pesos (Equação 1 - Parâmetro de avaliação de fatores).

Equação 1

$$F = \sum_{n=1}^{22} X_n$$

Em que:

F = Avaliação do fator;
X = Nota atribuída pelo especialista.

Depois de obtidos os dados da primeira rodada de entrevistas verificou-se a sinergia/consenso das escolhas feitas pelos especialistas. Como forma de verificar o consenso, foi estabelecido que os entrevistados indicassem um ranking de importância com as variáveis mais importantes. Para determinar se o resultado foi satisfatório, utilizou-se a Equação 2 - Razão de validade de conteúdo proposta por Wilson *et al.* (2012), a saber:

Equação 2

$$CVR = \frac{NE - \frac{N}{2}}{\frac{N}{2}}$$

Onde:

CVR = Content Validity Ratio (Razão de Validade de Conteúdo);
NE = número de especialistas que indicam que um parâmetro é essencial;
N = número total de especialistas participantes da pesquisa.

Nessa equação, se o CVR for maior ou igual 0,29 constata-se que houve consenso e as rodadas de questionários são interrompidas. É oportuno destacar que na literatura consultada não foi informado um número mínimo de especialistas necessários para efetividade do método. Entretanto, o trabalho elaborado por Oliveira *et al.* (2008) cita exemplos de pesquisas que utilizaram de 15 a 150 especialistas, mesmo assim sem destacar os parâmetros que determinaram o quantitativo.

Como não houve consenso na primeira rodada, estabeleceu-se uma nova participação dos especialistas. Agora, a segunda rodada de questionários contou também com os resultados parciais do esforço inicial, uma forma de os envolvidos avaliarem suas escolhas perante o esboço geral. Somente depois da segunda oportunidade é que se atingiu um nível de consenso aceitável (CVR = 0,64). Para facilitar o entendimento do processo, apresenta-se um esquema didático do Método Delphi na Figura 45.

Figura 45 – Esquema didático do Método Delphi

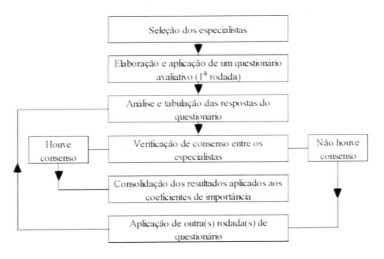

Fonte: os autores

Quando analisados os resultados das avaliações dadas pelos especialistas (Figura 46), é possível verificar que as variáveis que receberam as maiores notas são justamente aquelas que se apresentaram como as de maior relevância na literatura analisada. A variável "Tratamento preferencial para bicicleta" concentrou a maior parte das avaliações nas notas 9 e 10, sendo a menor 7. Em seguida, aparece a variável "Conectividade das vias com tratamento preferencial", com grande parte das avaliações também concentradas nas casas 9 e 10, e média de 9,14.

Destaca-se ainda a variável "Eficiência da iluminação pública", cuja média das avaliações alcançou 8,5. Já as variáveis "Sentido das vias" e "Presença de sistemas de compartilhamento de bicicletas" tiveram média próxima a casa dos 6, sendo as mais mal avaliadas. Por último, sublinha-se que as variáveis "Presença de estacionamento lateral" e "Via em área com risco de inundação" foram excluídas do modelo, pois apresentaram média inferior a 6, além de terem sido as únicas variáveis não incluídas no ranking de importância.

Por último, depois de consideradas as duas rodadas do questionário, calcularam-se os coeficientes de importância das variáveis. A Equação 3 - Coeficiente de importância representa a operação:

Equação 3

$$P = \frac{F}{\mu}$$

Onde:

P = Coeficiente de importância;

F = Avaliação do fator;

μ = Média das avaliações de todos os fatores.

Figura 46 – Resultados das avaliações das variáveis

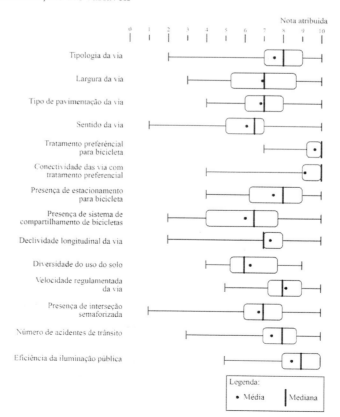

Fonte: os autores

Alguns trabalhos apresentam as vantagens e desvantagens da utilização do método, que alicerçaram a sua aplicação nesta pesquisa. Como vantagens salienta-se o anonimato dos envolvidos, que permite que a interatividade aconteça com maior espontaneidade; o próprio uso de especialistas, que fornecem conceitos e julgamentos confiáveis a respeito do assunto; a sinergia de opiniões entre os especialistas, abrindo margem para se analisar possíveis divergências; e a possibilidade de ser aplicado remotamente, via web, o que minimiza custos e tempo. Como desvantagens, o principal ponto de destaque é o consenso. Isso porque, dependendo da forma como são apresentados os resultados aos envolvidos, corre-se o risco de criar consensos forçados ou artificiais, principalmente se os respondentes aceitarem passivamente a opinião de outros especialistas (WRIGHT; GIOVINAZZO, 2000; OLIVEIRA *et al.*, 2008).

Na Tabela 39, estão representados os resultados dos coeficientes de importância das variáveis.

Tabela 39 – Resultado dos coeficientes de importância

Dimensão	Fator	Coeficiente
Sistema Viário	Tipologia da via	1,026
	Largura da via	0,939
	Tipo de pavimentação	0,927
	Sentido da via	0,828
Infraestrutura Cicloviária	Tratamento preferencial para bicicleta	1,310
	Conectividade tratamento preferencial	1,242
	Presença de estacionamento para bicicleta	1,020
	Presença de sistema de compartilhamento	0,822
Ambiente	Declividade longitudinal	1,001
	Diversidade do uso do solo	0,859
Segurança Viária	Velocidade regulamentada	1,112
	Presença de interseção semaforizada	0,921
	Número de acidentes trânsito	1,014
	Eficiência da iluminação pública	1,156

Fonte: os autores

Índice de Ciclabilidade Viária - ICV

O Índice de Ciclabilidade Viária (ICV) pode ser definido como a somatória do desempenho dos atributos das vias, acrescidos dos coeficientes de importância fixados pelo Método Delphi (Equação 4 - Forma geral do ICV). De forma geral, segmentos de vias com os maiores resultados apresentam as melhores condições para o uso da bicicleta. No entanto a adequação e distribuição desses resultados em classes — neste estudo entendido como níveis de ciclabilidade "Muito Baixo", "Baixo", "Alto" e "Muito Alto" — demandou a utilização de um método específico de classificação. Na ocasião, optou-se por utilizar o método de classificação por "intervalos geométricos", em detrimento de uma categorização arbitrária.

Equação 4

$$ICV = \sum_{n=1}^{15} (A_n P_n)^2$$

Em que:

ICV = Índice de Ciclabilidade Viária;
A = Desempenho dos atributos das vias;
P = Coeficiente de importância.

O método de classificação por intervalos geométricos é reconhecido por efetuar quebras de classes com base em intervalos que possuem uma série geométrica. O algoritmo cria intervalos geométricos minimizando a soma dos quadrados do número de elementos em cada classe. Isso garante que cada intervalo de classe tenha aproximadamente o mesmo número de valores e que a mudança entre os intervalos seja razoavelmente consistente (ESRI, 2020).

Esse algoritmo, de acordo com Ferreira (2014), foi projetado especificamente para acomodar dados contínuos. É um meio-termo entre o método de intervalos iguais, o de quebras naturais (conhecidos como "Jenks") e o método de quantis. Ele cria um equilíbrio entre os valores médios e os valores extremos, produzindo assim um resultado que é visualmente atraente e cartograficamente abrangente.

Nesta pesquisa o método foi aplicado por meio do ArcGIS e utilizado não só para classificar os resultados do Índice de Ciclabilidade Viária (ICV), mas também para categorizar os resultados seccionados segundo as dimensões de análise, a saber: 1) Sistema Viário; 2) Infraestrutura Cicloviária; 3) Ambiente; e 4) Segurança Viária. Vale ressaltar que para se chegar aos resultados das "dimensões" aproveitou-se a mesma estrutura de cálculo do ICV. A diferença está na seleção dos atributos e dos coeficientes de importância específicos de cada dimensão. Na Tabela 40, é apresentada a classificação dos resultados considerando os níveis de ciclabilidade.

Tabela 40 – Classificação dos resultados das dimensões e Índice de Ciclabilidade Viária (ICV) em níveis de ciclabilidade

Níveis de Ciclabilidade	Sistema viário	Infra. Cicloviária	Ambiente	Segurança viária	ICV
Muito Alto	20,82 - 31,32	21,50 - 44,78	13,04 - 15,66	31,48 - 40,04	78,62 - 106,82
Alto	18,01 - 20,81	9,46 - 21,49	10,08 - 13,03	27,04 - 31,47	58,93 - 78,61
Baixo	15,20 - 18,00	3,23 - 9,45	6,73 - 10,07	18,47 - 27,03	45,19 - 58,92
Muito Baixo	4,68 - 15,19	0,00 - 3,22	2,95 - 6,72	1,88 - 18,46	25,49 - 45,18

Fonte: os autores

RESULTADOS E DISCUSSÃO

Níveis de ciclabilidade de Belo Horizonte

Belo Horizonte, no geral, apresenta índices de ciclabilidade consideráveis, segundo a metodologia ora proposta. Quando comparadas as dimensões analisadas, observa-se que os melhores níveis de desempenho estão associados aos fatores relacionados à segurança viária e ao ambiente, respectivamente. No total, 1.824 km de extensão viária (36,8%) enquadram-se nos níveis de desempenho "Muito Alto", para a primeira dimensão (segurança viária), contra 1.312,6 km (25,5%) para a segunda (Tabela 41).

Tabela 41 – Extensão viária segundo os níveis de ciclabilidade – Belo Horizonte

Nível de Ciclabilidade	Sistema viário		Infraestrutura Cicloviária		Ambiente		Segurança viária		ICV	
	Km	%	Km	%	km	%	km	%	km	%
Muito Alto	1296,5	26,1	79,4	1,6	1312,6	26,5	1824,0	36,8	31,9	0,6
Alto	2711,9	54,6	28,6	0,6	1807,1	36,4	1044,8	21,1	2164,4	43,6
Baixo	522,0	10,5	46,8	0,9	1045,4	21,1	1426,6	28,7	2212,9	44,6
Muito Baixo	432,1	8,7	4807,7	96,9	797,4	16,1	667,1	13,4	553,4	11,2
Total	4962,5	100,0	4962,5	100,0	4962,5	100,0	4962,5	100,0	4962,5	100,0

Fonte: os autores

Devido às experiências já mencionadas nos capítulos anteriores, que demonstram a prioridade histórica direcionada ao transporte motorizado dentro do contexto da mobilidade urbana no Brasil, a dimensão que isoladamente apresenta os menores desempenhos para a ciclabilidade é aquela relacionada à infraestrutura cicloviária, com 4.807,6 km de extensão (96,9%) enquadradas no desempenho "Muito Baixo". Finalmente, a dimensão que associa os fatores relacionados ao sistema viário apresenta valores bem superiores àqueles encontrados para a infraestrutura cicloviária, atingindo 1.296,5 km de vias (26,1%) para o desempenho "Muito Alto" e 2.711,9 km (54,6%) para o nível de desempenho "Alto".

Como reflexo do desempenho das dimensões, o ICV apresenta resultados que vão de encontro ao senso comum. Apesar de o nível de desempenho "Muito Alto" ter se manifestado em apenas 0,6 % da malha viária do município, ou 31,9 km de vias, o índice apresentou níveis de desempenho "Alto" para grande parte do município, compreendendo 43,6% da extensão viária, ou 2.164,4 km.

Colabora ainda para a concepção de Belo Horizonte como um município potencialmente ciclável a performance do nível de desempenho "Muito Baixo" para o Índice, que compreende apenas 11,2% da extensão viária municipal, ou 553,4 km. Apesar de o nível de desempenho "Muito Baixo" superar em termos absolutos e relativos o nível de desempenho "Muito Alto" para o ICV, nota-se que a ciclabilidade de Belo Horizonte se configura como um reflexo da composição dos níveis de desempenho para cada dimensão.

Dessa forma, os resultados apontam, portanto, para um município potencialmente ciclável, visto que 44,2% de sua malha viária (2.196,2 km de extensão viária) apresenta um comportamento que implica níveis de desempenho "Alto" e "Muito Alto" para a ciclabilidade. Nas Figura 47, Figura 48 e Figura 49, é possível observar a distribuição espacial das vias, por unidade administrativa, segundo os níveis de desempenho das dimensões analisadas.

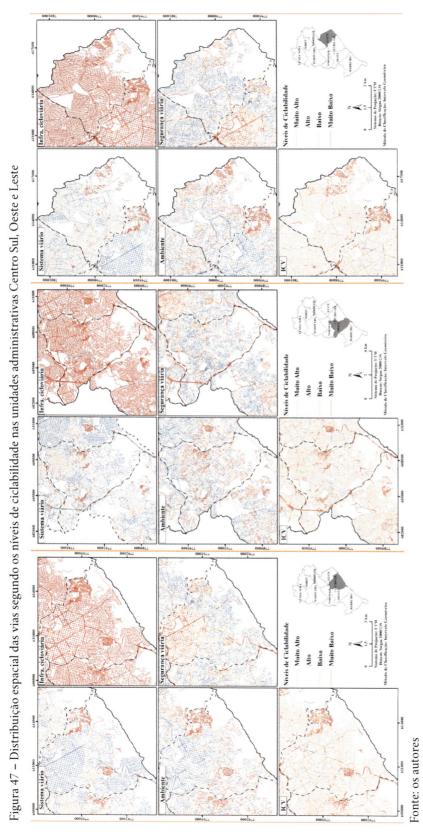

Figura 47 – Distribuição espacial das vias segundo os níveis de ciclabilidade nas unidades administrativas Centro Sul, Oeste e Leste

Fonte: os autores

Figura 48 – Distribuição espacial das vias segundo os níveis de ciclabilidade nas unidades administrativas Noroeste, Pampulha e Nordeste

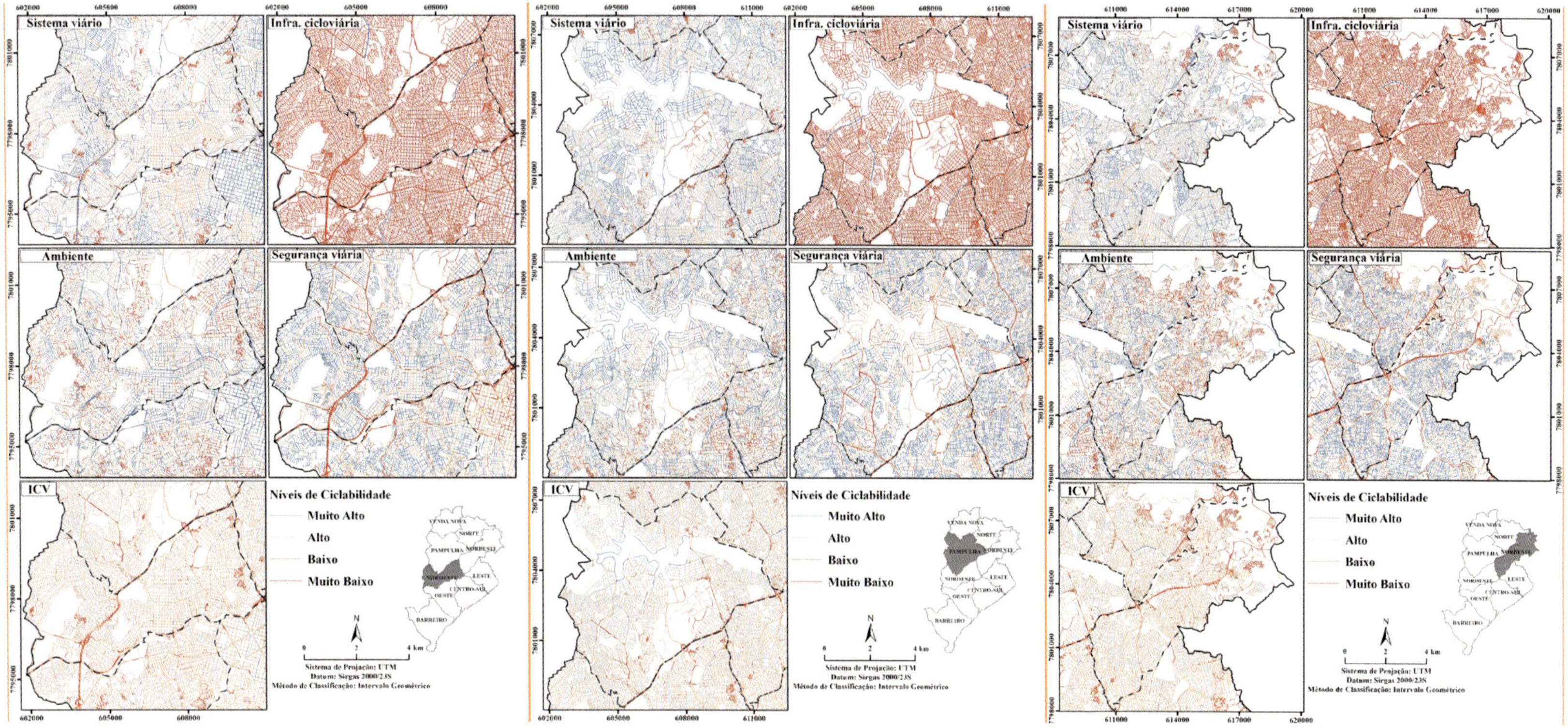

Fonte: os autores

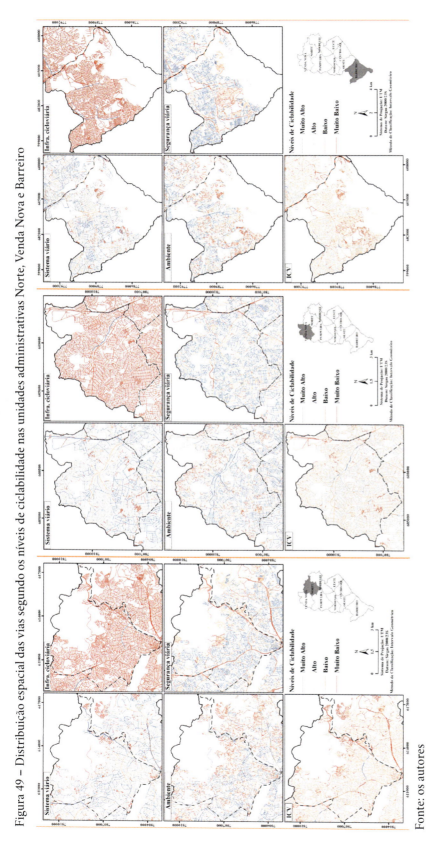

Figura 49 – Distribuição espacial das vias segundo os níveis de ciclabilidade nas unidades administrativas Norte, Venda Nova e Barreiro

Fonte: os autores

Vias cicláveis de Belo Horizonte: as possibilidades de conectividade no sistema viário

A ciclabilidade viária de Belo Horizonte também pode ser discutida sob o pano de fundo das vias estruturadas com tratamento preferencial para bicicletas. Conforme se verifica na Figura 50, ocorrem vias categorizadas em níveis de desempenho "Alto" e "Muito Alto" em todas as regionais do município.

Todavia percebe-se uma predominância de ocorrência (em comparação às outras unidades) de vias com níveis de desempenho "Muito Alto" na área de abrangência das regionais Pampulha, Centro-Sul e Venda Nova. Não por coincidência, são essas as regionais que apresentam as maiores quantidades de vias com tratamento preferencial para bicicletas.

Mais especificamente para as regionais Centro-Sul e Pampulha, as localizações das vias com níveis de desempenho muito alto estão espacialmente associadas a áreas de maior desenvolvimento econômico. Percebe-se também uma lógica espacial em que os segmentos de via com desempenho "Baixo" e "Muito Baixo" estão associados espacialmente a áreas de ocupação recente, como é o caso das áreas mais periféricas das regionais Norte e Nordeste e a áreas de inclinação longitudinal elevada, como aquela que abrange a porção sul do município. Semelhantemente, áreas cuja abrangência se associa a vilas e favelas carecem de níveis mais altos de desempenho para os atributos associados à ciclabilidade.

Apesar de se esperar que vias com tratamento preferencial para bicicletas apresentem um desempenho "Muito Alto" para a ciclabilidade, o modelo proposto evidenciou diversos exemplos de vias com infraestrutura cicloviária que contemplam o nível de desempenho "Alto", e não "Muito Alto".

Mesmo que as condições para o uso da bicicleta como modo de transporte não se limitam à disponibilidade de infraestrutura cicloviária, entende-se, também, que a adequada implantação de uma infraestrutura destinada ao transporte por bicicletas não é algo trivial e acarreta diretamente em um aumento da percepção de conforto e de segurança para os ciclistas. Entretanto, uma implantação inadequada da infraestrutura pode implicar o não aproveitamento das potencialidades para o estímulo de um transporte adequado por bicicletas.

Figura 50 – Distribuição espacial das vias segundo os níveis de ciclabilidade "Alto" e "Muito Alto" – Belo Horizonte

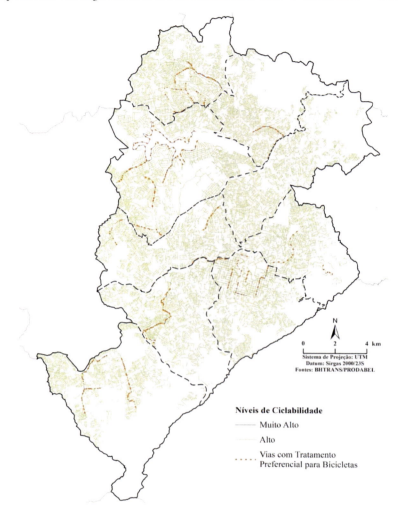

Fonte: os autores

Observa-se, por fim, que há potencial para a criação de novas rotas para bicicletas capazes de conectar áreas cujo nível de desempenho para a ciclabilidade é considerado superior. São possíveis conexões inter-regionais, por exemplo, rotas entre a regional Pampulha e Venda Nova através de vias como a avenida Dom Pedro I; conexões entre a regional Pampulha e a Noroeste através das avenidas João XXIII e Amintas Jacques de Moraes; e Centro-Sul e Oeste através da avenida Amazonas.

CONSIDERAÇÕES FINAIS

O presente estudo, ao propor um modelo para estimar o nível de ciclabilidade viária no município de Belo Horizonte, buscou, além do desenvolvimento metodológico na área, oferecer parâmetros capazes de auxiliar as políticas de transportes alternativos, tão úteis à realidade das grandes cidades do país.

Do ponto de vista teórico, também há um longo caminho a trilhar. Como relatado, o conceito de ciclabilidade ainda é pouco explorado academicamente, e sua origem, bastante recente, remete ao desenvolvimento de estudos sobre o transporte ativo, mais diretamente associado ao conceito de mobilidade e acessibilidade sustentável.

Dessa forma, este estudo possui um caráter inovador ao propor a utilização de técnicas e metodologias capazes de fomentar uma discussão mais ampla quanto ao aprimoramento e concepção de indicadores úteis à gestão e planejamento urbano, capazes de induzir uma mobilidade urbana cada vez mais sustentável e eficiente.

Para a concepção do modelo proposto, a metodologia desta pesquisa baseou-se na utilização de ferramenta de análise multicritério, apoiada pelo método Delphi para estabelecer os coeficientes de importância. Por meio desta metodologia, tornou-se possível avaliar cada atributo individualmente e, posteriormente, sintetizar seus desempenhos em um índice de abrangência municipal.

Em relação aos materiais e métodos utilizados, todos foram selecionados da literatura acadêmica e de fontes oficiais de informação. Dessa forma, assume-se uma confiabilidade nos dados disponibilizados por instituições como IBGE, PBH, BHTRANS e PRODABEL, sendo que qualquer imprecisão pode ser refletida nos resultados alcançados.

Reitera-se a necessidade de os poderes públicos estarem sempre munidos de dados concisos sobre sua realidade, a fim de que diagnósticos e ações executivas sejam facilitados e cada vez mais precisos. Defende-se que uma boa administração pública caminha consonantemente a uma boa produção primária de informações e dados, capazes de fomentar pesquisas e a execução de políticas públicas.

De um modo geral, os resultados sugerem que significativa parcela das vias de Belo Horizonte, que correspondem a aproximadamente 44,3% da extensão viária, apresentam bons níveis de ciclabilidade, variando entre as categorias "Alto" (43,6%) e "Muito Alto" (0,6%). Esse desempenho costuma contrariar o senso comum que tende a considerar o município como sendo inapropriado para o uso da bicicleta como modo de transporte, devido a suas características socioambientais, principalmente aquelas relacionadas à topografia e a aspectos do uso do transporte individual motorizado.

De fato, Belo Horizonte possui um potencial ciclável subutilizado. Tal conclusão pode fundamentar a tomada de decisão dos poderes públicos ao encontro de uma gestão e um planejamento urbano que inclua o transporte ativo como modo de transporte efetivo. Além do mais, uma breve comparação entre os resultados das nove unidades administrativas evidencia a superioridade, considerando os índices de ciclabilidade, das regionais Pampulha e Venda Nova.

Não por coincidência, são essas as regionais que apresentam as maiores quantidades de vias com tratamento preferencial para bicicletas e um ambiente mais amigável ao ciclismo, ou seja, relevos regulares, boa iluminação pública etc. Também é possível observar que as regionais Leste e Norte foram as piores unidades avaliadas pelo Índice de Ciclabilidade Viária (ICV).

Neste ponto é possível constatar que essas unidades estão associadas espacialmente a áreas de ocupação recente, como é o caso da das áreas mais periféricas da regional Norte e a áreas de inclinação longitudinal elevada, como caso da Leste. Os resultados também proporcionaram compreender que a implantação inadequada de infraestrutura cicloviária pode implicar o não aproveitamento das potencialidades para o estímulo de um transporte por bicicletas adequado. As vias com infraestrutura cicloviária que contemplam o nível de desempenho "Alto", e não "Muito Alto", são exemplos esclarecedores dessa situação.

Os resultados e a metodologia proposta, mesmo com ressalvas e cuidados necessários na interpretação, podem servir de subsídio à Prefeitura de Belo Horizonte e aos órgãos competentes ligados às políticas de transporte públicos, que em tempos recentes têm feito esforços no sentido de incrementar a utilização de bicicletas no município. Como fruto desses esforços, mencionam-se as rotas cicloviárias de Belo Horizonte.

A utilização de indicadores capazes de avaliar o nível de ciclabilidade pode fomentar o direcionamento adequado de investimentos públicos para áreas e rotas prioritárias, gerenciando a demanda de forma a incrementar o número de viagens e estabelecer um equilíbrio no quantitativo de geração de viagens por modos de transporte. Esse equilíbrio é fundamental para o alcance de uma mobilidade urbana mais sustentável.

REFERÊNCIAS

ALVES, L. G. K.; NYKIEL, T. P.; BELDERRAIN, M. C. N. **Comparação analítica entre métodos de apoio multicritério à decisão** (AMD). 2007. p. 4-7.

AXHAUSEN, K. W.; SMITH, R. L. Bicyclist link evaluation: a stated-preference approach. **Transp. Res. Rec.** v. 1085, p. 7-15, 1986.

BAROUCHE, T. O. O caos da mobilidade urbana: Uma análise do atual regime de financiamento do transporte público municipal e a necessidade da construção de novos paradigmas. **Publicação XXIII Encontro Nacional do CONPEDI/UFSC**, p. 404-425, 2014.

BELO HORIZONTE. BHTRANS – Empresa de Transportes e Trânsito de Belo Horizonte S/A. **Plano Diretor de Mobilidade Urbana de Belo Horizonte PlanMob-BH 2030 Relatório Síntese**, Belo Horizonte, 2017.

BOTMA, H. Method to Determine Level of Service for Bicycle Paths and Pedestrian-Bicycle Paths. *In:* **Transportation Research Record 1502**, TRB, National Research Council, Washington, D.C., 1995.

BUEHLER, R.; DILL, J. Bikeway networks: A review of effects on cycling. **Transport Reviews**, p. 1-19, 2016.

CARVALHO, C. S. **A inserção do transporte não motorizado no planejamento urbano dos municípios da Região Metropolitana do Vale do Paraíba e Litoral Norte**. Tese (Doutorado) – Faculdade de Engenharia do Campus de Guaratinguetá, Universidade Estadual Paulista, Guaratinguetá, 2016.

CÉSAR, Y. B. **Avaliação da Ciclabilidade das Cidades Brasileiras**. Dissertação. Programa de Pós-Graduação em Engenharia Urbana da Universidade Federal de São Carlos, 2014.

CHAPADEIRO, F. C. **Limites e Potencialidades do Planejamento Cicloviário**: um estudo sobre a participação cidadã. Dissertação –Departamento de Engenharia Civil e Ambiental, Faculdade de Tecnologia, Universidade de Brasília, 2011.

CNT. Confederação Nacional do Transporte. **Anuário CNT do transporte**: Estatísticas consolidadas. 2018. 2018.

CORRÊA, R. L. **O espaço urbano**. 3. ed. Rio de Janeiro: Ed. Ática, 1995. 94 p.

DAVIS, J. **Bicycle Safety Evaluation**. Auburn University, City of Chattanooga, and Chattanooga–Hamilton County Regional Planning Commission, Chattanooga, Tenn., 1987.

DILL, J.; CARR, T. **Bicycle Commuting and Facilities in Major US Cities:** If You Build Them, Commuters will Use Them - Another Look, Washington, DC: Transportation Research Board, 2003.

DILL, J.; MONSERE, C. M.; MCNEIL, N. **Evaluation of Bike Boxes at Signalized Intersections, Transportation Research and Education Center (TREC)**, University of Portland, Portland, 2011.

DIXON, L. B. Bicycle and Pedestrian Level-of-Service Performance Measures and Standards for Congestion Management Systems. *In:* **Transportation Research Record** 1538, TRB, National Research Council, Washington, D.C., 1996.

DOWLING, R. G. *et al.* Report 616: **Multimodal Level of Service Analysis for Urban Streets Multimodal Level of Service Analysis for Urban Streets**, Transportation Research Board of the National Academies, Washington, D.C., 2008.

ELIOU, N.; GALANIS, A.; PROIOS, A. Evaluation of the bikeability of a Greek city: Case study "City of Volos". WSEAS **Transactions on Environment and Development**, v. 5, n. 8, p. 545–555, 2009.

ESRI. **Data classification methods**. Disponível em: http://desktop.arcgis.com/en/arcmap. Acesso em: 14 abr. 2020.

ENSSLIN, L.; MONTIBELLER, N. G.; NORONHA S. M. **Apoio à Decisão**. Florianópolis: Insular, 2001.

EWING, R. *et al.* Identifying and measuring urban design qualities related to walkability. **J. Phys. Act. Health**, v. 3(s1), p. S223–S240, 2006.

FERREIRA, M. C. **Iniciação à análise geoespacial**: Teoria, técnicas e exemplos para geoprocessamento. São Paulo: Editora Unesp, 2014.

FHWA. **Reasons Why Bicycling and Walking Are and Are Not Being Used More Extensively as Travel Modes.** Federal Highway Administration, US Department of Transportation McLean, VA, 2002.

FHWA. **Reasons why bicycling and walking are and are not being used more extensively as travel modes. National Bicycling and Walking Study**. U.S. Department of Transportation Federal Highway Administration, (1992).

FOLLETTO, F. A. **Uso de Geotecnologias para a avaliação de áreas aptas a disposição final de resíduos sólidos urbanos na Bacia Hidrográfica do Rio dos Sinos.** Dissertação (Mestrado) – Programa de Pós-Graduação em Engenharia Civil, Universidade do Vale do Rio dos Sinos, 2016.

FORESTER, J. **Effective cycling**. 6th ed. Cambridge: The MIT Press, 1993.

FULLER, D. *et al.* Impact Evaluation of a Public Bicycle Share Program on Cycling: A Case Example of BIXI in Montreal, Quebec." **American Journal of Public Health**, v. 103, n. 3, p. e85-e92, 2013.

GHOLAMIALAM, A.; MATISZIW, C. M. Modeling Bikeability of Urban Systems. **Geographical Analysis**, n. 51, p. 73-89, 2019.

GONÇALVES, A. **Modelação Geográfica de Problemas de Localização**. Dissertação (Doutorado em Engenharia do Território) – Instituto Superior Técnico, Universidade Técnica de Lisboa, Lisboa, 2007.

GREENBERG, M. R.; RENNE, M. J. Where does walkability matter the most? An environmental justice interpretation of New Jersey data. **J. Urban Health**, v. 82, n. 1, p. 90-100, 2005.

GRIGORE, E. **Bikeability in Basel**. Thesis (Masters in Spatial Development and Infrastructure Systems) – Eidgenössische Technische Hochschule Zürich, 2018.

HANDY, S.; XING, Y.; BUEHLER, T. Factors associated with bicycle ownership and use: a study of six small U.S. cities. **Transportation**, v. 37, n. 6, p. 967-985, 2010.

HIGHWAY CAPACITY MANUAL 2010. **Transportation Research Board of the National Academies**, Washington, D.C., 2010.

HWANG, C. L; and YOON K. **Multiple Attribute Decision Making**: Methods and Applications - A State-of-the-Art Survey. Berlin: Springer-Verlag, 1981.

ITDP, Instituto de Políticas de Transporte & Desenvolvimento. **Guia de Planejamento de Bicicletas Compartilhadas**. Rio de Janeiro, 2014.

JENSEN, S. Pedestrian and Bicyclist Level of Service on Roadway Segments. *In*: **Transportation Research Record:** Journal of the Transportation Research Board, n. 2031, Transportation Research Board of the National Academies, Washington, D.C., 2007.

JORDÃO, B. M. C; PEREIRA S. R. A **Análise Multicritério na Tomada de Decisão – O Método Analítico Hierárquico de T. L. Saaty**. Instituto Politécnico de Coimbra, 2006.

KAHNEMAN, D.; TVERSKY, A. **Choices, values and frames**. Cambridge: Russel Sage Foundation: Cambridge University Press, 2000.

KIRNER, J.; SANCHES, S. Análise Fatorial da Percepção sobre o Uso da Bicicleta. **Engenharia Civil - UM**, v. 40, p. 121-130, 2011.

KRENN, P. J.; OJA, P.; TITZE, S. Development of a Bikeability Index to assess the bicycle friendliness of urban environments. **Open J. Civil Eng.**, v. 5, p. 451-459, 2015.

LANDIS, B. W. **Bicycle Interaction Hazard Score: A Theoretical Model**. *In*: Transportation Research Record 1438, TRB, National Research Council, Washington, D.C., 1994.

LOTT, D. Y.; TARRDIFF, T.; LOTT, D. F. Bicycle Transportation for Downtown Work Tripes: a case study in Davis, California. Transportation, Research Record: **Jornal of the Transportation**, Washington, DC, 1977.

LOWRY, M. B. *et al*. Assessment of communitywide bikeability with bicycle level of service. Transportation Research Record. **Journal of the Transportation Reserach Board**, v. 2314, p. 41-48, 2012.

LUDD, N. (org.) **Apocalipse motorizado. A tirania do automóvel em um planeta poluído**. São Paulo: Conrad Editora do Brasil, 2004.

MALCZEWSKI, J. GIS-based multicriteria decision analysis: a survey of the literature. **International Journal of Geographical Information Science**, v. 20, p. 703-726, 2007.

MANUM, B. *et al*. **Modelling Bikeability**: Space syntax based measures applied in examining speeds and flows of bicycling in Gothenburg. Proceedings of the 11th Space Syntax Symposium, 2017.

MIRANDA G. C. **Mobilidade urbana por ônibus em Belo Horizonte: uma proposta de modelo preditivo de viagens e fluxos**. Dissertação (Mestrado em Análise e Modelagem de Sistemas Ambientais) – Programa de Pós-Graduação ao Programa de Pós Graduação em Análise e Modelagem de Sistemas Ambientais da Universidade Federal de Minas Gerais, 2018.

MOURA, A. C. M. Reflexões metodológicas como subsídio para estudos ambientais baseados em Análise de Multicritérios. *In*: SIMPÓSIO DE SENSORIAMENTO REMOTO, 13., 2007, Florianópolis. **Anais** [...]. Florianópolis: INPE, 2007.

NIELSEN, T. A. S.; SKOV-PETERSEN, H. Bikeability - Urban structures sup-porting cycling. Effects of local, urban and regional scale urban form factors on cycling from home and workplace locations in Denmark. **Journal of Transport Geography**, p. 36-44. doi:10.1016/j.jtrangeo.2018.04.015, 2018.

NORDSTRÖM, T.; MANUM B. **Measuring bikeability**: Space syntax based methods applied in planning for improved conditions for bicycling in Oslo. *In:* INTERNATIONAL SPACE SYNTAX SYMPOSIUM, 10., 2015, [s. l.]. **Proceedings** [...].

OLIVEIRA, J. S. P., COSTA, M. M.; WILLE, M. F. C. **Introdução ao Método Delphi**. 1. ed. Curitiba: Mundo Material, 2008.

ORTÚZAR, J. D. Estimating demand for a cycle-way network. **Transp. Res. Part A**, v. 34, n. 5, p. 353-373, 2000.

PEREIRA, L. Z. Indicadores de eficiência de um sistema de compartilhamento de bicicletas em campus universitário. *In*: CONGRESSO LUSO BRASILEIRO PARA O PLANEJAMENTO, URBANO, REGIONAL, INTEGRADO E SUSTENTÁVEL (Pluris), 8., 2018, Porto.

PEREIRA, R. *et al*. O uso da sintaxe espacial na análise do desempenho do transporte urbano: limites e potencialidades. **Texto para Discussão**, Rio de Janeiro: IPEA, n. 1630, 2011.

PETRITSCH, T. A. *et al*. Bicycle level of service for arterials. **Journal of the Transportation Research Board**, v. 2031, p. 34-42, 2007.

PEZZUTO, C.; SANCHES, S. Identificação dos fatores que influenciam o uso da bicicleta, visando o direcionamento de programas cicloviários. **Revista dos Transportes Públicos – ANTP**, Ano 25, 2003.

PINTO G. et al. **A bicicleta e a mobilidade urbana**: os efeitos da difusão da malha cicloviária nos deslocamentos realizados por bicicleta em Belo Horizonte/MG. *In:* CONGRESSO LUSO BRASILEIRO PARA O PLANEJAMENTO, URBANO, REGIONAL, INTEGRADO E SUSTENTÁVEL (Pluris), 8., 2018, Porto.

PROVIDELO, J. K.; SANCHES, S. P. Percepções de indivíduos acerca do uso da bicicleta como modo de transporte. **Revistas dos Transportes**, v. 18, n. 2, p. 53-61, 2010.

PUCHER, J.; BUEHLER, R. Making cycling irresistible: lessons from the Netherlands, Denmark and Germany. **Transport Reviews**, v. 28, n. 4, p. 495–528, 2008.

RIETVELD, P.; DANIEL, V. Determinants of bicycle use: do municipal policies matter? **Transp. Res. Part. A** Policy. Pract., v. 38, p. 531-550, 2004.

RYBARCZYK, G.; WU, C. Bicycle facility planning using GIS and multi-criteria decision analysis. **Applied Geography**, v. 30, n. 2, p. 282-293, 2010.

SAGADILHA, A. B. P. **Identificação dos fatores que influenciam na escolha da rota pelos ciclistas**: estudo de caso da cidade de São Carlos. Dissertação (Mestrado) – Programa de Pós-Graduação em Engenharia Urbana, Universidade de São Carlos, São Carlos, 2014.

SENER, I.; ELURU, N.; BHAT, C. Who Are Bicyclists? Why and How Much Are They Bicycling? **Transportation research record**, v. 2134, p. 63-72, 2009.

SETTI, J. R. Highway capacity manual ou um manual de capacidade rodoviária brasileiro? *In*: CBR&C, 2009, Florianópolis. **Anais** [...].

SILVA, A.B.; SILVA, J.P. **A bicicleta como modo de transporte sustentável**. Disponível em: www.ualg.pt/~mgameiro/Aulas_200_2007/transportes/Bicicletas.pdf.2005. Acesso em: 7 mar. 2020.

SILVA, A. L. B. **Análise multicritério para avaliação de rotas cicláveis integradas ao transporte público**. Dissertação (Mestrado em Engenharia Ambiental Urbana) – Escola Politécnica, Universidade Federal da Bahia, 2014.

SILVA, C. M. R. **Perfil de acidentes envolvendo bicicleta na cidade do Rio de Janeiro**. Dissertação (Mestrado) – Programa de Pós-Graduação em Saúde Pública e Meio Ambiente, Escola Nacional de Saúde Pública Sérgio Arouca, Fundação Oswaldo Cruz, 2016.

SILVEIRA, M. O. **Mobilidade sustentável: a bicicleta como um meio de transporte integrado**. Dissertação (Mestrado) – Programa de Pós-Graduação em Engenharia de Transportes, COPPE, Universidade Federal do Rio de Janeiro, 2010.

SISSON, S. B. *et al*. Suitability of Commuting by Bicycle to Arizona Elementary Schools. **American Journal of Health Promotion**, v. 20, n. 3, p. 210-213, 2006.

SORTON, A.; WALSH, T. Bicycle Stress Level as a Tool to Evaluate Urban and Suburban Bicycle Compatibility. *In*: **Transportation Research Record** 1438, TRB, National Research Council, Washington, D.C., 1994.

SOUZA, P. B. **Análise dos fatores que influenciam no uso da bicicleta para fins de planejamento cicloviário**. Tese (Doutorado) – Escola de Engenharia, Universidade de São Carlos, São Carlos, 2012.

SZYSZKOWICZ, S. S. **Bikeability as an Indicator of Urban Mobility**, Economic Analysis Directorate Transport Canada Place de Ville, Tower C Ottawa, 2018.

TRALHÃO, L. *et al*. Metodologia em ambiente SIG para localizar dispositivos de auxílio ao ciclista em cidades declivosas. *In*: JORNADAS LUSÓFONAS DE CIÊNCIAS E TECNOLOGIAS DE INFORMAÇÃO GEOGRÁFICA, 1., 2015, Coimbra.

TURNER, S.; SHAFER, S.; STEWART, W. **Bicycle Suitability Criteria for State Roadways in Texas**. Texas Transportation Institute, Texas A&M University System, College Station, 1997.

VASCONCELLOS, E. A. Mobilidade cotidiana, segregação urbana e exclusão. *In*: BALBIM, R.; KRAUSE, C.; LINKE, C. (org.). **Cidade e movimento**: mobilidades e interações no desenvolvimento urbano. 1. ed. Brasília: IPEA, 2016. v. 1, p. 57-79.

VASCONCELLOS, E. A. **Mobilidade urbana e cidadania**. Rio de Janeiro: SENAC NACIONAL, 2012. 206 p.

VILLAÇA, F. **Espaço intra-urbano no Brasil**. São Paulo: Studio Nobel, 1998.

WAHLGREN, L. **Exploring bikeability in a metropolitan setting**: stimulating and hindering factors in commuting route environments. School of Health and Medical Sciences: Örebro University, 2011.

WINTERS, M. Mapping bikeability: a spatial tool to support sustainable travel. Environment and Planning B. **Planning and Design**, v. 40, p. 865-883, 2013.

WILSON, F., PAN, W., SCHUMSKY, D. Recalculation of the critical values for Lawshe's content validity ratio. **Measurement and Evaluation Council**, n. 45, p. 197210, 2012.

WRIGHT, J. T. C.; GIOVINAZZO, R. A. DELPHI – Uma ferramenta de apoio ao planejamento prospectivo. **Caderno de Pesquisas em Administração**, São Paulo, v. 1, n. 12, p. 5465, 2000.

COMO COMPENSAR EFETIVAMENTE PERDAS DE BIODIVERSIDADE NA MATA ATLÂNTICA NA ESCALA DA PAISAGEM?

Nino Antonio Camini
Sònia Maria de Carvalho Ribeiro

INTRODUÇÃO

Diante do panorama de emergência ambiental global das últimas décadas, vê-se o surgimento de inúmeras proposições e entendimentos voltados ao estabelecimento de um arcabouço legal e administrativo para estimular associações positivas entre o desenvolvimento econômico e a conservação da natureza e da paisagem natural (HISCH et al., 2010).

Em razão desse quadro, as pautas ambientais internacionais trouxeram à tona a figura do direito difuso, colocando-o no espaço existente entre o direito público e o direito individual. O direito difuso pode ser definido como aquele que pertence a todos e a ninguém em particular, e cuja proteção a todos beneficia, enquanto sua degradação a todos prejudica.

O meio ambiente pertence a tal categoria de instrumento legalmente estabelecido (bem jurídico), com suas variadas dimensões, quais sejam: o aspecto individual, por meio do direito individual a uma vida digna e sadia; o aspecto social, pelo qual o bem ambiental conforma-se em um patrimônio da coletividade humana; e, por fim, o aspecto intergeracional, no qual é dever dos poderes constituídos assegurar a preservação do meio ambiente equilibrado para as futuras gerações (ROCHA; QUEIROZ, 2011; LUIZÃO et al., 2013).

A Constituição Federal Brasileira (BRASIL, 1988), reforçando tal papel do meio ambiente, traz em seu Artigo 225: "Todos têm direito ao meio ambiente ecologicamente equilibrado, bem de uso comum do povo e essencial à sadia qualidade de vida, impondo-se ao poder público e à coletividade o dever de defendê-lo e preservá-lo para as presentes e futuras gerações."

Semelhantemente ao interesse público, esse aspecto do meio ambiente suplanta o interesse privado, em qualquer de suas instâncias (MAZZILLI, 2016). Entendido o princípio de coletividade inerente ao meio ambiente, a sua proteção passa a ser um dever, pois sua destruição traz consequências negativas para a espécie humana, como as alterações climáticas e a poluição (KUHNEN, 2004). E é aqui que se estabelecem as relações de comando e controle entre o poder público e a preservação do meio ambiente.

Um outro aspecto que vale destaque é que, mais que seu valor utilitário de suporte à vida humana, há um aspecto importante no reconhecimento do meio ambiente como um bem em si. Esse reconhecimento passa por conferir ao meio ambiente um valor de existência próprio, dissociado da existência humana. Esse valor intrínseco (ou valor de existência) é mediado por uma ética própria de valoração da vida que, em última instância, impossibilita a precificação dos bens ambientais.

Essa ética afirma que, em razão de sua raridade, o interesse de preservação do meio ambiente deve superar os interesses econômicos, sobretudo quando confrontados no espectro temporal, em virtude de os argumentos econômicos indicarem um benefício unilateral e, normalmente, de curto prazo. Por outro lado, os valores ambientais são atemporais e sem preço, pois, uma vez perdidos, não podem ser recuperados (KUHNEN, 2004). Dessa forma, não se pode falar em apropriação econômica do bem ambiental sem que se fale em princípios diretamente relacionados a sua conservação, tais como precaução, prevenção, mitigação e compensação ao conjunto da sociedade, em razão de sua perda ou modificação.

Um dos muitos mecanismos utilizados para o regramento administrativo e jurídico voltado à proteção do meio ambiente é aquele que determina o pagamento por uso ou degradação dos recursos ambientais. Esse instrumento se configura em um dos mais importantes voltados à mitigação dos impactos decorrentes das atividades antrópicas sobre o ambiente natural.

Aqui se enquadram, e merecem destaque, a compensação ambiental determinada pela lei que institui o Sistema Nacional de Unidades de Conservação – Snuc (BRASIL, 2000), a compensação por supressão de Mata Atlântica e recuperação de área degradada (BRASIL, 2006) e a recuperação de Áreas de Preservação Permanente e instituição de Reserva Legal (BRASIL, 2012).

Desse modo, faz-se premente entender a importância desses instrumentos de compensação no ordenamento do território nacional, além de seu alcance e dimensão nos processos de conservação. Também, deve-se buscar compreender a relação que a compensação tem com os demais instrumentos e princípios de gestão pública que regem a questão ambiental e sua integração com as esferas econômica e social.

O presente estudo tem como objetivo geral identificar, analisar e propor mecanismos de governança socioambiental para estimular a efetividade da compensação florestal à escala da paisagem, necessária em função da supressão de vegetação do bioma Mata Atlântica, no estado de Minas Gerais. O trabalho proposto procura responder por que, onde e como promover a compensação com efetividade na região estudada. Para introduzi-lo são apresentados a seguir contextos e conceitos de relevância.

Relação entre o poder público e a preservação do meio ambiente

Os princípios norteadores das ações voltadas à manutenção da qualidade do meio ambiente são condição essencial para a doutrinação das relações econômicas que se dão na interface com os bens e serviços ambientais e a sua manutenção. São eles: o princípio do desenvolvimento ambiental; o princípio da solidariedade geracional; o princípio da função socioambiental da propriedade; o princípio da intervenção estatal no controle ambiental; o princípio da participação popular; o princípio da prevenção; o princípio da precaução e o princípio do usuário / poluidor / pagador.

1. Princípio do desenvolvimento sustentável

O desenvolvimento sustentável, como princípio, apoia-se na concepção de que em uma sociedade dita sustentável os recursos naturais não aumentam na medida da necessidade de consumo daquela sociedade (LINDSEY, 2011). Desse modo, e em busca de um cenário em que o uso desses recursos se dê de maneira justa e eficiente visando atender às necessidades das sociedades humanas, eles não devem ser apropriados por mecanismos e práticas que promovam: concentrações crescentes de substâncias extraídas da crosta terrestre; concentrações crescentes de substâncias produzidas pela sociedade; e empobrecimento físico por colheita excessiva ou outras formas de manipulação do ecossistema (ROBÈRT, 2000; LINDSEY; DAHLMAN, 2020). Assim, esse princípio é aquele determinado pela busca de um possível equilíbrio considerando-se as necessidades humanas, confrontadas pela necessidade de se manter a resiliência e qualidade do meio ambiente, para as atuais e futuras gerações.

2. Princípio da solidariedade geracional

Por meio do conteúdo do caput do Artigo 225 da Constituição Federal de 1988, nota-se uma busca da garantia, ao conjunto da sociedade, de direitos plenos e iguais a um meio ambiente equilibrado, ressaltando que tal direito não fará distinção entre gerações. Em outras palavras, há uma tentativa de se assegurar que não haverá prevalência de uma geração sobre outra na garantia a esse meio ambiente equilibrado. Esse princípio, portanto, visa avaliar que as gerações presentes incluam como medida de análise, consideração e ação, os interesses das gerações futuras (GARCEZ, 2014).

3. Princípio da função socioambiental da propriedade

O direito à posse da terra é uma garantia constitucional, como também o é a obrigação que esse direito seja exercido a partir da utilização racional e equilibrada da terra, mediante a observação do princípio trazido pelo Artigo 225, em relação à proteção ao meio ambiente. Assim, quando o poder público estabelece regras e instrumentos de uso e proteção ambiental no estabelecimento de espaços ambientalmente protegidos (Áreas de Preservação Permanente, Reserva Legal etc.) no âmbito da propriedade rural, não se está, em última análise, limitando esse direito de propriedade. Está, outrossim, garantindo a observância de outro princípio constitucional (MANGUEIRA, 2000).

4. Princípio da intervenção estatal no controle ambiental

Esse princípio foi trazido pela Declaração de Estocolmo, em que afirma que "deve ser confiada às instituições nacionais competentes a tarefa de planificar, administrar e controlar a utilização dos recursos ambientais dos estados, com fim de melhorar a qualidade do meio ambiente" (MACHADO, 1993).

Em relação ao Estado brasileiro, em todas as suas instâncias, esse princípio outorga o direito e dever de empreender ações de comando e controle em todas as áreas que efetivamente estão em interface direta ou indireta com o meio ambiente. Assim, cabe ao ente público o controle do uso dos bens ambientais, por meio do licenciamento.

Da mesma forma, cabe a ele a obrigação da proteção ao meio ambiente, por meio do poder de polícia, de ações de prevenção, contenção e punição às atividades potencialmente causadoras de danos ambientais. Cabe, pois, ao Estado a fiscalização das atividades que são potencialmente causadoras de risco ou danos ambientais, inclusive normatizando todas as ações econômicas e sociais que tenham interface com o meio ambiente. Compete, também, a fiscalização voltada à apuração do cumprimento às normas estabelecidas, devendo observar a aplicação de penalidades ao descumprimento.

5. Princípio da participação popular

Esse princípio estabelece que a participação popular deve ter destaque na tomada de decisões, tendo que não apenas ocupar o lugar reservado ao seu exercício, como ser o Estado responsável pelo seu fornecimento e sua instrumentalização. Esses conselhos deverão ser constituídos pelos diversos segmentos da sociedade civil organizada, em que estejam representados os diversos interesses que possuam interface direta e indireta com a temática ambiental.

Em relação à natureza das manifestações, essas representações podem se dividir em consultivas ou deliberativas, formando os órgãos colegiados. Esses órgãos podem, ainda, contar com a presença dos diversos setores do poder público (GORDILHO; OLIVEIRA, 2014). Sua importância está na medida em que se pesem todos os interesses que não transgridam os objetivos comuns ao ordenamento da gestão do meio ambiente, qual seja a sua preservação e equilíbrio para as gerações presentes e futuras. Tais parâmetros estão ainda evidenciados no princípio 10 da Conferência das Nações Unidas Sobre Meio Ambiente e Desenvolvimento – a "Rio92".

6. Princípio da prevenção

Estabelecido a partir da constatação de que o risco de potencial dano ambiental é conhecido, exigindo prioridade na adoção das medidas protetivas ao meio ambiente, com vistas à redução ou eliminação das ameaças ao equilíbrio ambiental, o princípio da prevenção pode ser assim apontado:

> Com base no princípio da prevenção, havendo uma análise prévia dos impactos que um determinado empreendimento possa causar ao meio ambiente, é possível, adotando-se medidas compensatórias e mitigadoras, e mesmo alterando-se o projeto em análise, se for o caso, assegurar a sua realização, garantindo-se os benefícios econômicos dele decorrentes, sem causar danos ao meio ambiente (GRANZIERA, 2014).

Como se pode ver, tal princípio se apoia no entendimento técnico/científico acerca dos possíveis impactos incidentes sobre o meio ambiente. Uma vez realizada tal avaliação prévia desses impactos, cabe ao gestor da matéria ambiental que faça a opção pela ação que melhor represente atos concretos em prol de evitar, minimizar ou mitigar tal dano. Em muitos casos em que não há a imobilidade dos empreendimentos, dever-se-á ponderar acerca de sua modificação ou adaptação dos projetos que gerem interferência danosa ao meio ambiente.

7. Princípio da precaução

Diferentemente da prevenção, o princípio da precaução opera no âmbito em que os possíveis danos ambientais são desconhecidos e, portanto, não se é possível adotar medidas concretas diretamente construídas para esses danos. Em geral, esse princípio se aplica a cenários de risco em que um elemento incerto de uma cadeia de eventos, onde exista a ameaça de danos sérios ou irreversíveis ao meio ambiente, não pode ser aceito ou rejeitado, em razão do desconhecimento (GONÇALVES, 2013).

Assim, tendo como horizonte que o risco é incerto, o gestor ambiental deverá ponderar, objetivamente, acerca da autorização para a implantação de determinado empreendimento em razão desses riscos. Nos casos incertos, o Estado deve atuar em prol da natureza, proibindo a atividade, até que possam sobrevir novas informações capazes de garantir a segurança e integridade do meio ambiente.

8. Princípio do usuário / poluidor / pagador

Ainda que operem em instâncias jurídicas distintas em relação à tipificação dada entre usuário e poluidor, o princípio do usuário/poluidor/pagador, em resumo, define o pagamento de danos ocasionados ao meio ambiente. Tal princípio tem como objetivo precípuo a internalização total dos custos da poluição ou degradação ambiental.

O princípio do usuário/poluidor/pagador impõe, ao responsável pela utilização do bem, a responsabilidade pelos custos de prevenção de eventuais danos que advierem de sua atividade (BRAGA; SILVA, 2016). A internalização tratada pode se apresentar na forma de adoção de uma série de medidas de caráter protetivo, que culminam com o pagamento pecuniário daquilo que se cunhou com o nome de Compensação Ambiental, disciplinada pelos processos de licenciamento ambiental.

O licenciamento ambiental como instrumento de gestão da política ambiental

O licenciamento ambiental no Brasil tem suas bases legais fundamentadas nos seguintes instrumentos legais: Lei Federal n.º 6.938/1981, que dispõe sobre a Política Nacional do Meio Ambiente (BRASIL, 1981); Resolução Conama nº 1/1986, que estabelece os critérios para a implementação da Avaliação de Impacto Ambiental (BRASIL, 1986); Lei Complementar Federal n.º 140/2011, na definição das competências dos diversos entes do Sistema Nacional de Meio Ambiente – Sisnama (BRASIL, 2011); e Resolução Conama n.º 237/1997, que trata da revisão dos procedimentos e critérios utilizados no licenciamento ambiental (BRASIL, 1997). Essa última define, em seu Artigo 1º (das definições), no inciso I, aquilo que se entende por licenciamento ambiental:

> I – Licenciamento Ambiental: procedimento administrativo pelo qual o órgão ambiental competente licencia a localização, instalação, ampliação e a operação de empreendimentos e atividades utilizadoras de recursos ambientais, consideradas efetiva ou potencialmente poluidoras ou daquelas que, sob qualquer forma, possam causar degradação ambiental, considerando as disposições legais e regulamentares e as normas técnicas aplicáveis ao caso.

Além da definição do que vem a ser o licenciamento ambiental, a Resolução Conama n.º 237 traz em seus artigos 8º e 10º respectivamente as fases do licenciamento — Licença Prévia (LP), Licença de Instalação (LI) e Licença de Operação (LO) — e o rito sumário a ser seguido na obtenção das licenças, quer seja pelo empreendedor, quer seja pelo órgão licenciador.

Uma vez estabelecido o rito aplicado ao licenciamento ambiental, cabe ao órgão licenciador observar se os empreendimentos possuem algum potencial de causar dano significativo ao meio ambiente. Nesses casos, deve ser observado o inciso IV do já citado artigo 225 da Constituição Federal de 1988, que diz: "IV – exigir, na forma da lei, para instalação de obra ou atividade potencialmente causadora de significativa degradação do meio ambiente, estudo prévio de impacto ambiental, a que se dará publicidade."

Esse inciso trata, de forma bastante específica, daqueles empreendimentos que possuam um potencial de causar significativo dano ambiental, que devem ser precedidos de Estudo de Impacto Ambiental. Ele foi regulamentado pela Resolução Conama n.º 1/1986 na definição da figura do Estudo de Impacto Ambiental (EIA) e o consequente Relatório de Impacto Ambiental (Rima) para fins de análise e avaliação quanto à viabilidade ambiental do empreendimento. A Resolução Conama n.º 1/1986 traz uma lista dos empreendimentos que são passíveis de exigência de EIA/Rima, acrescentando ao final que aí também estão inseridas "outras atividades ou empreendimentos, a critério do órgão licenciador."

Cada uma das fases do licenciamento, bem como do enquadramento dos empreendimentos, está sujeita ao escrutínio do órgão ambiental licenciador, ao qual cabe fazer a avaliação do cumprimento do regramento e condicionantes definidos durante o rito processual. Vale evidenciar, ainda, que tal decisão está fundamentada no ordenamento jurídico, e está intimamente relacionada ao entendimento técnico e político dado pelo órgão ambiental licenciador.

O processo de licenciamento ambiental é, portanto, uma importante ferramenta a ser utilizada para a condução dos procedimentos de ordenamento territorial e gestão ambiental, podendo quando devidamente orientadas elevar o grau de proteção ambiental e otimizar os processos autorizativos.

Desse modo, faz-se premente entender a importância desses instrumentos de compensação no ordenamento do território nacional, além de seu alcance e dimensão nos processos de conservação. Também, deve-se buscar compreender a relação que a compensação tem com os demais instrumentos e princípios de gestão pública que regem a questão ambiental e sua integração com as esferas econômica e social.

No presente estudo, pretende-se identificar, analisar e propor mecanismos de governança socioambiental para estimular a efetividade da compensação florestal à escala da paisagem, necessária em função da supressão de vegetação do bioma Mata Atlântica, no estado de Minas Gerais.

ABORDAGEM METODOLÓGICA

Para atingir os objetivos propostos, foram desenvolvidas as seguintes etapas metodológicas:

1. Revisão da literatura acerca dos mecanismos de compensação e sua inserção no ordenamento territorial e gestão da paisagem;
2. Realização de entrevistas semiestruturadas guiadas com técnicos, gestores e representantes da sociedade civil, envolvidos com o processo de compensação ambiental;
3. Validação, a partir de dados secundários, das informações e elementos obtidos por meio das entrevistas;
4. Realização de modelagem preditiva da cobertura e uso do solo nos domínios do bioma Mata Atlântica no estado de Minas Gerais, para um período de 30 anos;
5. Elaboração de mapa de fragilidade potencial para a área ocupada pela Mata Atlântica no estado de Minas Gerais;
6. Elaboração de mapa de áreas prioritárias para a compensação florestal de Mata Atlântica, a partir do mapa de fragilidade potencial e modelagem preditiva de cobertura e uso do solo;
7. Indicação de ferramentas de gestão pública capazes de otimizar a governança do bioma Mata Atlântica, em Minas Gerais.

Foi adotada no estudo a modelagem como ferramenta de ordenamento do território, por tratar-se de uma abordagem fornecedora de uma perspectiva para simular e explorar a dinâmica da paisagem (BAKER, 1989; PERRY; ENRIGHT, 2006). Foi utilizado no presente estudo um processo de modelagem clássico elaborado a partir dos trabalhos de Soares-Filho *et al.* (2002), para o software DINAMICA-EGO, apresentando na Figura 51.

Na Figura 52, é mostrado o fluxograma construído baseado nos trabalhos de Ross (1994) e Crepani *et al.* (2001), para a investigação da fragilidade, que se encontra diretamente relacionada à degradação dos ambientes naturais, seja devido às ações naturais ou às pressões antrópicas (FRANCO *et al.*, 2012; VALLE *et al.*, 2016) (Figura 52).

Figura 51 – Fluxograma esquemático do processo de modelagem da cobertura vegetal e uso do solo

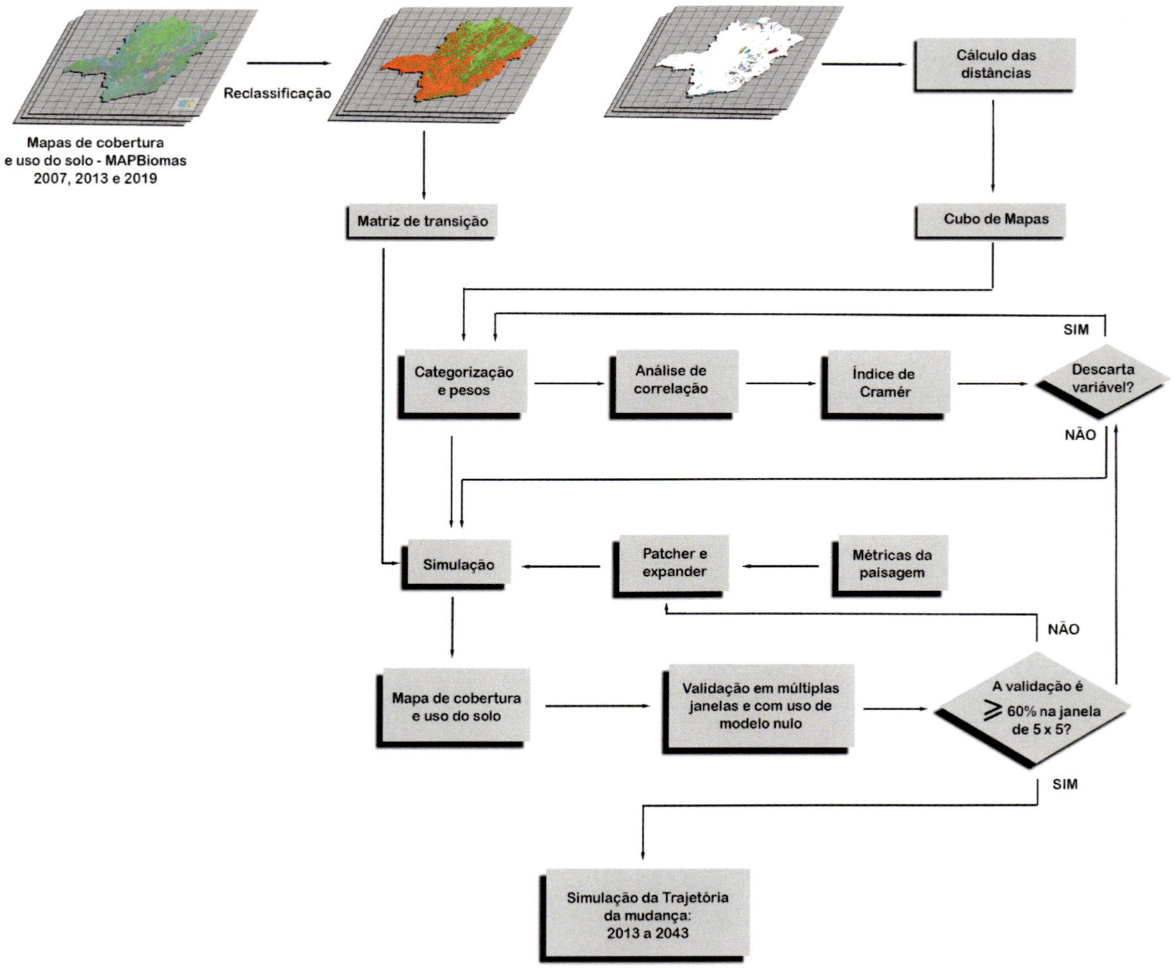

Fonte: os autores

Figura 52 – Fluxograma de construção de mapa de fragilidade potencial e emergente utilizado para o estado de Minas Gerais

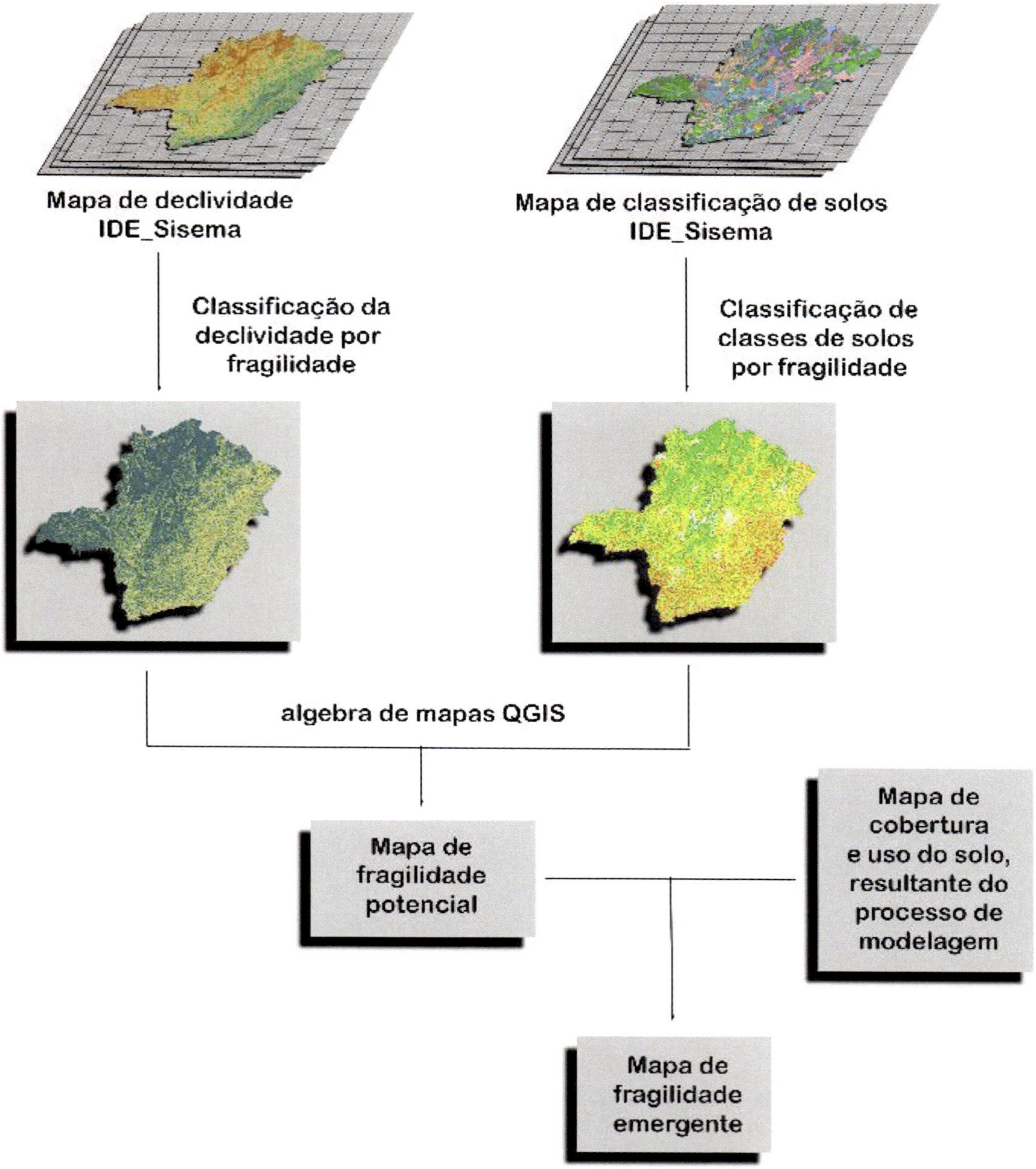

Fonte: os autores

RESULTADOS E DISCUSSÃO

Compensação ambiental como um dispositivo de conservação: revisão da literatura

O licenciamento ambiental é um instrumento que permite ao empreendedor a regularização de suas atividades em conformidade com a legislação, além de certificar a manutenção dos padrões de segurança ambiental e qualidade de vida (METAXAS, 2015).

Parte integrante do processo de licenciamento, a compensação ambiental é um princípio técnico-jurídico-administrativo, cuja função é criar, restaurar ou aprimorar as qualidades da natureza, a fim de contrabalançar os danos ecológicos causados pelo desenvolvimento da infraestrutura. É uma solução empregada quando as medidas de planejamento e mitigação não são capazes de evitar danos. A compensação não deve, entretanto, ser considerada uma atividade que permita aos empreendedores obterem permissão de uso dos recursos naturais, comprando objeções ambientais (IENE, 2003).

Esses processos de pagamento pelo uso e apropriação dos recursos naturais estão estruturados em torno daquilo que se convencionou chamar de hierarquia de mitigação. Ela determina que as ferramentas baseadas no mercado devem ser usadas somente depois que esforços forem feitos para (primeiro) evitar, (segundo) minimizar e (terceiro) mitigar impactos negativos à biodiversidade.

A medida compensatória é composta por um espectro de práticas que variam de compensações rigorosas e mensuráveis da biodiversidade a esforços menos diretos para compensar os impactos por meio de doações financeiras e proteção da terra (FOREST-TRENDS, 2020). Assim, a compensação, em seu sentido mais amplo, é um movimento financeiro visando garantir que aqueles impactos não evitáveis ou não mitigáveis serão devidamente pagos ao conjunto da sociedade.

No Brasil, o mecanismo de compensação ambiental foi instituído por meio do Artigo 36 da Lei n.º 9.985, de 18 de julho de 2000 – Lei do Snuc (BRASIL, 2000). Ele se apresenta como uma obrigação legal, decorrente da apropriação individual de um bem caracterizado pelo direito difuso (direitos ou interesses que se sobreponham ao indivíduo e que seja de natureza indivisível), podendo atuar preventivamente a uma atividade econômica potencialmente poluidora. Essa lei, pelo tratamento dado ao tema da compensação, define em seu conteúdo uma hierarquia de emprego dos recursos pagos, todos voltados diretamente à conservação dos sistemas naturais e da garantia das relações ecológicas.

A exemplo da Lei do Snuc, outros mecanismos de compensação foram criados, visando garantir que os impactos incidentes sobre os ecossistemas fossem compensados de alguma forma, ainda que não revertidas diretamente em recurso pecuniário. Nesse caso vale mencionar a compensação prevista na Lei n.º 11.428 de 2006, a denominada Lei da Mata Atlântica (BRASIL, 2006), além das compensações de Reserva Legal (RL) e Áreas de Preservação Permanente (APPs).

Diante do exposto, nota-se que não faltam mecanismos voltados à compensação pelo uso dos serviços e bens ambientais. Contudo, falta ainda avaliar como todos esses mecanismos estão associados na redução do impacto das ações humanas sobre o meio ambiente. O que se percebe é uma ausência de agregação das ferramentas e políticas públicas. Em termos de utilização da compensação com fins de garantir a proteção dos sistemas ambientais, também é necessário que o poder público invista cada vez mais em mecanismos de retorno imediato dos pagamentos pelo uso individual de um bem coletivo (bem ambiental) em benefícios para o meio ambiente.

Torna-se primordial não se perder a perspectiva dada de que a compensação não é um fim em si, mas um constituinte de uma imensa cadeia de ações e eventos voltados à consecução das inúmeras determinações, que entendem o meio ambiente como um patrimônio que vai além dos limites das nações. Ações essas que devem, prioritariamente, objetivar a ausência de danos ambientais ou sua total mitigação, em detrimento do pagamento financeiro por um dano irreparável no espaço e no tempo.

Importância de se saber onde compensar

Em se tratando da busca pela eficácia e eficiência nos processos de compensação ambiental, um indicativo que tem um caráter óbvio de conservação e pouco possível de haver desvios em seu objetivo precípuo é aquele que trata da compensação no bioma Mata Atlântica.

Essa compensação, conforme determinado no Artigo 17 da Lei n.º 11.428/2006, está condicionada à "destinação de área equivalente à extensão da área desmatada, com as mesmas características ecológicas, na mesma bacia hidrográfica [...]." Em outras palavras, essa modalidade de compensação tem o fulcro de, naqueles casos em que a lei permite, destinar áreas de Mata Atlântica à preservação, funcionando como uma doação ao conjunto da sociedade.

Tal cuidado com a Mata Atlântica se justifica quando observamos os números relacionados à biodiversidade associados a ela. A despeito de seu estado de intensa degradação, esse bioma abriga cerca 849 espécies de aves, 370 espécies de anfíbios, 200 espécies de répteis, 270 de mamíferos (73 espécies endêmicas, das quais 21 constituem-se de espécies e subespécies de primatas) e 350 espécies de peixes (CÂMARA, 1996; CAMPANILI; SCHAFFER, 2010).

No estado de Minas Gerais, a Mata Atlântica compõe-se predominantemente pelo tipo vegetacional Floresta Estacional Semidecidual, ocorrente sob clima tropical estacional dominante, com seca de três a quatro meses, coincidindo com os períodos de outono/inverno. Essa floresta ocorre em altitudes que variam entre 700 m e 1000 m acima do nível do mar, e sua temperatura média oscila entre 22ºC e 26ºC, sendo as chuvas concentradas no verão, com médias de pluviosidade entre 1000 mm e 1800 mm anuais. Os solos mais frequentes são os latossolos profundos, areno-argilosos a argilosos, permeáveis, de cor vermelha, vermelho-amarelado, a roxa, com fertilidade entre média e alta. Seu dossel atinge a altura média de 30 m, podendo ultrapassar os 40 m (COUTINHO, 2016).

Os domínios da Mata Atlântica em Minas Gerais correspondiam, originalmente, a cerca de 40% de seu território, restando atualmente menos de 10% desse total. Somente para o período compreendido entre os anos de 2021 e 2022, o estado perdeu cerca de 37% da cobertura vegetacional do domínio atlântico remanescente (FUNDAÇÃO SOS MATA ATLÂNTICA; INSTITUTO NACIONAL DE PESQUISAS ESPACIAIS, 2023).

A redução drástica de áreas ocupadas pela Floresta Atlântica, que vem se perpetuando nos últimos anos, tem como uma das suas razões fundamentais a manutenção do tratamento da natureza como um ente apartado dos seres humanos. Mesmo com a crescente preocupação com o equilíbrio ambiental do planeta, o modelo atual de civilização, além de evidenciar tal distanciamento, demonstra a perda dessa conexão intrínseca própria das espécies.

Desse modo, o meio ambiente e o espaço geográfico passam a ser encarados como algo exterior e, portanto, passíveis de serem controlados, subjugados e explorados (SMITH, 1988; SILVA; SAMMARCO, 2015; ZACARIAS; HIGUCHI, 2017). O reflexo desse entendimento é uma mudança sem precedentes nos processos ecológicos, em uma escala quase global, como forma de resposta às intervenções introduzidas pelas populações humanas.

Dentre essas intervenções, as mudanças no uso da terra são os maiores impulsionadores dessas modificações na estrutura dos ecossistemas, sendo responsável por cerca de 33% da perda de biodiversidade nas Américas Central e do Sul, por exemplo, em que esses modelos de uso da terra são mais vulneráveis às mudanças climáticas (SALA *et al.*, 2000; BATEMAN *et al.*, 2013; MARQUES *et al.*, 2019).

Nesse contexto de perda de biodiversidade que os processos de conservação e restauração devem se amparar, adotando uma abordagem mais ampla no ordenamento territorial. A abordagem na escala da paisagem se faz importante, sobretudo, quando se busca a integração entre seus elementos constituintes (solo, ar, água etc.), como ferramenta para a implementação da governança, como base para um planejamento territorial eficiente (BRANCALION; CHAZDON, 2017; HOGNOGI et al., 2020).

É por meio desse planejamento que os impactos negativos sobre o meio ambiente podem ser evitados ou mitigados, em especial aqueles surgidos em decorrência do uso da terra em que se apoia o atual modelo de desenvolvimento, centrado unicamente na economia (BOYKO et al., 2017; DU; HUANG, 2017).

Tais abordagens são importantes para informar aos tomadores de decisão opções de conservação ou gestão que possam antecipar a resposta da biodiversidade aos impactos advindos das mudanças no clima e no uso do solo (MCKINNEY; JOHNSON, 2009; MITCHELL et al., 2009; MCKINNEY et al., 2010; TITEUX et al., 2017; BALDWIN et al., 2018).

Diante de tais desafios, uma atuação pontual pode se mostrar ineficaz, uma vez que não abrange a complexidade e os desdobramentos de ações individuais, descoladas de um planejamento em maior escala. Os desafios ambientais são mais bem abordados quando a gestão é realizada em escala da paisagem, visto que essa escala é capaz de abarcar os complexos processos ecológicos e sistêmicos que não estão restritos a uma circunscrição arbitrária (LAVEN et al., 2009; MITCHELL et al., 2009; MCKINNEY et al., 2010; JEWISS; MITCHELL, 2013; BALDWIN et al., 2018; COCKBURN et al., 2019).

O meio abiótico representa um importante princípio para a construção de um planejamento sistêmico, uma vez que elementos tais como relevo, solo e elevação desempenham um papel crítico na determinação da distribuição das espécies e na qualidade dos ambientes naturais (TRICART, 1977; TROMBULAK; BALDWIN, 2010).

Os aspectos morfométricos ligados a esses elementos se mostram importantes para explicar os processos ecológicos, bem como para maximizar o planejamento do espaço, levando em conta as potencialidades e fragilidades do conjunto dos ambientes naturais (ROSS, 1992, 1994).

Um possível enfoque nessa busca pela eficiência e eficácia pretendida passa pela definição, por meio de procedimentos de análise e modelagem de sistemas ambientais, de quais seriam as áreas prioritárias para a destinação dessa compensação, sem que esse processo esteja a cargo unicamente do empreendedor.

É fundamental que o poder público se antecipe às questões que envolvam direta ou indiretamente a gestão ambiental. E estar de posse de tais ferramentas pode se constituir em um diferencial na busca pelo equilíbrio pretendido pelo Artigo 225 da Constituição Federal, que estende a todos o direito ao meio ambiente ecologicamente equilibrado.

As ferramentas de previsão e proatividade ambiental se tornam imprescindíveis, sobretudo, em um cenário no qual as pressões antrópicas (sobretudo as econômicas) têm se sobreposto. Essas pressões acabam por comprometer a resiliência, manutenção e sobrevivência dos sistemas naturais. Concomitantemente a isso, é alarmante a expectativa da ocorrência da expansão urbana de cerca de 160% sobre a Mata Atlântica até o ano de 2030 (SETO et al., 2012).

Como exemplo de antecipação, o processo de modelagem clássica para o território de Minas Gerais, realizada no presente estudo considerando a perda de áreas naturais, demonstra que há uma tendência de perda da ordem de 36% da cobertura natural do estado até o ano de 2043 (Figura 53).

Figura 53 – Uso e cobertura do solo para os anos de 2013 e 2043, produzidas pelo processo de modelagem preditiva

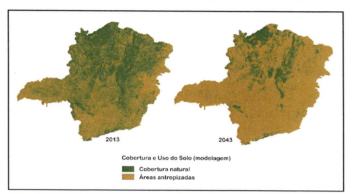

Fonte: os autores

Considerando-se unicamente o território de domínio do bioma Mata Atlântica, a perda estimada é de aproximadamente 36% (Figura 54). Tal resultado é compatível com o percentual de perda previsto para o estado como um todo, o que comprova que, ainda que exista uma legislação própria de proteção para esse bioma, a ausência de um olhar particularizado para as atividades de uso do solo em Minas Gerais poderá acarretar a perda irreparável de áreas naturais. Como consequência, haverá indubitavelmente o comprometimento da biodiversidade e do provimento dos serviços ecossistêmicos.

Figura 54 – Perda de área natural, no bioma Mata Atlântica, prevista para o ano de 2043

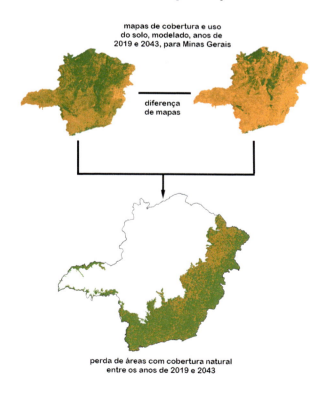

Fonte: os autores

Fragilidades ambientais e a determinação da sobrevivência dos ecossistemas

Se por um lado, o processo de modelagem nos permite uma predição bastante confiável do ritmo e direcionamento das mudanças que ocorrem e ocorrerão na cobertura vegetal e uso do solo, saber como essas mudanças interagem com a paisagem natural e suas fragilidades inerentes se constitui em uma ferramenta poderosa na definição dos locais prioritários às ações de conservação, recuperação e restauração ambiental.

Desse modo, o mapeamento da fragilidade ambiental é um dos instrumentos fundamentais voltados ao planejamento do uso e ocupação do solo, sobretudo para os gestores, por apresentar um cenário seguro acerca das fragilidades potenciais e em associação com os diversos tipos de usos, coberturas e ocupações do solo. Essa fragilidade está diretamente relacionada à degradação dos ambientes naturais, quer sejam por causas naturais, quer sejam por pressões antrópicas (FRANCO *et al.*, 2012; VALLE *et al.*, 2016).

A fragilidade pode ser potencial, quando se refere àquela própria da relação entre o meio natural (declividade, geomorfologia e classes de solos, por exemplo), ou emergente, quando advém das interações antrópicas de ocupação e uso do solo, tais como a agricultura e pecuária.

Dos procedimentos de cálculo da fragilidade, em termos de fragilidades naturais (fragilidade potencial), o estado de Minas Gerais se apresenta bastante estável, apresentando suas áreas com maiores fragilidades inatas restritas a locais bem delimitados, tais como a Serra do Espinhaço e a Serra da Canastra, conforme demonstrado na Figura 55.

Figura 55 – Mapa de fragilidade potencial para a totalidade do estado de Minas Gerais

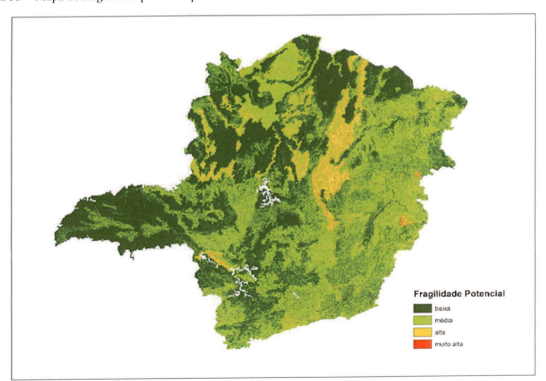

Fonte: os autores

O mapa de fragilidade emergente gerado para o ano de 2021 (recortado o domínio do bioma Mata Atlântica) demonstra que o uso do solo desordenado e sem planejamento condiciona o estado de Minas Gerais a um contexto de ambientes quase que inteiramente frágeis e sujeitos às ações naturais (Figura 56). Tais processos podem conduzir à perda dos ecossistemas e da biodiversidade, resultando, em última análise, em prejuízos à própria manutenção das atividades humanas.

Figura 56 – Mapa de fragilidade emergente, calculado para os domínios da Mata Atlântica (ano 2021)

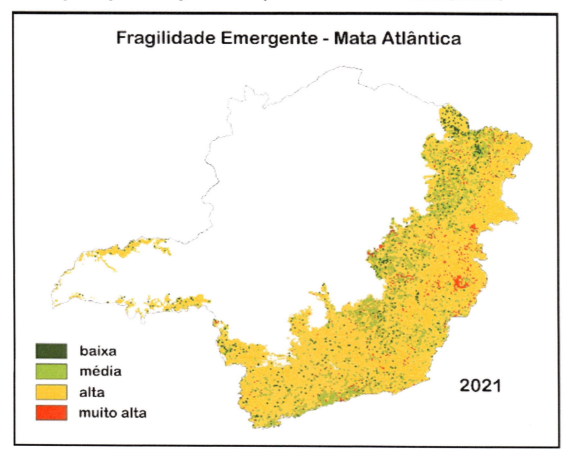

Fonte: os autores

Conforme mostrado na Figura 56, tendo em vista ao alto índice de fragilidade emergente observado nas áreas do domínio da Mata Atlântica, faz-se premente a adoção de ações voltadas a essas áreas de maior fragilidade, considerando-se processos erosivos, perda de solo, inundações, assoreamentos de cursos d'água, dentre outros.

O caminho exemplificado acima, de se trabalhar o processo de fragilidade e sua associação com dados — como aqueles de predição acerca da área a ser perdida se for mantido o atual quadro de uso e ocupação do solo – conjuntamente ao demonstrativo atual da cobertura vegetal presente no estado de Minas Gerais, pode permitir a obtenção de uma possível visão de quais territórios o poder público deve atuar afirmativamente, com o objetivo de otimizar o processo de compensação no bioma Mata Atlântica (Figura 57).

Figura 57 – Definição das áreas prioritárias para a compensação florestal nos domínios do bioma Mata Atlântica no estado de Minas Gerais

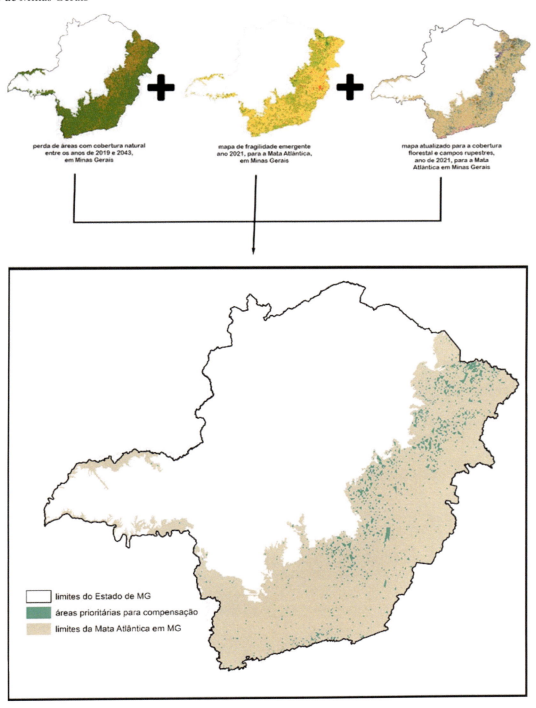

Fonte: os autores

Ainda que a decisão quanto à destinação de áreas a título de compensação por supressão de vegetação no bioma Mata Atlântica seja do empreendedor, não há que se desconsiderar a necessidade de uma ação mais proativa do poder público. A gestão dos tomadores de decisão — quando realizada junto aos empreendedores — pode significar a diferença entre um processo exitoso ou falhas na proteção ao meio ambiente e seus componentes.

Instrumentos de gestão eficientes e eficazes

O poder público e os tomadores de decisão devem atuar conjuntamente, em especial quando o tema é a preservação do meio ambiente equilibrado, em um quadro de busca por crescimento econômico e de bem-estar da população. Nesse contexto, muitas são as possibilidades de instrumentos de gestão passíveis de serem empregadas.

Uma das ferramentas de gestão passível de utilização se refere aos mapas de fragilidade. Diferentemente de tantas outras ferramentas, e a partir do avanço das técnicas de Geoprocessamento e ampliação dos bancos de dados geográficos, a simplicidade dessa metodologia se encaixa bem nas necessidades prementes dos tomadores de decisão.

O grande número de processos autorizativos, em um contexto de reduzido corpo técnico dos órgãos ambientais para as análises e deliberação, demanda instrumentos que possam ser mais acessíveis e céleres no sentido de apontar soluções para a gestão do território.

Desse modo, ao indicar-se o mapa de fragilidades gerado utilizando-se recursos do Geoprocessamento e do Sensoriamento Remoto, o que se buscou foi oferecer uma ferramenta de fácil acesso e que, em virtude de sua estabilidade em termos de diagnóstico ambiental, pudesse ser utilizada como ponto de partida para outras análises em prol de fundamentar o processo decisório. Os mapas de fragilidade se adequam a isso, principalmente por abordar um aspecto fundamental na abordagem conservacionista: a paisagem.

Enquanto elemento fundamental da paisagem, o relevo reflete os processos de interação existentes entre as forças de soerguimento e erosão (SCHMIDT; MONTGOMERY, 1995). Tais forças atuam em um tempo diferente das ações humanas. Dessa forma, em termos de tempo geológico, há uma estabilidade presente no elemento geomorfológico que garante uma longevidade dos dados gerados por esses procedimentos. As formas de relevo atreladas à dinâmica da paisagem constituem-se, portanto, em elementos necessários a se considerar na análise acerca da implantação de qualquer atividade antrópica em um ambiente natural (ROSS, 1990).

Em relação às definições de fragilidade, elas são importantes de serem consideradas quando o contexto é o do planejamento territorial ambiental, sobretudo por adotar princípios que afetam diretamente a distribuição dos organismos e os processos ecossistêmicos (LUIZÃO et al., 2013; ROSS, 1994).

Um mapa de fragilidade ambiental potencial, para a escala do estado de Minas Gerais, consagra-se como uma metodologia de fácil acesso por utilizar dados estáveis, tais como declividade e tipos de solos. É a partir desse mapa de fragilidade ambiental potencial que se pode construir o mapa de fragilidade emergente, que é a radiografia de como o uso do solo é capaz de interferir nos processos naturais.

Como resultado desses procedimentos, por exemplo, para o ano de 2021, cerca de 85,4% das áreas mapeadas apresentavam uma fragilidade ambiental emergente entre alta e muito alta. Uma observação pormenorizada dessas áreas permite a constatação da existência de um mosaico de áreas com cobertura vegetal cercadas por processos de urbanização, agropecuária, empreendimentos minerários, em um gradiente de relevo decrescente, à medida que se vê o aumento da fragilidade ambiental emergente (ROSS,1990).

Em termos da possibilidade da utilização das fragilidades como instrumento de definição de áreas prioritárias para compensação, dois aspectos devem ser observados tanto em relação aos resultados dos procedimentos técnicos, quanto em relação ao comportamento técnico a ser adotado em relação ao tema. O primeiro diz respeito à adição de outros aspectos ambientais e administrativos ao mapa de fragilidade ambiental emergente.

A possibilidade de se predizer uma possível perda de cobertura vegetal em áreas predeterminadas, com um grau de moderado a alto de confiabilidade tem condição de impulsionar uma ação proativa, tanto dos órgãos ambientais quanto das empresas, no sentido de se indicar ferramentas mais eficientes na direção de se aumentar os "ganhos ambientais". Existem vários indícios e comprovações de que um comportamento ambiental proativo tende a ser mais eficiente e agrega mais valor aos produtos e ações do que uma postura mais reativa, cuja motivação, normalmente, é a pressão exercida por grupos externos (TEIXEIRA *et al.*, 2010).

O segundo aspecto reside exatamente no uso do termo "ganho ambiental". Não há um conceito sedimentado acerca do que venha a ser um ganho ambiental, sem se esmiuçar todos os aspectos ali envolvidos. Quando o estado de Minas Gerais, promulgou em 2019 o Decreto n.º 47.749 (MINAS GERAIS, 2019), ele trouxe em seu artigo 50 uma definição para tal:

> Artigo 50. Entende-se por área com mesmas características ecológicas, área inserida nos limites geográficos do Bioma Mata Atlântica, com similaridade de estrutura vegetacional, conforme características de fitofisionomia, estágio sucessional, riqueza de espécies e endemismo, podendo ser considerado o ganho ambiental no estabelecimento da área como protegida, quando for inviável o atendimento de algumas destas características.
>
> § 1º Para fins de aplicação do caput, entende-se por ganho ambiental o conjunto de ações de conservação ou recuperação que promovam a redução da fragmentação de habitats e o aumento da conectividade entre sistemas, com a finalidade de reforçar a importância ecológica da área, por meio da formação ou do incremento de corredores ecológicos e recuperação de áreas antropizadas.
>
> § 2º O órgão ambiental competente promoverá vistoria prévia na área destinada à compensação para avaliar e atestar que as características ecológicas e a extensão da área são compatíveis com a compensação pretendida.

O artigo supracitado, além de trazer uma tentativa de se definir o que viriam a ser "mesmas características ecológicas", também, em seus parágrafos 1º e 2º, trouxe o que viria a ser ganho ambiental e a importância do órgão ambiental na definição prática das ações previstas pelos parágrafos em questão, e que possam ser encarados como ganho ambiental.

Contudo não há no Decreto ou em outro instrumento regulamentador algum mecanismo que estabeleça quais parâmetros de avaliação ambiental devem ser considerados. De tal modo, nota-se uma ausência de padronização, deixando a cargo técnico, individualmente, as definições acerca dos chamados ganhos.

Os muitos aspectos envolvidos na tomada de decisões acerca das compensações já mostraram que talvez o termo "ganho ambiental" deva ser substituído por aquilo que se cunhou como "ganho líquido" em conservação. Diferentemente de "perda nenhuma", o ganho líquido é aquilo que se espera efetivamente quando se buscou utilizar o termo "ganho ambiental".

A compensação ambiental, no presente modelo em que se estrutura (decisão unicamente a cargo do empreendedor), tem um caráter mais próximo de se evitarem as perdas líquidas do que propriamente providenciar um efetivo ganho líquido. De acordo com Gardner *et al.* (2013), para que as compensações sejam realmente efetivas (sem perda líquida), os ganhos efetivos de biodiversidade deverão ser comparáveis às perdas ocorridas, considerando o contexto da paisagem.

Desse modo, somente as compensações baseadas em fitofisionomias semelhantes não garantem a efetividade do objetivo de não ocorrer perda líquida. Elementos como os trazidos pelo Decreto Estadual de 2019 (redução da fragmentação de habitats e o aumento da conectividade entre sistemas) devem representar mais ações efetivas de ganho líquido em termos de conservação, do que uma série de conceitos pouco mensuráveis durante o licenciamento. Daí, a necessidade de ações proativas objetivando definir-se previamente as áreas prioritárias baseadas em critérios mais sólidos de melhoria da qualidade ambiental.

Por fim, uma vez abordados os aspectos geográficos e ambientais, resta discutir os aspectos técnicos e políticos envolvidos na aplicação de uma metodologia com esse caráter. Inicialmente, cabe destacar que a implementação de políticas públicas está na dependência direta de ações normativas e reguladoras por parte do Estado (MMA, 2003).

Não é papel, portanto, da presente discussão propor aspectos legislativos, mas seus desdobramentos diretos e indiretos na eficiente gestão da paisagem, mormente em relação às compensações florestais no bioma Mata Atlântica. Para tanto, dois aspectos foram considerados na construção da proposta de aplicação das áreas prioritárias para compensação: instrumentos já existentes e formas de aprimorá-los.

A Lei Complementar n.º 140 (BRASIL, 2011) trouxe ao escopo da gestão ambiental as normas e termos voltados a disciplinar as competências no contexto do Sistema Nacional de Meio Ambiente — Sisnama (BRASIL, 1981). É essa lei que define que o licenciamento de empreendimentos que utilizam recursos ambientais dentro dos limites de um estado está a cargo do órgão ambiental licenciador daquele estado.

Igualmente, cabe ao estado a decisão acerca das compensações florestais incidentes sobre o bioma Mata Atlântica, em obediência à chamada Lei n.º 11.428, a Lei da Mata Atlântica (BRASIL, 2006), uma vez que a compensação é parte integrante do licenciamento.

Dessa forma, tem-se um instrumento bem definido de competências e que permite ao ente público antecipar-se às solicitações, em prol de um planejamento sistêmico, à escala da paisagem. Inclusive, o ano de 2008 trouxe a edição do documento intitulado "Zoneamento Ecológico-Econômico do Estado de Minas Gerais" (MINAS GERAIS, 2008), em que se realizou um diagnóstico macroscópico do estado, voltado a subsidiar o planejamento de políticas públicas.

Apesar dos instrumentos existentes, o que tem persistido nos processos de licenciamento, e por conseguinte na definição de áreas voltadas à proteção dos bens naturais, é a abordagem pontual dos empreendimentos, sem que se considere o contexto desse empreendimento no conjunto da paisagem. Esse se constitui em um grande gargalo para a consecução da conservação, sendo que a melhoria dos processos de compensação passa pelo aprimoramento da qualidade na abordagem do licenciamento ambiental.

As decisões acerca das compensações não levam em conta o papel dessas áreas em um contexto maior de conservação e melhoria da qualidade ambiental. Ao mesmo tempo, não há um acompanhamento eficaz das ações e compromissos assumidos no período do pós-licenciamento, garantindo a efetividade das análises e apontamentos trazidos pelos processos de licenciamento (SÁNCHEZ, 2008).

Assim, um primeiro passo é utilizar os dados já existentes nos diversos sistemas de informação do estado de Minas Gerais como forma de fundamentar os processos decisórios acerca da implantação de determinado empreendimento ou na escolha de suas condicionantes, especialmente nas definições locacionais das compensações.

Vale evidenciar que as questões referentes à Mata Atlântica, por força da legislação, também devem ser submetidas ao crivo do órgão ambiental federal (Instituto Brasileiro do Meio Ambiente e dos Recursos Naturais Renováveis – Ibama), à título de emissão de anuência prévia à supressão de vegetação do bioma Mata Atlântica (BRASIL, 2019).

Desse modo, ainda que aprovar a compensação florestal seja uma atribuição do estado, o ente federal também tem a competência para se imiscuir na questão, apresentando alternativas ambientalmente mais viáveis, ou mesmo enquadrar essa compensação em um contexto ambiental maior. Da mesma maneira que o órgão estadual não possui essa visão sistêmica, também o órgão federal não o faz.

Um outro ponto que traz uma potencialidade a ser explorada e que pode render bons resultados é a interlocução existente entre os empreendedores e os órgãos ambientais, quer sejam estaduais ou federais. Lançando mão de tal interlocução, caberia o esforço de apresentar ao empreendedor alternativas locacionais para as compensações florestais, permitindo a otimização desse instrumento já previsto como obrigação legal de quem pleiteia as licenças e autorizações.

Em termos de processo decisório é que a organização participativa no estado de Minas Gerais se constitui em uma potencialidade, mas que tem visto seu esvaziamento nos últimos anos. O processo decisório no Sisema está atribuído a um conjunto de câmaras técnicas que, por força da Lei n.º 47.565 (MINAS GERAIS, 2018), devem decidir sobre processos decisórios e suas respectivas compensações, de acordo com sua competência.

A partir desse marco legislativo, dentre as câmaras criadas, a decisão acerca da aprovação das propostas de compensação florestal no bioma Mata Atlântica ficou a cargo da Câmara de Proteção à Biodiversidade (CPB), constituída por membros representantes dos diversos segmentos do poder público e da sociedade civil organizada.

O objetivo precípuo dessa Câmara, assim como as demais, é garantir a legitimidade do processo de tomada de decisão. Esse é o princípio da participação popular e que é característica marcante das sociedades que preconizam o processo democrático nas decisões (SÁNCHEZ, 2013). Contudo o que se vem observando é o esvaziamento da CPB, com a eleição de representantes por força política, mas sem capacidade técnica para se discutir determinados temas e suas especificidades.

Dessa forma, o processo de votação dos processos fica prejudicado pela ausência de uma expertise mínima que garanta um voto de qualidade, em que o interesse final seja a proteção à biodiversidade. Cabe ao estado reestruturar suas câmaras, garantindo aos membros um processo de capacitação contínua, de forma a avaliar a tomada de decisões com mais qualidade.

Como visto, o estado de Minas Gerais já possui um número considerável de ferramentas aptas a otimizar o processo de avaliação, análise e decisão quanto ao ordenamento de seu território. Não há a necessidade de se criarem instrumentos, sem que antes se busque uma integração entre os muitos já existentes. Mesmo para uma metodologia relativamente simples de se aplicar, tal qual é a definição de áreas para compensação baseadas na fragilidade ambiental, se não houver uma confluência de informações ambientais, essa metodologia se mostrará ineficaz e ineficiente.

CONSIDERAÇÕES FINAIS

No contexto da fragmentação das informações existentes e da não observância ao aspecto sistêmico da gestão do território, a utilização da perspectiva dada pelo mapa de fragilidade, para a definição de áreas para compensação, é um ponto de partida que se mostra promissor, sobretudo em um contexto em que não há uma organização de informações e procedimentos por parte dos órgãos ambientais.

Por se tratar de uma metodologia que se utiliza de dados de caráter mais estático (relevo e solo), ele é um elemento de mais fácil acesso técnico, sobretudo com as exigências nos processos de licenciamento e as pressões políticas e econômicas em torno de sua celeridade.

Entretanto, há um aspecto que não deve ser esquecido na adoção dessa ou de qualquer outra metodologia: a dinâmica da paisagem. As paisagens são dinâmicas e, portanto, os instrumentos de gestão devem ser encarados como um processo contínuo de aprimoramento em busca de uma eficiência cada vez maior. Além disso, se tal dinâmica não estiver amparada por uma gestão responsável, proativa e menos permissiva em relação ao poderio econômico, qualquer metodologia se mostrará ineficiente e ineficaz.

REFERÊNCIAS

BAKER, W. L. A review of models of landscape change. **Landscape Ecology**, v. 2, n. 2, p. 111-133, 1989.

BALDWIN, R. F. et al. The Future of Landscape Conservation. **BioScience**, v. 68, n. 2, p. 60-63, 2018.

BATEMAN, I. J. et al. Bringing ecosystem services into economic decision-making: Land use in the United Kingdom. **Science**, v. 341, n. 6141, p. 45-50, 2013.

BOYKO, T.; DZHYGYREY, I.; ABRAMOVA, A. Using the assessment method of environmental risk of a project in strategic territorial planning. **Eastern-European Journal of Enterprise Technologies**, v. 3, n. 87, p. 10-17, 2017.

BRAGA E SILVA, L. G. Meio ambiente e responsabilidade civil do proprietário: análise do nexo causal. **Scientia Iuris**, v. 20, n. 3, p. 330, 2016.

BRANCALION, P. H. S.; CHAZDON, R. L. Beyond hectares: four principles to guide reforestation in the context of tropical forest and landscape restoration. **Restoration Ecology**, v. 25, n. 4, p. 491-496, 2017.

BRASIL. **Lei nº 6.938/1981**. Brasil. 1981.

BRASIL. **Resolução Conama nº 1/1986**. 1986.

BRASIL. **Constituição Federal de 1988Constituição Federal de 1988**. 1988.

BRASIL. **RESOLUÇÃO CONAMA nº 237/1997**. 1997. Disponível em: https://www.icmbio.gov.br/cecav/images/download/CONAMA 237_191297.pdf.

BRASIL. **Sistema Nacional das Unidades de Conservação -SNUC**. 2000. Disponível em: http://www.icmbio.gov.br/sisbio/images/stories/instrucoes_normativas/SNUC.pdf.

BRASIL. **Lei 11.428 de 22 de dezembro de 2006 - Lei da Mata Atlântica**. 2006. Disponível em: http://www.planalto.gov.br/ccivil_03/_ato2004-2006/2006/lei/l11428.htm.

BRASIL. **Lei Complementar nº 140, de 8 de dezembro de 2011**. 2011.

BRASIL. **Lei nº 12.651/2012**. 2012. Disponível em: http://www2.camara.leg.br/legin/fed/lei/2012/lei-12651-25-maio-2012-613076-normaatualizada-pl.pdf.

BRASIL. **Instrução normativa nº 9, de 25 de fevereiro de 2019**. 2019.

CÂMARA, I. G. **Plano de ação para a Mata Atlântica. Série Políticas Públicas - Caderno 04**. [*S. l.: s. n.*].

CAMPANILI, M.; SCHAFFER, W. B. Mata Atlântica: Manual de Adequação Ambiental. **Biodiversidade**, n. 35, p. 96, 2010.

COUTINHO, L. M. **Biomas Brasileiros**. São Paulo: Oficina de Textos, 2016. 128 p.

DU, X.; HUANG, Z. Ecological and environmental effects of land use change in rapid urbanization: The case of hangzhou, China. **Ecological Indicators**, v. 81, p. 243-251, 2017.

FOREST-TRENDS. **Biodiversity Market:** Overview. Disponível em: https://www.ecosystemmarketplace.com/marketwatch/biodiversity/.

FRANCO, G. B.; BETIM, L. S.; MARQUES, E. A. G.; GOMES, R. L.; DA SILVA CHAGAS, C. Relação qualidade da água e fragilidade ambiental da Bacia do Rio Almada, Bahia. **Revista Brasileira de Geociencias**, v. 42, suppl. 1, p. 114-127, 2012.

FUNDAÇÃO SOS MATA ATLÂNTICA; INSTITUTO NACIONAL DE PESQUISAS ESPACIAIS. **Relatório técnico**: Atlas dos remanescentes florestais da Mata Atlântica período 2015-2016Ministério da Ciência e Tecnologia. [*S. l.: s. n.*].

GARCEZ, G. S. O princípio da solidariedade intergeracional como pressuposto para a adoção de um paradigma ambiental de sustentabilidade. **InterfacEHS – Revista de Saúde, Meio Ambiente e Sustentabilidade**, v. 9, n. 1, p. 147-160, 2014. Disponível em: http://hdl.handle.net/11058/5523.

GARDNER, T. A. *et al*. Biodiversity Offsets and the Challenge of Achieving No Net Loss. **Conservation Biology**, v. 27, n. 6, p. 1254-1264, 2013.

GOLDEMBERG, J. Progresso e meio ambiente. **O Estado de São Paulo**, 18 abr. 2006. Disponível em: https://www.saopaulo.sp.gov.br/spnoticias/na-imprensa/progresso-e-meio-ambiente/.

GONÇALVES, V. B. O princípio da precaução e a gestão dos riscos ambientais: contribuições e limitações dos modelos econômicos. **Ambiente & Sociedade**, v. 16, n. 4, p. 121-138, 2013.

GORDILHO, H.; OLIVEIRA, T. Os Colegiados Ambientais Como Expressão Do Princípio Da Participação Popular No Direito Brasileiro: O Caso do Conama. **Revista Juridica**, v. 3, n. 36, p. 233-261, 2014.

GRANZIERA, M. L. M. **Direito Ambiental**. 3. ed. São Paulo: Editora Atlas, 2014. 808 p.

HISCH, T. *et al*. **Global Biodiversity Outlook 3**. [*S.l.: s.n.*]. Disponível em: https://www.cbd.int/doc/publications/gbo/gbo3-final-en.pdf.

HOGNOGI, G. G. *et al*. Increasing territorial planning activities through viewshed analysis. **Geocarto International**, p. 1-11, 2020. Disponível em: https://doi.org/10.1080/10106049.2020.1730450.

IENE. **Ecological Compensation**. Disponível em: https://handbookwildlifetraffic.info/ch-8-ecological-compensation/8-1-the-concept-of-ecological-compensation/. Acesso em: 11 fev. 2020.

KUHNEN, T. A. Do valor intrínseco e de sua aplicabilidade ao meio ambiente. **ethic@**, v. 3, n. 3, p. 255-273, 2004.

LINDSEY, R.; DAHLMAN, L. **Climate Change:** Global Temperature. Disponível em: https://www.climate.gov/news-features/understanding-climate/climate-change-global-temperature. Acesso em: 12 mar. 2020.

LINDSEY, T. C. Sustainable principles: Common values for achieving sustainability. **Journal of Cleaner Production**, v. 19, n. 5, p. 561-565, 2011. Disponível em: http://dx.doi.org/10.1016/j.jclepro.2010.10.014.

LUIZÃO, F. J. et al. Impactos Antrópicos no Ecossistema de Floresta Tropical. *In:* TABARELLI, M. et al. **PELD - CNPq:** dez anos do Programa de Pesquisas Ecológicas de Longa Duração do Brasil : achados, lições e perspectivas. Recife: Ed. Universitária da UFPE, 2013. p. 446.

MACHADO, P. A. L. **Princípios gerais de direito ambiental internacional e a política ambiental brasileira Revista de Informação Legislativa**. 1993.

MANGUEIRA, C. O. D. M. Função social da propriedade e proteção ao meio ambiente : notas sobre os espaços protegidos nos imóveis rurais. **Revista de Informação Legislativa**, v. 37, n. 146, p. 229-249, 2000.

MARQUES, A. et al. Increasing impacts of land use on biodiversity and carbon sequestration driven by population and economic growth. **Nature Ecology and Evolution**, v. 3, n. 4, p. 628-637, 2019.

MAZZILLI, H. N. **A defesa dos interesses difusos em juízo:** meio ambiente, consumidor, patrimônio cultural, patrimônio público e outros interesses. São Paulo: Saraiva, 2016. 1001 p.

MCKINNEY, M. J.; JOHNSON, S. **Working across boundaries:** people, nature, and regions International Journal of Geographical Information Science. [*S. l.*]: Lincoln Institute of Land Policy, 2009.

MCKINNEY, M.; SCARLETT, L.; KEMMIS, D. **Large Landscape Conservation:** A Strategic Framework for Policy and Action. [*S. l.*]: Lincoln Institute of Land Policy, 2010. 56 p.

METAXAS, H. M. A Importância do Licenciamento Ambiental na Prevenção de Danos ao Meio Ambiente. **Revista Científica Semana Acadêmica**, n. 73, p. 20, 2015. Disponível em: https://semanaacademica.com.br/artigo/importancia-do-licenciamento-ambiental-na-prevencao-de-danos-ao-meio-ambiente.

MINAS GERAIS. **Zoneamento Ecológico Econômico do Estado de Minas Gerais**. Lavras: Editora UFLA, 2008.

MINAS GERAIS. **Decreto nº 47.565, de 19 de dezembro de 2018**. Brasil. 2018.

MINAS GERAIS. **Decreto nº 47.772, de 02 de dezembro de 2019**. Brasil. 2019.

MITCHELL, N.; RÖSSLER, M.; TRICAUD, P.-M. **World Heritage Cultural Landscapes:** A Handbook for Conservation and Management. [*S.l.: s.n.*], 2009. 137 p.

MMA. **Fragmentação de Ecossistemas - causas, efeitos sobre a biodiversidade e recomendações de políticas públicas**. Brasília: MMA/SBF, 2003. 510 p.

PERRY, G. L. W.; ENRIGHT, N. J. Spatial modelling of vegetation change in dynamic landscapes: A review of methods and applications. **Progress in Physical Geography**, v. 30, n. 1, p. 47-72, 2006.

ROBÈRT, K. H. Tools and concepts for sustainable development, how do they relate to a general framework for sustainable development, and to each other? **Journal of Cleaner Production**, v. 8, n. 3, p. 243-254, 2000.

ROCHA, T. do A.; QUEIROZ, M. O. B. de. O Meio Ambiente como um Direito Fundamental da Pessoa Humana. **Âmbito Jurídico**, v. 14, n. 95, p. 1-18, 2011. Disponível em: http://r1.ufrrj.br/revistaconti/pdfs/1/ART4.pdf.

ROSS, J. L. O registro dos fatos geomórficos e a questão da taxonomia do relevo. **Revista do Departamento de Geografia**, v. 6, p. 17-29, 1992.

ROSS, J. L. S. **Geomorfologia - Ambiente e Planejamento**. São Paulo: Editora Contexto, 1990. 89 p.

ROSS, J. L. S. Análise Empírica Da Fragilidade Dos Ambientes Naturais Antropizados. **Revista Do Departamento De Geografia**, v. 8, p. 63-74, 1994.

SALA, O. E. *et al*. Global biodiversity scenarios for the year 2100. **Science**, v. 287, n. 5459, p. 1770-1774, 2000.

SÁNCHEZ, L. E. A Etapa de Acompanhamento no Processo de Avaliação de Impacto Ambiental. *In:* **Avaliação de impacto ambiental**: conceitos e métodos. São Paulo: Oficina de Textos, 2008. p. 495.

SÁNCHEZ, L. E. **Avaliação de Impacto Ambiental:** Conceitos e Métodos. São Paulo: Oficina de Textos, 2013. 495 p.

SCARANO, F. R. *et al*. **Potência Ambiental da Biodiversidade:** um caminho inovador para o Brasil. [*S.l.: s.n.*], 2018. Disponível em: https://www.bpbes.net.br/wp-content/uploads/2018/12/Potência-Ambiental-da--Biodiversidade-um-caminho-inovador-para-o-Brasil.pdf.

SCHMIDT, K. M.; MONTGOMERY, D. R. Limits to relief. **Science**, v. 270, n. 5236, p. 617-620, 1995.

SETO, K. C.; GÜNERALP, B.; HUTYRA, L. R. Global forecasts of urban expansion to 2030 and direct impacts on biodiversity and carbon pools. **Proceedings of the National Academy of Sciences of the United States of America**, v. 109, n. 40, p. 16083-16088, 2012.

SILVA, K. C. da; SAMMARCO, Y. M. Relação Ser Humano e Natureza: Um Desafio Ecológico e Filosófico. **Remoa**, v. 14, n. 2, p. 1-12, 2015.

SMITH, N. **Desenvolvimento Desigual Natureza, Capital e a Produção de Espaço**. Rio de Janeiro: Editora Bertrand Brasil S.A., 1988. 250 p.

SOARES-FILHO, B. S.; CERQUEIRA, G. C.; PENNACHIN, C. L. DINAMICA – a stochastic cellular automata model designed to simulate the landscape dynamics in an Amazonian colonization frontier. **Ecological Modelling**, v. 154, n. 3, p. 217-235, 2002.

TEIXEIRA, A. A. *et al*. Tipologia Das Práticas Motivacionais E Organizacionais Em Relação À Gestão Ambiental: Estudo De Múltiplos Casos Com Empresas. **Encontro Nacional de Engenharia de Produção**, 2010.

TITEUX, N. *et al*. Global scenarios for biodiversity need to better integrate climate and land use change. **Diversity and Distributions**, v. 23, n. 11, p. 1231-1234, 2017.

TRICART, J. **Ecodinâmica**. Rio de Janeiro: SUPREN - IBGE, 1977. 91 p.

TROMBULAK, S. C.; BALDWIN, R. F. **Landscape-scale Conservation Planning**. [*S.l.*]: Springer Netherlands, 2010. 433 p.

VALLE, I. C.; FRANCELINO, M. R.; PINHEIRO, H. S. K. Mapeamento da fragilidade ambiental na bacia do rio Aldeia Velha, RJ. **Floresta e Ambiente**, v. 23, n. 2, p. 295-308, 2016.

ZACARIAS, E. F. J.; HIGUCHI, M. I. G. Relação pessoa-ambiente: caminhos para uma vida sustentável. **Interações (Campo Grande)**, v. 18, n. 3, p. 121-129, 2017.

SOBRE OS AUTORES

ORGANIZADORES:

Ricardo Alexandrino Garcia

Professor associado do departamento de Geografia do Instituto de Geociências (IGC) da Universidade Federal de Minas Gerais (UFMG). Possui uma trajetória notável no campo acadêmico. Desde 2010, ele tem liderado com excelência o Laboratório de Estudos Territoriais (LESTE/IGC/UFMG), demonstrando seu compromisso com a pesquisa e o ensino de alta qualidade; desempenhou papéis de destaque ao longo de sua carreira, tais como coordenador do Programa de Pós-Graduação em Geografia (UFMG), tanto no período entre 2015 e 2019 quanto atualmente. Estendeu sua influência ao programa de Pós-Graduação em Análise e Modelagem de Sistemas Ambientais (UFMG), onde exerceu a função de subcoordenador em dois mandatos: de 2013 a 2015 e novamente de 2022 a 2023. Sua dedicação à área administrativa é evidenciada por seu papel como subchefe do departamento de Geografia no biênio 2014-2015 e como diretor do prestigioso Instituto Casa da Glória (Eschwege) de 2010 a 2013, todas essas posições vinculadas ao IGC/UFMG. Exerce considerável dedicação como editor-chefe do periódico *Cadernos do Leste* (1679-5806) e editor da revista *Geografias* (1808-8058), reforçando seu comprometimento com a disseminação do conhecimento científico. Com uma formação sólida que inclui mestrado (2000) e doutorado (2002) em Demografia pela UFMG, além de graduação em Psicologia (1995) pela USP e pós-doutorado em Geografia (2009) pela UFMG, é um especialista versátil. Sua expertise abrange diversas áreas, como geografia regional, métodos de análise regional, desenvolvimento econômico, geografia aplicada, distribuição espacial das atividades econômicas, regionalização, teoria e métodos quantitativos, modelos estocásticos, multivariados e espaciais, modelagem de sistemas, geoprocessamento e modelos espacialmente explícitos, projeção populacional e distribuição espacial da população, movimentos populacionais e migração. É o líder do grupo de pesquisa em Geografia Aplicada (CNPq) e tem atuado na orientação e publicação de diversos trabalhos acadêmicos nas áreas da Geografia Econômica, Geografia da Saúde, Planejamento Urbano e Regional, Ciências Ambientais e Demografia.

Orcid: 0000-0001-7144-9866

Rodrigo Affonso de Albuquerque Nóbrega

Rodrigo Affonso de Albuquerque Nóbrega é graduado em Engenharia Cartográfica pela Unesp (1996). Mestre e doutor em Engenharia de Transportes com ênfase em Sensoriamento Remoto e SIG pela Escola Politécnica da USP e Mississippi State University (2007). Desenvolveu pós-doutorado pelo Geosystems Research Institute – Mississippi State University (2010). Sua linha de pesquisa e extensão está voltada ao desenvolvimento e aplicação de inteligência geográfica e planejamento de transportes. Possui 28 anos de experiência em geoprocessamento nos setores privado e acadêmico.

No Brasil atuou entre 1997 e 2008 na iniciativa privada como engenheiro de projetos, como coordenador operacional de linha de produção em mapeamento ostensivo e aerofotogrametria, e também como consultor e professor em geotecnologias. Nos Estados Unidos, atuou entre 2008 e 2012 como pesquisador associado e como professor pesquisador, onde desenvolveu e compilou modelos de decisão por múltiplos critérios acoplados a sistemas de informação geográfica direcionados ao planejamento de transportes sob apoio do U.S Department of Transportation e U.S. Department of

Homeland Security. Possui experiência em ações emergenciais de resposta a desastres (Furacao Katrina – 2005) e British Petroleum Oil Spill (2010) pelo Geosystems Research Institute da Mississippi State University, e nas ações de apoio judicial do evento em Brumadinho pela UFMG (2021). Reside em Belo Horizonte-MG, onde atua como professor associado pelo Departamento de Cartografia do Instituto de Geociências (IGC) da Universidade Federal de Minas Gerais (UFMG). Coordena o Transportation Research Environmental Modeling, laboratório em que desenvolve suas pesquisas nos dois programas de pós-graduação em que atua: PPG Análise e Modelagem de Sistemas Ambientais no IGC/UFMG e PPG Geotecnia e Transportes da Escola de Engenharia da UFMG. Rodrigo é Editor Associado do Boletim de Ciências Geodésicas e revisor ativo de periódicos nacionais como a revista *Transportes, Revista Brasileira de Cartografia e Revista Geografias*, e de periódicos internacionais como *Transportation Research Board, International Journal of Geographic Information Sciences, Computers Geosciences, International Journal of Disaster Risk Science e American Society for Photogrammetry and Remote Sensing*.

Orcid: 0000-0001-7058-5903

Sònia Maria de Carvalho Ribeiro

Professora do Departamento de Cartografia da Universidade Federal de Minas Gerais, Coordenadora do Programa de Pós-Graduação em Análise e Modelagem de Sistemas Ambientais, Bolsista de Produtividade Pesquisa nível 1D. Participa do Assessement on Sustainable Use of Wild Species (https://ipbes.net/users/soniacarvalhoribeiro), organizado pelo International Panel on Biodiversity Ecosystem Services (IPBES). Editora associada do *Jornal Land Use Policy* (https://www.journals.elsevier.com/land-use-policy/editorial-board). Membro da IUFRO Landscape Ecology (https://iufrole-wp.weebly.com/). Foi bolsista Jovem Talento, nível A, do Programa Ciência Sem fronteiras (2015-2017), no Centro de Sensoriamento Remoto, Instituto Geociências, Universidade Federal de Minas Gerais, Belo Horizonte. Possui doutorado em Ciências do Ambiente pela University of East Anglia (2009), na Inglaterra. Possui o grau de mestre em Gestão do Desenvolvimento Rural pela Universidade de Trás-os-Montes e Alto Douro-UTAD, Portugal e Universidade de Santiago Compostela –USC, Espanha (2003). Graduação em Engenharia Florestal pela UTAD, Portugal (1998). Possui 10 anos de experiência profissional na área de Engenharia Florestal e planejamento e manejo de terras comunitárias- baldios- no norte de Portugal (1994-2004). Possui 15 anos de experiência em pesquisa na área de ecologia da paisagem, desenvolvimento rural sustentado, produção agrícola sustentada e serviços de ecossistema florestal (2004-2019). Atualmente é coordenadora do Centro de Sensoriamento Remoto, Instituto de Geociências, Universidade Federal de Minas Gerais, Belo Horizonte.

Orcid: 0000-0002-3045-8632

Vagner Braga Nunes Coelho

Graduado em Engenharia Cartográfica pelo Instituto Militar de Engenharia (1994), mestre em Engenharia Cartográfica pelo Instituto Militar de Engenharia (2001) e doutor em Engenharia de Sistemas e Computação pela Universidade Federal do Rio de Janeiro (2010) e pós-doutor em Ciências dos Computadores pela Faculdade de Ciências da Universidade do Porto (2015). Atualmente é professor no Departamento de Cartografia do Instituto de Geociências da Universidade Federal de Minas Gerais. Tem experiência na área de Geociências, com ênfase em Cartografia, atuando principalmente nos seguintes temas: Banco de Dados Geográficos (BDG), Similaridades Cartográficas, Modelagem de Sistemas Ambientais e Análise de Sistemas Ambientais.

Orcid: 0000-0002-7512-2024

COAUTORES:

Carlos Fernando Ferreira Lobo

Doutor em Geografia pela Universidade Federal de Minas Gerais e pós-doutor em Demografia pelo Nepo/Unicamp. Atual diretor do Instituto de Geociências da UFMG (Gestão 2022-2026). Professor associado do Departamento de Geografia do IGC/UFMG. Credenciado nos Programas de Pós-Graduação em Geografia e em Análise e Modelagem de Sistemas Ambientais, ambos do IGC/UFMG, além do Programa de Pós-Graduação em Geografia da UFSJ. Líder do grupo de pesquisa intitulado Acessibilidade e Mobilidade Urbana, reconhecido pela UFMG e cadastrado no CNPq. Atua na subárea de Geografia da População e Geografia dos Transportes, especialmente nas linhas de pesquisa migrações e mobilidade espacial da população.

Orcid: 0000-0002-5368-8879

Caroline de Souza Cruz Salomão

Doutoranda em Saneamento, Meio Ambiente e Recursos Hídricos (SMARH/UFMG), com período sanduíche no Departamento de Geografia (Humboldt University) em Berlim, Alemanha. Possui mestrado em Análise e Modelagem de Sistemas Ambientais pela UFMG (2019), graduação em Engenharia Ambiental pela Universidade FUMEC (2014) e em Administração pela UFMG (2015). Sua pesquisa refere-se à promoção de uma cadeia agropecuária sustentável, baseada em modelos de risco de desmatamento e intensificação da pecuária, englobando modelos e análises micro e macroeconômicas voltados para avaliação e acesso a crédito bancário no setor agropecuário, e modelos de negócio para pagamento por serviços ambientais e conservação de ativos florestais.

Orcid:0000-0002-3794-1950

Clarissa Malard Sales

Geógrafa, especialista em Geoprocessamento e mestre em Análise e Modelagem de Sistemas Ambientais. Experiência em gestão de risco e emergência de barragens, atuando em estudos de ruptura hipotética e estimativa de danos associados, elaboração e revisão de Planos de Ações Emergenciais, treinamentos e simulados de emergência, cadastro de propriedades, engajamento com comunidades e Avaliação de Conformidade e Operacionalidade do PAEBM (ACO). Conhecimento consolidado em SIG e cartografia digital. Experiência em modelagem, banco de dados espaciais, fluxos de ETL, processamento digital de imagens de satélite e geoestatística. Integra o grupo de pesquisadores do Laboratório de Estudos Territoriais (Leste) do IGC/UFMG.

Orcid: 0009-0009-4294-0707

Guilherme Francisco do Nascimento Pinto

Graduado em Geografia pela Universidade Federal de Minas Gerais (UFMG) e mestre pelo Programa de Pós-Graduação em Análise e Modelagem de Sistemas Ambientais (UFMG). Foi membro de apoio científico no Laboratório de Estudos Territoriais – Leste – Instituto de Geociências, sendo bolsista de iniciação científica do CNPq e participante ativo do grupo de pesquisa em Geografia Aplicada. Desenvolveu pesquisas que abordam movimentos e distribuição espacial da população, assim como mobilidade urbana sustentável. Atualmente, seu foco de pesquisa abrange não apenas a mobilidade, mas também se estende para a área de mineração e segurança de barragens de mineração.

Orcid: 0000-0001-6483-861X

Lino Augusto Sander de Carvalho

Possui graduação em Física pela Universidade Federal de Minas Gerais (2006). É mestre em Sensoriamento Remoto pelo Instituto Nacional de Pesquisas Espaciais (Inpe). Doutor em Sensoriamento Remoto pelo Inpe, tendo como tópico de tese a construção de modelos Bio-Ópticos para a obtenção de constituintes opticamente ativos através de sensoriamento remoto aplicado às águas da bacia Amazônica. Tem interesse nas áreas de processamento de imagens de satélites, aplicações de imagens de satélite ao monitoramento ambiental e sensoriamento remoto de corpos d'água, propriedades ópticas de corpos de água e suas aplicações em Limnologia e Geociências.

Orcid: 0000-0001-8839-5366

Marcos Antônio Timbó Elmiro

Possui graduação em Engenharia Cartográfica pela Universidade do Estado do Rio de Janeiro. Mestrado em Sensoriamento Remoto pelo Instituto Nacional de Pesquisas Espaciais – Inpe. Doutorado em Computação Aplicada pelo Inpe. Foi vice-coordenador do Programa de Pós-Graduação em Análise e Modelagem de Sistemas Ambientais. Foi chefe do Departamento de Cartografia da UFMG. Atualmente é professor associado do Departamento de Cartografia da Universidade Federal de Minas Gerais. Tem experiência em Ciências da Terra, com ênfase em Topografia, Geodésia, Cartografia, Sensoriamento Remoto, Geoprocessamento, interferometria de imagens de radar, modelos digitais de terrenos, análise e modelagem de Sistemas Ambientais.

Orcid: 0000-0001-7680-3131

Mariana Elissa Vieira de Souza

Mestre em Análise e Modelagem de Sistemas Ambientais, pela UFMG (2019). Possui graduação em Geografia pela Pontifícia Universidade Católica de Minas Gerais (2013). Possui graduação em Geografia pela PUC-MG (2013) e pós-graduação em Geoprocessamento e Meio Ambiente pela UNIBH (2014). Experiência na área de geociências, limnologia, monitoramento e parâmetros de qualidade de água e geoprocessamento. É analista ambiental na Gerência de Monitoramento de Qualidade das Águas do Instituto Mineiro de Gestão das Águas (Igam) desde 2014.

Orcid: 0009-0005-1754-2687

Marise Barreiros Horta

Pós-doutorado no Instituto de Geociências da Universidade Federal de Minas Gerais. Doutorado em Ecologia, Conservação e Manejo da Vida Silvestre, na Universidade Federal de Minas Gerais. Graduação em Ciências Biológicas (PUC-MG) e Mestrado em Ecologia Rural pelo International Institute for Geo-Information Science and Earth Observation, ITC, Holanda. Trabalha com a conservação e manejo da vegetação e flora tropicais, em projetos de pesquisa, no setor privado e em agências governamentais. Apresenta interesses nos temas relativos aos impactos provenientes do uso do solo sobre os ecossistemas naturais e suas implicações para a conservação da natureza. Tem desenvolvido trabalhos com ênfase em ecologia da paisagem, ecologia urbana, serviços ecossistêmicos, socioecologia, florística e fitossociologia.

Orcid: 0000-0002-6829-5832

Marlon Fernandes de Souza

Pesquisador pós-doc no Centro de Engenharia da Plasticultura FAPESP-BRASKEM, onde atua com sensoriamento remoto e logística reversa no grupo de pesquisa em Economia Circular. Doutor em Engenharia Agrícola, pela Faculdade de Engenharia Agrícola (Feagri) da Unicamp, na área de Gestão de Sistemas na Agricultura e Desenvolvimento Rural. Mestre em Análise e Modelagem de Sistemas Ambientais no Instituto de Geociências da UFMG (2019). Engenheiro Agrícola e Ambiental pela Universidade Federal de Viçosa (2013) com período sanduíche na Universidade de Kentucky, EUA (2011). Técnico em eletrônica pelo Cefet-MG (2006). Tem interesse em logística, aprendizado de máquina, análises espaço-temporais, geoprocessamento e modelagem.

Orcid: 0000-0002-7929-5790

Nino Antonio Camini

Graduação em Ciências Biológicas pela Universidade Federal de Viçosa (UFV), em 1999. Mestre em Análise e Modelagem de Sistemas Ambientais pela UFMG (2021). Trabalha no Ibama desde 2003, atuando nas áreas de análise e gestão ambiental, em especial as unidades de conservação e a Mata Atlântica no estado de Minas Gerais. Em 2009, ingressou no curso de Artes Plásticas da UEMG, cuja habilitação (Gravura e Desenho) é utilizada nas ações de educação ambiental. Atualmente, cursa o doutorado no Programa de Pós-Graduação em Análise e Modelagem de Sistemas Ambientais (UFMG), em que busca analisar políticas públicas, visando à restauração ecológica.

Orcid: 0000-0001-6630-8321

Raoni Guerra Lucas Rajão

Graduado em Ciência da Computação pela Universitá degli Studi Milano-Bicocca (Itália) e mestre e doutor em Organização, Trabalho e Tecnologia pela Lancaster University. Atualmente é diretor de Políticas de Controle do Desmatamento e Queimadas do Ministério do Meio Ambiente e Mudança do Clima. Professor Associado de Gestão Ambiental e Estudos Sociais da Ciência e Tecnologia na UFMG e membro afiliado da Academia Brasileira de Ciências. Desde o mestrado, dedica-se ao estudo da relação entre tecnologia, ciência e políticas públicas, com ênfase na avaliação de políticas de controle do desmatamento e de pagamento por serviços ambientais.

Orcid: 0000-0002-1133-4837